Meisterwerke der Architektur

Meisterwerke der Architektur

Von Günter Baumann

Mit 162 Abbildungen
und 43 Risszeichnungen

Philipp Reclam jun. Stuttgart

Umschlagabbildung:
Frank O. Gehry, Neuer Zollhof, Düsseldorf, 1997–99
(Foto: Günter Baumann)

Für Saskia

4., durchgesehene Auflage 2010

RECLAMS UNIVERSAL-BIBLIOTHEK Nr. 18525
Alle Rechte vorbehalten
© 2001, 2007 Philipp Reclam jun. GmbH & Co. KG, Stuttgart
Gesamtherstellung: Reclam, Ditzingen. Printed in Germany 2010
RECLAM, UNIVERSAL-BIBLIOTHEK und
RECLAMS UNIVERSAL-BIBLIOTHEK sind eingetragene Marken
der Philipp Reclam jun. GmbH & Co. KG, Stuttgart
ISBN 978-3-15-018525-4

www.reclam.de

Inhalt

Vorbemerkung	11
Abkürzungen und Zeichen	14
Architektur in Einzelbeispielen	15
Pyramiden von Giseh	17
Zikkurat für den Mondgott Nanna, Ur	19
Amun-Tempel, Karnak	21
Tempel von Abu Simbel	23
Zeus-Tempel, Olympia	25
Parthenon, Athen (Akropolis)	27
Erechtheion, Athen (Akropolis)	29
Theater von Epidauros	31
Olympieion, Athen	33
Pont du Gard, Nîmes	35
Shinto-Schrein, Ise/Japan	37
Kolosseum, Rom	39
Pantheon, Rom	41
Porta Nigra, Trier	43
Diokletian-Palast, Spalato (Split)	45
Sta. Maria Maggiore, Rom	47
S. Vitale, Ravenna	49
Hagia Sophia, Konstantinopel (Istanbul)	51
Tempelpyramiden, Tikál/Guatemala	53
Borobudur, Zentraljava	55
Moschee-Kathedrale, Córdoba	57
Pfalzkapelle Karls des Großen, Aachen	59
Einhardsbasiliken, Steinbach · Seligenstadt	61
Chandi Lara Jonggrang, Prambanan/Java	63
Abteikirche, Cluny	65
St. Michael, Hildesheim	67
Dom St. Martin und St. Stephan, Mainz	69
Bartholomäuskapelle, Paderborn	71

Dom St. Maria und St. Stephan, Speyer	73
Stabkirche, Urnes/Norwegen	75
Basilica di S. Marco, Venedig	77
Dom Sta. Maria Assunta, Pisa	79
Stiftskirche St. Servatius, Quedlinburg	81
Kathedrale St. Cuthbert, Durham	83
Abteikirche Maria Laach	85
Angkor Vat / Kambodscha	87
Abteikirche St-Denis bei Paris	89
Kloster Maulbronn	91
Dom Sta. Maria Assunta, Siena	93
Wartburg, Eisenach	95
Kathedrale Notre-Dame, Chartres	97
Dom St. Peter und Georg, Bamberg	99
Kathedrale Notre-Dame, Reims	101
Kathedrale Notre-Dame, Amiens	103
Elisabethkirche, Marburg	105
Dom St. Peter und Maria, Köln	107
Marienburg (Malbork) bei Danzig	109
Dom Sta. Maria del Fiore, Florenz	111
Dogenpalast, Venedig	113
Veitsdom, Prag	115
Münster Unserer lieben Frau, Ulm	117
Dom Sta. Maria Nascente, Mailand	119
Kathedrale Sta. María, Sevilla	121
Rathaus, Bremen	123
Ca' d'Oro, Venedig	125
Sta. Maria Novella, Florenz	127
Palazzo Pitti, Florenz	129
Tempietto San Pietro in Montorio, Rom	131
St. Pietro in Vaticano, Rom	133
Palazzo Farnese, Rom	135
Schloss Chambord	137
Basilius-Kathedrale, Moskau	139
Schloss Heidelberg	141

Bauwerk	Seite
El Escorial	143
Villa Capra (»La Rotonda«), Vicenza	145
Santissima Nome die Gesù (»Il Gesù«), Rom	147
Schloss Hämelschenburg	149
Lutherische Stadtkirche, Bückeburg	151
Rathaus, Augsburg	153
Banqueting House / Whitehall, London	155
Sta. Maria della Salute, Venedig	157
Mausoleum Taj Mahal, Agra/Indien	159
Mauritshuis, Den Haag	161
Potala Palast, Lhasa/Tibet	163
Schloss Vaux-le-Vicomte	165
Schloss Versailles	167
St. Paul's Cathedral, London	169
Les Invalides, Paris	171
Schlösser des Belvedere, Wien	173
Zwinger, Dresden	175
Karl-Borromäus-Kirche (Karlskirche), Wien	177
Residenz, Würzburg	179
Frauenkirche, Dresden	181
Benediktinerabteikirche, Ottobeuren	183
Wallfahrtskirche Vierzehnheiligen	185
Wieskirche bei Kloster Steingaden	187
Schloss Sanssouci, Potsdam	189
Schloss Wörlitz	191
Kuppelkirche St. Blasius, St. Blasien	193
Saline Royale de Chaux, Arc-et-Senans	195
Arc de Triomphe de l'Étoile, Paris	197
Glyptothek, München	199
Königlicher Pavillon, Brighton	201
Altes Museum Berlin	203
Ludwigskirche, München	205
Clifton-Hängebrücke, Bristol	207
Parlamentsgebäude, London	209
Kristallpalast, London	211

Grand' Opéra, Paris	213
Hoftheater (Sächs. Staatsoper), Dresden	215
Schokoladenfabrik Menier, Noisiel	217
La Sagrada Familia, Barcelona	219
Reichstagsgebäude, Berlin	221
Eiffelturm, Paris	223
Monadnock Building, Chicago	225
Warenbörse, Amsterdam	227
Glasgow School of Art	229
Carson, Pirie & Scott Store, Chicago	231
Mathildenhöhe, Darmstadt	233
Postsparkassenamt, Wien	235
Fabrikbauten der AEG, Berlin	237
Jahrhunderthalle, Breslau	239
Faguswerke, Alfeld a. d. Leine	241
Grundtvig-Kirche, Kopenhagen	243
Einsteinturm, Potsdam	245
Eglise Notre-Dame, Le Raincy	247
Chilehaus, Hamburg	249
Haus Schröder-Schräder, Utrecht	251
Weißenhofsiedlung, Stuttgart	253
»Onkel Toms Hütte«, Berlin-Zehlendorf	255
Fronleichnamskirche, Aachen-Rothe Erde	257
Chrysler Building, New York	259
Doppelhaus in der Werkbundsiedlung, Wien	261
Haus Kaufmann, Bear Run / Pennsylvania	263
Casa Barragán, Tacubaya	265
Unité d'habitation, Marseille	267
860 und 880 Lake Shore Drive, Chicago	269
Rathaus, Säynätsalo	271
Notre-Dame du Haut, Ronchamp	273
Fernsehturm, Stuttgart-Degerloch	275
Solomon R. Guggenheim Museum, New York	277
Brasília	279
Opernhaus, Sydney	281

Palazzetto und Palazzo dello Sport, Rom	283
Jonas Salk Institute, La Jolla / Kalifornien	285
Philharmonie, Berlin	287
Rathaus, Bergisch Gladbach-Bensberg	289
Deutscher Pavillon, Montreal	291
Grabstätte Brion, San Vito di Altivole	293
Friedhof von S. Cataldo, Modena	295
Centre Georges Pompidou, Paris	297
Wohnanlagen, Saint-Quentin-en-Yvelines	299
Staatsgalerie, Stuttgart	301
Hongkong und Shanghai Bank, Hongkong	303
Regierungs- und Parlamentsgebäude, Bhopal	305
Vitra-Gelände, Weil am Rhein	307
Hysolar-Institut der Universität Stuttgart	309
Alamillo-Brücke, Sevilla	311
Stellwerk-Anlagen, Basel	313
Sta. Maria degli Angeli, Monte Tamaro	315
»Ginger and Fred«, Prag	317
Petronas-Türme, Kuala Lumpur / Malaysia	319
Potsdamer Platz, Berlin	321
Felix Nussbaum-Museum, Osnabrück	323
Hauptbahnhof (Lehrter Bahnhof), Berlin	325
Klangkörper Schweiz, Hannover	327
Neue Synagoge, Dresden	329
Torre Agbar, Barcelona	331
Mercedes-Benz Museum, Stuttgart	333
Literaturhinweise	319
Abbildungsnachweis	322
Personenregister	323
Zum Autor	336

Vorbemerkung

> Baukunst ist raumgefasster Zeitwille.
> Lebendig. Wechselnd. Neu.
> *Ludwig Mies van der Rohe*

Architektur bestimmt unseren Lebensalltag in einem solchen Maß, dass wir sie allenfalls in ihren Höhepunkten und da irrigerweise als zeitlos gültige Form wahrnehmen. Aber schon die Formulierung »Kunst und Architektur« verweist auf ein Anderes *neben* der Kunst. Egal, ob es um ein Wohnhaus oder einen Tempel, ein Schloss oder eine Brücke geht, Architektur hat unmittelbar mit dem Menschen zu tun: »Bauen heißt Gestalten von Lebensvorgängen«, schrieb Walter Gropius – auch wenn ein repräsentativer Bau eher die Zeiten überdauert als ein schlichter und die Künstlerhand hier eher abzulesen ist als dort. Doch auch die architektonischen Meisterleistungen sind drastischen Veränderungen, einer eigenen Geschichte unterworfen. Die großen Dome stehen meist auf den Fundamenten ihrer Vorgängerbauten, sind vielfach umgebaut, ausgebaut, entstellt, verschönert, wiederhergestellt worden. *Den* romanischen Dom oder *die* gotische Kathedrale schlechthin gibt es nicht. Authentisch sind uns paradoxerweise manche Shinto-Schreine überliefert, *weil* sie in relativ kurzen Abständen abgerissen und komplett erneuert werden.

Dieses Buch geht daher nicht vom Epochenbegriff aus. Vielmehr handelt es sich um eine Chronik in doppeltem Sinne: Zum einen werden über 150 Bauten und Gebäudegruppen ohne Rücksicht auf nationale Stile in ihrer zeitlichen Folge vorgestellt. Die Epochen bleiben dennoch erkennbar: Die Anordnung der Abbildungen macht den vorliegenden Band zu einer Art Daumenkino, das die Entwicklung der Weltarchitektur in groben Zügen vor Augen führt. Zum anderen bietet jedes Bauwerk seine eigene Geschichte, die zeigen soll, dass (die ältere) Architektur kaum nur einen Stil bedient, sondern in einer Epoche und darüber hinaus gewachsen ist. Im günstigsten Fall wird der Leser beiden Linien zugleich folgen. Aufschlussreich mag es etwa sein, die Fertigstellung des Kölner Doms – man kann genauso gut Florenz, Mailand oder Ulm nennen – mehr aus der Sicht des 19. Jahrhunderts als von der Gotik her zu betrachten. Während hier die Türme bzw. Fassaden erst Gestalt angenommen haben, beginnt Gaudì seine neugotische *Sagrada Familia*, deren Bau bis heute anhält.

Ausschlaggebend für die Platzierung innerhalb der Chronologie war in der Regel der Baubeginn, wobei verloren gegangene Vorstufen zwar in einigen Fällen erwähnt sind, bei der Einordnung jedoch unberücksichtigt blieben. So ist z. B. die Kathedrale von Sevilla erst zu Beginn des 15. Jahrhunderts genannt, obwohl die zugrunde liegende (teilzerstörte) Moschee rund 200 Jahre zuvor zur Kirche geweiht worden war und das Minarett aus dem 12. Jahrhundert sogar zum Kirchturm umgebaut werden konnte. Ausnahmsweise bestimmte ein markantes oder epochales Baudetail – wie die Fassade von Sta. Maria Novella in Florenz – die Einordnung.

Wenn die Architekten bekannt sind, werden den Bauten Kurzporträts mit weiteren Werkbeispielen (WB) vorangestellt, die aus Platzgründen freilich desto schmaler ausfallen, je umfangreicher die Geschichte des Bauwerks ist. Die Namen der verantwortlichen Architekten sind in diesem Vorspann kursiv gesetzt; Mitarbeiter, die z. T. wesentlichen Anteil an der Planung und der Ausführung haben, werden nur ausnahmsweise genannt. Frühe außereuropäische Bauwerke und europäische Sonderentwicklungen werden durch kurze kulturgeschichtliche Anmerkungen eingeleitet. Der Sakralbau nimmt eine herausragende Stellung ein, doch kann man durchaus Brücken, Hochhäuser, Museen, Rathäuser und anderes mehr – in der historischen Entwicklung und innerhalb eines zeitlichen Raumes – aufeinander beziehen.

Die Fachterminologie beschränkt sich auf Begriffe, die der Leser prägnant erläutert findet in Reclams *Kleinem Wörterbuch der Architektur* (Stuttgart 1995 [u. ö.]); weiterführende Begriffe werden, wo nötig, im Kontext des vorliegenden Bandes erklärt.

Wie bei allen umfassenden Betrachtungen sind auch hier die umfangbedingten Lücken zu beklagen. Die alten Hochkulturen und die europäische Antike sind zugunsten der Neuzeit zurückgetreten; die außereuropäische Architektur konnte allenfalls in wenigen exemplarischen Werken berücksichtigt werden; dem Leser wird zudem der mitteleuropäische Schwerpunkt nicht entgehen. Darüber hinaus wurde auf manch berühmtes Gebäude verzichtet, um auch weniger bekannte Bauten würdigen zu können. Um in der auffallend männerbestimmten Zunft der Baukunst auch eine Architektin zu würdigen, wurde ein Wohnhaus der Österreicherin Margarete Schütte-Lihotzky etwa dem Werk des ungleich bedeutenderen Adolf Loos vorgezogen. Außerdem führt dieses Buch auch einzelne Industriebauten und technische Baudenkmäler auf, was zum Verzicht auf die eine oder andere Kirche führte. Man wird auch gelegentlich nicht das herausragendste Werk eines Architekten finden: vor allem in der zeitgenössischen Kunst hätte der Museumsbau ein allzu großes Gewicht erhalten; so innovativ die Architektur gerade hier ist, so deutlich ist darauf hinzuweisen, dass selbst das Stellwerk eines Bahnbetriebs wie das von Herzog und de Meuron von höchstem ästhetischem Reiz sein kann.

Danken möchte ich schließlich meiner Frau, die die Arbeit an diesem Buch in allen Phasen kritisch und geduldig begleitet hat – ihr sei die Betrachtung von Frank O. Gehrys »Ginger and Fred« zugedacht.

Günter Baumann

Abkürzungen und Zeichen

ägypt.	ägyptisch	österr.	österreichisch
argentin.	argentinisch	OG	Obergeschoss
B	Breite	pers.	persisch
belg.	belgisch	quadr.	quadratisch
brasilian.	brasilianisch	reg.	regiert
buddhist.	buddhistisch	röm.	römisch
chin.	chinesisch	roman.	romanisch
christl.	christlich	romant.	romantisch
dän.	dänisch	russ.	russisch
Dm.	Durchmesser	S, südl.	Süd-, südlich
dt.	deutsch	S., Sta., St., St-	San, Santa, Sankt, Saint
EG	Erdgeschoss		
engl.	englisch	schiff.	schiffig
ev.	evangelisch	schwed.	schwedisch
Ew.	Einwohner	seitl.	seitlich
frz.	französisch	span.	spanisch
gesch.	geschossig	symbolist.	symbolistisch
got.	gotisch	symmetr.	symmetrisch
griech.	griechisch	T	Tiefe
H	Höhe	türk.	türkisch
hinduist.	hinduistisch	UA	Uraufführung
hl.	heilig	UG	Untergeschoss
ind.	indisch	urspr.	ursprünglich
islam.	islamisch	v. Chr.	vor Christus
ital.	italienisch	verm.	vermutlich
japan.	japanisch	vgl.	vergleiche
Jh.	Jahrhundert	W, westl.	West-, westlich
Jt.	Jahrtausend	WB	Werkbeispiel(e)
kath.	katholisch	z. T.	zum Teil
klassizist.	klassizistisch	z. Z.	zur Zeit
L	Länge		
manierist.	manieristisch	*	geboren
max.	maximal	†	gestorben
N, nördl.	Nord-, nördlich	~	um, etwa
niederl.	niederländisch	⋏	N-Pfeil
O, östl.	Ost-, östlich		

Architektur
in Einzelbeispielen

Pyramiden von Giseh

Der theokratische Staat prägte das Alte Reich (2686–2181) Ägyptens, in dem der König zunächst als Gott, später (5. Dynastie) als Gottessohn verehrt wurde. Die Überzeugung vom Leben nach dem Tod fand ihren erkennbaren Niederschlag in den aufwendigen, in Organisation und Technik einzigartigen Grabmonumenten, in der Mumifizierung und in den Grabbeigaben (Möbel, Speisen, Schmuck). Urspr. nur Grabgruben unter Lehmziegelbauten (Mastabas), entwickelten sich die klassischen Pyramiden – dreieckige, spitz zulaufende Seitenflächen auf quadr. Grundfläche – aus den steinernen Stufenpyramiden (H max. 60 m). ›Erfinder‹ der ersten echten Pyramide (~2600 v. Chr.) war Snofru, Cheops' Vater.

~2580–2500 v. Chr. In der 4. Dynastie entstehen die Pyramiden von Giseh am westl. Nilufer auf einem Kalksteinplateau (~1000 × 2000 m) – mit Nebenpyramiden, Tempelanlagen, Grabfeldern und Arbeiterdörfern. Die größte, mit Kalksteinplatten verkleidete Pyramide (H 146,6 m, Seiten-L 230,3 m; Neigungswinkel 51°52') ist die des Cheops, reg. ~2589–2566, erbaut von Hemiun; ~3 Mio. Steinblöcke à 2,5 t Gewicht – täglich über 2500 t Gestein – werden bewegt; ›Große Galerie‹ im Inneren: H 8,5 m, L 47 m. – Pyramide des Chefren, reg. ~2558–2532 (H 143,5 m, Seiten-L 215,3 m; Neigungswinkel 52°20'), mit reliefgeschmücktem Aufweg (L 400 m); daneben steht der Große Sphinx (H 20 m, L 73,5 m; Nasen-L 1,70 m), vielleicht ein ›Porträt‹ Chefrens. – Granit-Pyramide des Mykerinos, reg. 2532–2503 (H 62 m, Seiten-L 108 m; Neigungswinkel 51°).
1798–99 Napoleons Ägyptenfeldzug: Beginn wissenschaftlicher Erforschung und der europäischen Ägyptenmode.
1860 Ausgrabungen unter der Leitung von A. Mariette.
1979 Das ›Weltwunder‹ wird UNESCO-Weltkulturerbe.
1983–93 Zitat: Glas-Pyramide im Pariser Louvre (I. M. Pei).
1925–98 Es finden mehrere Konservierungsprojekte statt.

Modell

Zikkurat für den Mondgott Nanna, Ur

Nach der ersten Besiedlung im 5. Jt. v. Chr. entwickelte sich Ur (heute: al-Mukajjar) – nördl. der älteren Metropole Eridu – im 3. Jt. zur Hauptstadt des sumerischen Reiches als große Handelsmacht zwischen Mesopotamien und dem Persischen Golf mit 2 Hafenanlagen (Zufluss zum Euphrat); ~2100 – nach akkadischer Herrschaft – größte politische Macht unter dem vergöttlichten König Urnammu (reg. ~2063–46).

~2050 v. Chr. Innerhalb der ovalen Kultstätte (1300 × 900 m) lässt Urnammu den zentralen Tempel für den Mondgott Nanna (auch: Sin) und seine Frau Ningal errichten. Auf einem Grundriss von 62,5 × 43 m erhebt sich die Zikkurat – die besterhaltene Stufenpyramide Mesopotamiens – als backsteinverkleidetes, geböschtes Ziegelbauwerk mit Risalitgliederung mindestens 2-stufig nach oben bis zu einer H von ~20 m; die oberen Terrassen sind über eine Rampentreppe sowie seitl. Wandtreppen zu erreichen. Gekrönt wird die Anlage vom eigentlichen Tempel für den Mondgott; im heiligen Bezirk befinden sich Königspalast, Kloster und Nebengebäude. Die Hochlage dient als Schutz vor sintflutartigen Überschwemmungen, signalisiert aber auch den Sitz eines Gottes, der sich zur heiligen Hochzeit eingefunden hat, und demonstriert die Macht des Königs. Die »Stele des Urnammu« (H ~3 m; B 1,5 m) aus Kalkstein schildert verm. den Bau des Stufenturms.

~1750–350 v. Chr. Ur wird babylonisch und zerfällt; kurze Blüte ~1330. Die biblischen Erzähler nach 1200 haben die Zikkurat von Ur vor Augen, als sie den Turmbau zu Babel (1. Mose 11,1–9) beschreiben. Im 6. Jh. letzte Erneuerung der Zikkurat; ~200 Jahre später Aufgabe der Stadt.

1854 J. E. Taylor (britischer Konsul) erkundet die Ruinen.

1922–34 Rekonstruktionsversuch durch den Archäologen Ch. L. Woolley, Entdecker von Urs »Königsfriedhof«; das Aussehen ab dem zweiten Stockwerk bleibt spekulativ.

Amun-Tempel, Karnak

Über eine O-W-Ausdehnung von ~8 km und in der N-S-Richtung von ~6 km erstreckt sich eine Tempel- und Totenstadt, die sich von Ägyptens 11. Dynastie an (v. a. Mittleres Reich; 2125–1985 v. Chr.) zunächst im W, später im O zur heiligen Stadt Waset (Theben) entwickelte. Im Neuen Reich (nach 1550) erlebte die Stadt und das Reich eine neue Blüte, auch wenn die Verwaltung seit der 19. Dynastie (1295) nach N-Ägypten verlagert wurde. In der Spätzeit (nach 745 v. Chr.) schwindet Thebens Bedeutung, der Ort wird aber von den Ptolemäern und Römern bis ins 4. Jh. n. Chr. gehalten.

~1965–1920 Begründung des Karnak-Komplexes (~134 ha), bestehend aus 3 mit Nilschlammziegeln umfassten Bezirken – dem Reichsgott Amun, Chons (Mondgott) und Mut (Geiergöttin) sowie der Ortsgottheit Month geweiht.

~1550–1200 stete Erweiterung des weltweit größten, Amun geweihten Tempels aus Granit, Kalk- und Sandstein. Er wächst zuerst auf einer W-O-Achse im Wechsel von Höfen (der größte mit ~9000 m²), reliefgeschmückten Festhallen und 6 Pylonen (doppeltürmigen Torbauten mit schrägen Außenmauern; max. B 113 m, T 15 m, H 42,6 m) sowie einer Widdersphingen-Allee mit 60 Sphingen. Unter Ramses II. (nach 1279 v. Chr.) wird die große Säulenhalle (s. Abb.; ~104 × 52 m; H 24 m) mit 134 Säulen (Dm. ~3,8 m) fertiggestellt. An ihrem S-Ende schließt die N-S-Achse an mit weiteren 4 Höfen und Pylonen. Daneben entstehen der rechteckige Heilige See (77 × 120 m) und vergoldete Obelisken (H max. 33 m). Personal: ~81 000 Sklaven.

274–330 n. Chr. Kircheneinbauten im Tempel; ein (»Lateran«-)Obelisk gelangt nach Rom. Danach verfällt der Bau.

1798–99 Entdeckung der Ruine durch Napoleons Truppen.

1894–1902 systematische Ausgrabung und Restaurierung.

1899 Eine Wasserflut unterspült und zerstört die Säulenhalle.

1979 Theben (mit Karnak) wird UNESCO-Weltkulturerbe.

Tempel von Abu Simbel

~1250–1240 v. Chr. Der ägypt. Pharao Ramses II. (Neues Reich, 19. Dyn.; reg. ~1279–1213) lässt die 2 Tempel von Abu Simbel (im eroberten Nubien) errichten. Der ›Große Tempel‹ wird anlässlich seines 30. Thronjubiläums 63 m tief in den Fels geschlagen – eine Sonderform des Tempelbaus seit dem Mittleren Reich (~1800 v. Chr.). Die Fassade (H 33 m; B 35 m) zeigt 2 Paare sitzender Kolossalstatuen mit Doppelkrone und Nemes-Kopftuch (H je 22 m), die den vergöttlichten Pharao darstellen; zu seinen Füßen erscheinen die »Neunbogen« (allgemein Ägyptens Feinde; hier: Nubier). Ein Pavianfries am oberen Rand ist der Sonne gewidmet, wie auch die Königsfigur über dem Eingang als Sonnengott auftritt (den Kult unterstreicht auch ein nahe gelegenes Sonnenheiligtum). Reliefs mit Kriegsszenen schmücken die farbig ausgemalte Pfeilerhalle im Inneren (H 8 m; 16,4 × 17,7 m); dahinter – nach weiteren Räumen und Seitenkapellen – öffnet sich das heilige Zentrum mit einer Ramsesstatue inmitten der ›göttlichen Dreieinigkeit‹ (Amun-Ra, Ptah, Ra-Horachte/Horus) – jährlich im Februar und Oktober vom eindringenden Tageslicht erleuchtet. Für seine Frau Nefertari lässt Ramses ~120 m entfernt den nicht in allen Räumen vollendeten »Kleinen Tempel« mit 6 kolossalen Fassadenfiguren (H 10 m) bauen und der Liebes-/Totengöttin Hathor weihen.

1813 Der Schweizer Orientreisende J. L. Burckhardt entdeckt die von Sandmassen verborgenen Tempelanlagen.

1817 Abu Simbel wird von G. B. Belzoni u. a. freigelegt.

1964–68 Um eine Überflutung zu vermeiden, werden beide Tempel während des Baus des Assuan-Hochdamms am Nasser-Stausee (1960–71) aus dem Fels gesägt, Stein für Stein in 180 m Entfernung auf ein ~65 m höheres Niveau versetzt und um eine Betonschale herum neu aufgebaut.

1979 Die nubischen Denkmäler mit Abu Simbel und Philae werden zum UNESCO-Weltkulturerbe ernannt.

Modell mit dem Zeus-Tempel (Mitte links)

ZEUS-TEMPEL, OLYMPIA

Die wichtigsten antiken Wettkampfspiele wurden im Vierjahresrhythmus, gesichert seit 776 v. Chr. – der Sage nach z. Z. des Herakles und Pelops' –, im griech. Nationalheiligtum von Olympia zu Zeus' Ehren ausgerichtet. Als Baumeister des Zeustempels gilt *Libon von Elis* (tätig 1. Hälfte 5. Jh.).

~470–457 Im S des heiligen Bezirks (200 × 175 m) entsteht der Muschelkalk-Peripteros mit bemalter Marmorstuckschicht in reiner dorischer Ordnung – mächtiges Symbol für den Sieg Themistokles' über die Perser (476). Stylobatweite (gemessen an der obersten der 3 Unterbaustufen) 27,68 × 64,12 m. Den längsseitig leicht geneigten Tempel umgeben 6 × 13 sich stark verjüngende Säulen (H 10,4 m; Dm. 2 m); die 3-schiff. Cella (13 × 28,7 m) mit Empore wird gegliedert durch 2-gesch. Säulenreihen mit je 7 Säulen und 12 Metopenreliefs an den Seiten. Dach und Giebel mit Figuren im ›Strengen Stil‹ sind aus Marmor: am Trauf sieht man wasserspeiende Löwenköpfe, an den Ecken bronzene Dreifußkessel, am First eine vergoldete Nikefigur.
~430 Der von Athen nach Elis geflohene Phidias vollendet die Sitzstatue des Zeus (H 12,4 m), eines der 7 Weltwunder, aus Gold, Elfenbein, Holz, Edelstein, farbigem Glas (420 n. Chr. nach Konstantinopel gebracht, 462 zerstört).
146 v. Chr. In röm. Zeit werden die urspr. schmucklosen Metopen der Ringhalle mit goldenen Schilden verziert.
393 n. Chr. Kaiser Theodosius verbietet die Olympischen Spiele. Plünderungen und Zerstörungen fördern den Zerfall der Stätte; vom Zeustempel bleiben nur einige Säulentrommeln über dem Unterbau, Blöcke der Cellamauer u. a.
6. Jh. Zerstörungen durch Erdbeben, Überschwemmungen.
~1765 J. J. Winckelmanns Pläne zur Erforschung Olympias.
1875–81 Ausgrabung der Ruine durch E. Curtius u. a.
1940 ff. Nachgrabungen sichern alle 36 Figuren der Giebel.
1989 Olympia wird zum UNESCO-Weltkulturerbe ernannt.

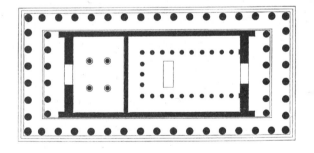

Parthenon, Athen (Akropolis)

Die Architekten des berühmten griech. Tempels waren *Iktinos* und *Kallikrates* (beide tätig 2. Hälfte 5. Jh.), Hauptmeister des perikleischen Athen. Künstlerischer Leiter war der Bildhauer Phidias (tätig ~460–430). WB (Iktinos): Mysterienhalle, Eleusis (~440); Apollo-Tempel, Bassai (~430–400). WB (Kallikrates): Niketempel, Akropolis, Athen (448–421).

447–431 Perikles lässt den Marmor-Peripteros (mit umlaufenden Säulen) errichten und der Athena weihen (griech. *parthenos* ›Jungfrau‹). Maße: Stylobatweite 30,88 × 69,5 m; im Außenbereich 46 (8 × 17) schlanke, dichtgedrängte dorische Säulen (H 10,43 m; B 1,91 m); 2-teiliger Kernbau (Cella; ~21 × 59 m) vor je 6 prostylen Säulen; Hauptteil (L ~32 m) durch 2 × 10 Säulen in einen Mittelteil (B 10,6 m) mit Umgang (B 4,5 m) unterteilt; der separierte Raum (ab 4. Jh. Staatskammer) wird von 4 ionischen Säulen getragen. Vollendete Harmonie (Entasis, Stylobatwölbung).
~445–438 Phidias entwirft den dorischen Fries aus 92 bemalten Metopen (H 1,34 m; B 1,18–1,35 m) vor ionischem Fries an der Cella-Wand (Darst. mythologischer Kampfszenen). Seine Goldelfenbeinstatue der Athena (H ~12 m) wird im O der Cella aufgestellt (im 5. Jh. n. Chr. zerstört).
~438–432 Giebelfiguren von Phidias u. a. (O-Giebel: Geburt der Athena; W-Giebel: Streit der Athena mit Poseidon).
39 v. Chr. Kaiser Antonius ›ehelicht‹ Athena im Parthenon.
~530 n. Chr. in byzantinischer und (nach 1205) kath. Zeit Umbau als Kirche: Abschluss durch eine Apsis; durchbrochene Cella-Wand; Glockenturm; Reliefs z. T. zerstört.
1458 Die Kirche wird zur türk. Moschee umfunktioniert.
1687 Ein Pulvermagazin explodiert und zerstört den Bau.
1816 Lord Elgin verkauft den von ihm entwendeten Skulpturenschmuck an das British Museum (»Elgin Marbles«).
1898–1933 nach Erdbeben Wiederaufbau und Sicherung.
1985–90 Restaurierung der Akropolis; 1987 Weltkulturerbe.

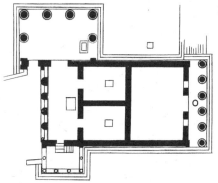

Blick auf die Korenhalle (im Grundriss unten)

Erechtheion, Athen (Akropolis)

~421–406 Bau des Doppeltempels (Kultstätte für den mythischen Urkönig Erechtheus sowie für die rivalisierenden Götter Poseidon und Athena) mit asymmetr. Grundriss auf abschüssigem Gelände, über den Resten eines mykenischen Vorgängertempels. Das Erechtheion – letzter Höhepunkt klassischer Architektur in Athen – löst verm. den alten dorischen Athena-Tempel (7. Jh. v. Chr.) als sakrales Zentrum der Akropolis (~270 × 160 m) ab. Im O-Teil befindet sich ein Prostylos-Tempel (Säulenreihe vor der Eingangsfront) aus bläulichem eleusinischem und rötlichem pentelischem Marmor, mit 6 ionischen Säulen über 3-stufigem Unterbau. Die Kassettendecke besteht verm. aus Holz. Giebel ohne plastischen Schmuck; am Säulenhals Palmettenbänder und Kymatien (ionischer ›Eierstab‹). Der W-Teil (mit N-S-Ausrichtung) ist tiefer gelegen: offene N-Halle mit 4 × 2 Säulen und prächtig gestalteter Tür (ionische Ornamente); langgestreckte W-Halle mit Durchgang zu einer ummauerten Kultstelle für den heiligen Ölbaum der Athena (1945 neu gepflanzt), den Gräbern des Erechtheus und Kekrops sowie einem Treppenzugang zur Korenhalle mit 6 Opferschalen haltenden Koren bzw. Karyatiden (H 2,37 m). Ein Skulpturenfries läuft um das Hauptgebäude und die N-Halle. Nach Bauunterbrechung (Peloponnesischer Krieg) vollendet Philokles den Tempel.
406 Schäden nach Brand des Athenatempels (394 behoben).
27 v. Chr. im W Mauer mit Fensterlaibungen eingezogen.
~530 n. Chr. christl. Kapelle (im 7. Jh. Umbau: 3-schiff. Kirche mit O-Apsis, Narthex); Zerstörung der Innenräume.
~1260 Das Erechtheion wird fränkischer Herrscherpalast.
1463 Harem des türk. Kommandanten. Verfall zur Ruine.
1803 Lord Elgin entwendet die Plastiken (u. a. eine Kore).
1822–27 Zerstörungen z. Z. der griech. Befreiungskriege.
1902–18 Wiederaufbau und Restaurierung des Tempels.
1979–89 Restaurierung; Koren durch Gipsabgüsse ersetzt.

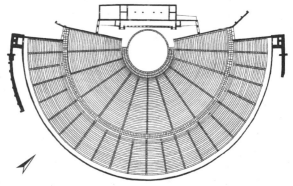

THEATER VON EPIDAUROS

Das berühmteste griech. Theater liegt am Rande eines Asklepios-Heiligtums (Kultstätte seit dem 7. Jh.; im 5. Jh. dem Asklepios geweiht). Die frühhellenistische Form des Steinbaus entwickelte sich in Athen (~420) aus Holzkonstruktionen und fällt eher in die Zeit der Menanderschen Komödien als der klassischen Tragödien. Über den angeblichen Baumeister des Theaters, *Polykleitos d. J.*, ist nichts bekannt.

~300 v. Chr. Bau des Theaters. Um die kreisförmige Orchestra für den Chor (Dm. 20,3 m) steigen die Zuschauerreihen (*theatron*; 34 Sitzstufen) aus Kalkstein knapp über Halbkreisweite einen Hang hinauf an, unterteilt in 12 gleichgroße Keile zwischen Treppenaufgängen (10 Keile ergeben einen Halbkreis); dahinter erhebt sich das 2-gesch. Bühnengebäude (*skene*) samt davor liegendem Proszenium (22 × 2,17 m; H 4 m), einer Halle mit 14 ionischen Halbsäulen. Stützen halten auswechselbare, bemalte Bühnentafeln aus Holz. Der Lehmboden der ungepflasterten Orchestra ist von einem Kalksteinring umfasst; ein Dionysos-Altar bestimmt ihre Mitte: Die Theateraufführung diente urspr. der religiösen Zeremonie während des Dionysosfestes. Tongefäße unter den Sitzstufen, die den Widerhall dämpfen, unterstützen die perfekte Akustik.

1. H. 2. Jh. v. Chr. Erweiterung um einen steileren zweiten Zuschauerring (21 Sitzstufen) mit 24 Keilen, umgeben von einer Stützmauer; Rampen werden auf das Proszenium geführt und ein Kulissengeschoss ausgebaut; außerdem werden die Ehrenplätze (*prohedrie*; Sitze mit Rückenlehne) von der vordersten in die erste obere Reihe verlegt. Das Theater fasst nun über 12 000 (zuvor 6500) Menschen.

267 n. Chr. Nach der Zerstörung des gesamten Heiligtums durch die Goten wird das Theater wiederaufgebaut.

426 Kaiser Theodosius II. lässt das Heiligtum schließen.

1988 Epidauros wird Weltkulturerbe; Theateraufführungen.

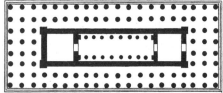

OLYMPIEION, ATHEN

Das Olympieion von Athen nahe der Akropolis ist eine von mindestens 12, dem ›olympischen‹ Zeus gewidmeten Kultstätten im griech. Einflussgebiet (Agrigent, Syracus u. a.), die seit archaischer Zeit entstanden. Das Athener Heiligtum wurde auf einen Sohn Prometheus', Deukalion, zurückgeführt.

515–510 Baubeginn am größten griech. Tempel in der Endphase der Peisistratiden-Tyrannis, eines dorischen Dipteros (doppelte Säulenreihe um die Cella); Maße: 44 × 110 m. Abgesehen von einigen errichteten Säulentrommeln wird aber nur der Unterbau aus Kara-Kalkstein vollendet.

174–164 Der syrische König und ausgesprochene Philhellene Antiochos IV. Epiphanes lässt auf eigene Kosten den Bau aus pentelischem Marmor im hellenistischen Stil fortführen – mit 104 schlanken korinthischen Säulen (im N und S je 2 × 20, dazwischen im O und W je 4 Säulen in Dreierreihen; H 17,2 m). Architekt ist der Römer Cossutius. Die Säulenstellung folgt der vorklassischen Ordnung (keine Korrektur nach optisch-ästhetischen Aspekten).

87/86 v. Chr. Sulla erobert Athen und bringt einige der Säulen nach Rom, wo sie den röm.-korinthischen Stil prägen. Sie finden sich heute unter den Ruinen des Kapitols.

~125–131/332 n. Chr. Weiterbau unter Kaiser Hadrian nach den alten hellenistischen Plänen. Er führt die Einfriedung des Tempelbereichs (*peribolos*) aus. Weihe des (nicht erhaltenen) Kultbildes des Zeus aus Gold und Elfenbein neben einer in der Cella aufgestellten Statue des Kaisers.

~250–1500 Kaiser Valerian (reg. 253–260) lässt die Steine des Olympieion abtragen und zum Bau der Stadtmauer verwenden; Nutzung als Steinbruch bis ins Mittelalter.

1754 Weitere Steine der Ruine werden für den Bau der Tsistaraki-Moschee entwendet. So bleiben von dem kolossalen Bau nurmehr 16 Säulen mit Gebälkresten erhalten.

1889–96, 1922, 1960er Jahre Restaurierungsgrabungen.

Pont du Gard, Nîmes

~50–13 v. Chr. Unter dem röm. Feldherrn Marcus Agrippa, der das gallische Straßennetz ausbauen lässt, entsteht eine der bedeutendsten röm. Ingenieurleistungen: der vielfach gewundene, ~50 km lange Aquädukt von einer Quelle nahe Uzès nach Nemausus (Nîmes; ~50 000 Ew.) zur Wasserversorgung der florierenden Kolonie. Gefälle: 12,3 m, d. h. 24 cm pro Kilometer. Verlauf teils durch Tunnel-Systeme (L bis ~400 m), teils über ebenerdige, gedeckte Rinnen sowie über insgesamt 7 machtvolle Bogenbrücken (bis ins 5. Jh. intakt). Am besten erhalten ist der Pont du Gard: 3 Bogenreihen mit einer max. L von 275 m und einer H von max. 48,77 m (untere 6 Bogen: H max. 21,87 m, T 6,36 m, B max. 24,52 m; mittlere Reihe mit 11 Bogen: H 19,5 m, T 4,56 m; obere Reihe mit 35 dicht aufeinanderfolgenden kleinen Bogen: H 7,4 m, T 3,06 m). Die ästhetische Rhythmik entsteht durch die unsymmetr. Reihung der UG-Pfeiler (Abstand beidseitig abnehmend von 19,2 auf 15,5 m) und die demgegenüber optisch festigenden, einheitlichen OG-Bogen (B 4,8 m) bei harmonisierender Ausrichtung der obersten Pfeiler-B auf die unteren Bogen. Während die unteren Etagen aus aufgeschichteten bossierten Steinblöcken und Keilsteinen (L ~1,5 m) ohne Verwendung von Mörtel bestehen, ist die obere Reihe ein geschlossenes Mauerwerk aus kleineren Steinen (Gussmauerwerk) mit Zementputz. Darüber verläuft die mit Steinplatten überdeckte Wasserrinne (B 1,2 m, H 1,85 m).
~1550 Die oberen Bogenreihen werden durchbrochen und als begehbare Brücke eingerichtet.
1743 Die untere Etage wird zur Fahrzeugbrücke ausgebaut.
~1800–44 Nach der Aufgabe der Restaurierungspläne für den gesamten Aquädukt unter Napoleon entstehen Entwürfe zu dessen Nutzung vom Pont du Gard bis Nîmes.
1985 Aufnahme in die Liste des UNESCO-Weltkulturerbes.
1995–2000 Sanierung; Wiederherstellung des Originalbaus.

Ise Naiku

SHINTO-SCHREIN, ISE/JAPAN

Eine zentrale Rolle im Shintoismus (chin. *shen tao* ›Weg der Gottgeister‹; urspr. japan. *kami no michi*) mit unzähligen Göttern spielt die Sonnengöttin Amaterasu: Sie zog sich aus Ärger über ihren Bruder, den Sturmgott Susanowo, in eine Höhle zurück und nahm das Tageslicht mit, das es ihr wieder zu entlocken galt – mit Hilfe von Spiegeln, die in den über 110 000 Schreinen ihr zu Ehren aufbewahrt wurden. Die japan. Urreligion wurde ab dem 6. Jh. vom Buddhismus überlagert, lebte aber im Hofzeremoniell des Tenno-Kultes fort, der sich – offiziell bis 1946 – von Amaterasu herleitete.

~5 v. Chr. Legendärer Bau des ältesten erhaltenen Shinto-Schreins, Ise Naiku (›Innerer Schrein‹), der der Amaterasu geweiht ist. In seiner nur für Priester zugänglichen Haupthalle, einem eingesch. Pfahlbau (10,8 × 5,4 m) mit erhöht liegendem Fußboden, wird der heilige Spiegel aufbewahrt; davor befindet sich die Verehrungshalle für Opfergaben. Der Stil des schlichten Holzbaus (Ulmen- und Zypressenholz) ohne Schutzanstrich prägt noch die japan. Wohnarchitektur; die »Unschuld der Form, Reinheit des Materials, Transparenz […] der Struktur« (B. Taut) beeinflusst die moderne Architektur. Merkmale: umlaufende Galerie, überdachter Treppenaufstieg; Querbalken auf dem schilfgedeckten Satteldachfirst; gekreuzte Dachsparren am Giebel; kleinere Nebengebäude; 4fach umzäunter Bezirk; symbolisch geöffnete Tore (zur spirituellen Welt).
478 n. Chr. In der Nähe von Ise Naiku wird Ise Geku (›Äußerer Schrein‹) für die Nahrungsgöttin Toyouke gebaut.
~690/692 ff. Etwa alle 20 Jahre werden Ise Naiku und Geku der kultischen Reinheit willen abgerissen und in exakter Kopie wiedererrichtet – zur Wahrung der Authentizität.
1605 Beginn organisierter Pilgerreisen; Kunsthandel.
1946 nach Privatisierung Einrichtung eines Nationalparks.
1993 jüngste (61.) Erneuerung des Shinto-Hauptschreins.

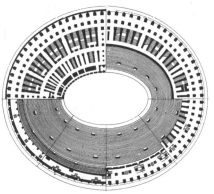

KOLOSSEUM, ROM

72–79 n. Chr. Demonstrativ an Stelle von Neros Domus Aurea lässt Kaiser Vespasian ein 3-gesch., elliptisches Amphitheater (urspr. Name »Amphitheatrum Flavium«; Umfang 545 m; Achsen 189 × 156 m) errichten. Größtes antikes Bauwerk neben der ägypt. Pyramiden. Die graue Travertinmauer besteht aus 3 × 80 Arkadenbögen mit gliedernden Halbsäulen (von unten nach oben dorisch-toskanisch, ionisch, korinthisch); im unteren Ring mit 76 nummerierten Zugängen, oben mit Brüstung und (nicht belegtem) Statuenprogramm. Die mit Meersand überstreute hölzerne Arena (83 × 48 m) überspannt einen 6 m tiefen Unterbau. Die marmorverkleideten Zuschauerreihen aus Ziegelmauerwerk – für ~50 000 Personen – gliedern sich in 3 Ränge für verschiedene Gesellschaftsschichten. Darunter befindet sich ein komplexes Treppen- und Entwässerungssystem innerhalb des Traggerüsts (7 Ring- und radial ausstrahlende Stützmauern, 560 Travertinpfeiler).

79–81 unter Kaiser Titus Aufstockung um ein 4. Gesch. aus gelbem Travertin (Gesamt-H 52 m), mit lisenenverzierter Wand und wechselweise Fenstern und Bronzeplatten. 3. Rang verkürzt; verm. um eine Stehplatzgalerie erweitert.

80–523 Gladiatorenkämpfe (Verbot durch Kaiser Honorius ~405) und Tierhatzen, gespielte Land- und Seeschlachten.

730 Der Name »Kolosseum«, überliefert von Beda Venerabilis, rührt her von einer zum Sonnengott umgewidmeten, bronzenen Nerostatue (H 35 m) neben dem Amphitheater.

11. Jh. Umbau zur Festung der Frangipani-Familie. Danach als Steinbruch genutzt; weiterer Verfall durch Erdbeben.

1749 Märtyrerkult (von Benedikt XIV. inszeniert) erhebt das Kolosseum zum Hauptort der Christenverfolgung.

1805–14 Sicherung und erste Teilrestaurierung der Ruine.

1874 erste systematische Freilegung (1936–40 beendet).

1980 Das historische Zentrum Roms wird Weltkulturerbe.

1995–99 Restaurierung (G. Martines); danach Theaterstätte.

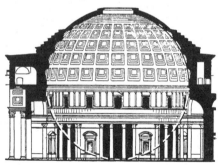

Pantheon, Rom

80 n. Chr. Kaiser Domitian lässt den abgebrannten Vorgängerbau Marcus Agrippas (27–25 v. Chr.) nach Vorbild des Erechtheion wiederaufbauen – nur der Schriftzug am künftigen Bau erinnert daran –; 110 durch Blitz zerstört.

118–125 Abweichend von der griech. Tempelbautradition (Tabuzone für das Volk) baut Kaiser Hadrian den gewaltigsten, technisch brilliantesten Ziegelrundbau seiner Zeit (lat. *pantheum* ›Allgöttertempel‹) mit rechteckigem Vorbau und Säulenportikus (flachgedeckte, 3-schiff. Vorhalle: 33,1 × 15,5 m; 16 korinthische Granitsäulen: H 12,5 m, steiler Portikusgiebel). Verwendung von Standardbauelementen (Säulen) und Gussmauertechnik; Fundamentring (B 7,3 m, T 4,5 m). Der zylindrische, 2-gesch., marmorverkleidete Unterbau (Dm. 43,6 m, H 22 m) entspricht der Kuppelhöhe; die halbkugelförmige, kassettierte Kuppel – außen eine abgestufte Flachkuppel in Zementguss – hat eine runde Deckenöffnung (*opaion*; Dm. 8,7 m) als einzige Lichtquelle. Die Wand (Dicke 6,2 m) mit 7 Nischen, Säulen- und Pilastergliederung und die 140 Kassetten geben der Kuppel Leichtigkeit, verbergen aber zugleich Entlastungsbögen und Hohlräume, die das Gewicht auffangen.

391/392 von Theodosius I. geschlossen. Tempel ausgeraubt.

608 unter Papst Bonifaz IV. Weihe als christl. Kirche Sta. Maria ad Martyros (auch Sta. Maria Rotonda genannt).

663 Der byzantinische Kaiser Konstans II. lässt die vergoldeten Bronzedachziegel einschmelzen (735 neues Bleidach).

1520 Raffael wird im Pantheon (neben anderen) beigesetzt.

1626 Glockenturmpaar von G. L. Bernini (1883 abgerissen).

1632 Papst Urban VIII. Barberini lässt den Bronzebeschlag aus der Vorhalle einschmelzen (für Kanonen der Engelsburg und für Berninis Altarbaldachin im Petersdom).

1747 Stuckverkleidung an der Oberwand von L. Vanvitelli.

1881–82 Restaurierung; Mausoleum für Viktor Emanuel II.

1929–34 Restaurierung des Pantheon (Sta. Maria Rotonda).

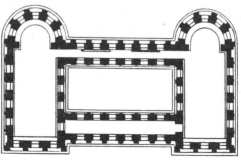

Porta Nigra, Trier

~175–200 Bau der besterhaltenen röm. Torburg als Teil der Stadtmauer. Wehrbau mit Fallgatter (Stadtseite) und Repräsentationsbau der kaiserlichen Residenz mit Sitz der weström. Verwaltung (293–395). Wuchtiger, 3-gesch. Doppeltortrakt (B 17 m) zwischen flankierenden 4-gesch. Rechtecktürmen (B 9 m, H 29 m, T 20 m) mit halbrund vortretender Front und flachem Satteldach. Umlaufende Rundbogenfenster in den OG, im Wechsel mit Halbsäulen; vorgeblendetes Gebälk, ungegliederte Attikazonen. Rechteckiger, offener Innenhof. Spätere Benennung (»schwarzes Tor«) aufgrund der Sandstein-Verwitterung.

~470 Trier fällt an die Franken. Die die Steinblöcke verbindenden Wandklammern (die Römer bauten ohne Mörtel) werden zum großen Teil herausgebrochen; Bauschäden.

~1028–35 Simeon, ein sizilisch-griech. Asket, lässt sich im N-Turm einmauern (Inklusion); er wird hier beigesetzt und im Todesjahr von Benedikt IX. heiliggesprochen.

1037–42 Umbau der Porta Nigra zur roman. Doppelkirche: sie wird bis zum ersten OG mit Erde aufgeschüttet und über eine Rampentreppe mit dem Stadtniveau verbunden. Das neu definierte EG wird zur Pfarrkirche, das OG zur Stiftskirche. Hofraum als Mittelschiff eingewölbt; die Galerien über den urspr. Toren werden zu Seitenschiffen.

~1140/50 Schleifung des O-Turms; Anbau eines polygonalen Chors mit gerade abschließender, reich ornamentierter Zwerggalerie (lothringischer Einfluss). Ausbau des W-Turms zum behelmten Kirchturm. Ornamentfries im UG.

1747–50 spätbarocke Innenausstattung (Reliefbildnisse).

1804–17 Napoleon und danach die Preußen stellen den urspr. Bau wieder her (erhalten: Choranbau ohne OG).

1822–75 nach Neueröffnung wieder als Stadttor genutzt.

1966–73 Sicherung und Restaurierung des Tors.

1986 Das antike Trier, zusammen mit dem Dom und der Liebfrauenkirche, wird zum Weltkulturerbe erhoben.

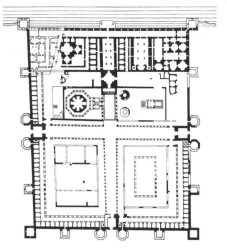

Modell und Grundriss

Diokletian-Palast, Spalato (Split)

Fernab der Öffentlichkeit ließen sich die röm. Kaiser gerne prächtige und meist phantasievoll ausgestattete Villen errichten, die ihrem Geltungsdrang Rechnung trugen und ihrer erhofften Apotheose einen angemessenen Kultort boten. Tiberius zog nach Capri, Hadrian ging nach Tivoli, Maximian baute im sizilischen Piazza Armerina; Nero ließ sein ›Domus Aurea‹ im Zentrum der Macht, Rom, errichten.

293–305 Diokletian, der 305 als Kaiser abdankt, lässt seinen Alterssitz an der O-Küste der Adria erbauen. Der stadtartige Palast mit asymmetr. Grundriss (L ~192 m, B 151 [N] bzw. 158 m [S]), der dem Ort den Namen gibt (lat. s[acrum]*palatium* ›Kaiserpalast‹), ist in Form eines röm. Militärlagers (*castrum*) errichtet: er wird von 2 Straßen mit angrenzenden Säulenhallen durchkreuzt und ist von Wehrmauern (H 17 m; 2 m dick) umgeben, mit 4 quadr. Ecktürmen und Doppelturmtoren (8-eckige Türme) an 3 Seiten – die im OG arkadenartige Mauer zum Meer mit Promenade hat nur ein kleines Tor. Im N stehen Wirtschafts- und Wohngebäude, im S befinden sich Kult- und Palasträume (Kaiserwohnung, Aula, Thermen). Das oktogonale Mausoleum mit Kuppelgewölbe ist von einer Säulenhalle umgeben; gegenüber liegt ein verm. dem Helios geweihter Tempel mit kassettiertem Tonnengewölbe. Durch die Vermischung von Kult- und Profanraum und die üppige Ausstattung (Mosaiken) erhebt sich der Kaiser zum gottgleichen Menschen. Die Materialien (Granit, Marmor, Porphyr) wie die Idee des kastellartigen Wohnpalastes stammen aus dem byzantinischen Osten.

626–630 Nach der Zerstörung der östl. von Spalato gelegenen Stadt Salona flüchten die Überlebenden in die Palastanlage und lassen sich dort dauerhaft nieder.

640 Johannes IV. weiht das Mausoleum zur Domkirche.

1979 Die Altstadt von Split wird UNESCO-Weltkulturerbe.

STA. MARIA MAGGIORE, ROM

352 legendenhafter Baubeginn der Basilika (oder eines Vorgängerbaus); Zurückführung auf eine Marienerscheinung.
432–440 Tatsächlicher Baubeginn der wichtigsten 3-schiff. Marienbasilika unter Papst Sixtus III. (eine der 5 päpstlichen Patriarchalkirchen und der 7 Hauptkirchen Roms; L 86,5 m), einem bis heute erkennbaren Longitudinalbau mit breitem Mittelschiff und 2 fensterlosen, ungewölbten Seitenschiffen, unterteilt von 2 Säulenreihen mit je 20 ionischen Säulen. An den Längswänden Mosaiken mit Motiven des Alten Testaments im Stil der spätröm. Malerei.
~1150 Vorhalle im O und Marmorfußboden im Langhaus.
~1290–95 Umbau: hinzugefügtes Querhaus; neue Apsis mit Mosaiken von J. Torriti (verm. unter Verwendung des frühchristl. Mosaiks); der alte Apsisbogen wird zum Triumphbogen mit Mosaiken zum Neuen Testament.
1370–78 Bau des höchsten Campanile in Rom (H 75 m).
1493–98 vergoldete Kassettendecke von G. da Sangallo.
1550–1613 Mehrere Kapellen (von G. della Porta, D. Fontana u. a.) verstellen den Blick auf den frühchristl. Bau.
1593 Bei der Restaurierung wird jedes zweite Obergadenfenster zugunsten neuer Fresken über den Mittelschiffmosaiken (von G. B. Ricci, B. Croce u. a. m.) zugemauert.
1613 Die einzige erhaltene korinthische Cipollinosäule (H 14,3 m) aus der Maxentiusbasilika (308–312) wird, mit einem Sockel und einer bekrönenden Marienstatue versehen, auf den Kirchenvorplatz versetzt (Gesamt-H ~42 m).
1671–73 2-gesch. barocke Chorfassade hinter monumentaler Freitreppe von C. Rainaldi; Barockisierung der Apsis.
1741–43 barocke Hauptfassade mit 5 Zugängen und Säulenädikulen sowie Segensloggia des Papstes von F. Fuga.
1743–50 barocke Umgestaltung des Innenraums (F. Fuga).
1969 Unter der Apsis (6 m unter dem Bodenniveau) wird ein röm. Handelsplatz mit Wandmalereien ausgegraben.
1995–2000 Restaurierung der Kirche samt der Mosaiken.

S. Vitale, Ravenna

~526–547 Kurz vor oder nach dem Tod des Gotenkönigs Theoderichs des Großen (526) wird in Ravenna der äußerlich schlichte, doppel konzentrische oktogonale Ziegelsteinbau mit exzentrisch verschobener Vorhalle errichtet – in krisenreicher Zeit: Theoderichs Gegenspieler Justinian I. wird 527 byzantinischer Kaiser. Erster Zentralbau (Dm. 17 m; H 30 m) des christl. Abendlandes und bedeutendstes frühbyzantinisches Bauwerk im Wirkungsbereich der Hagia Sophia und Hagios Sergios und Bakchos (Konstantinopel), allerdings ohne deren Ornamentfreudigkeit, möglicherweise als Reaktion auf Theoderichs Grabmal (Zentralbau ~500). Im Inneren Nischenkranz und Bogenring über 8 Pfeilern; doppelgesch. Umgang; Apsis auf der O-Seite, flankiert von 2 runden Treppentürmen, mit quadr. Presbyterium. Kapitelle mit in sich verschlungenen Ornament-Formen. Die sehr leichte Kuppel aus Terrakottaziegeln (mit dünnen, ineinander gesteckten Tonröhren) ist holz- und backsteinüberdeckt und kommt ohne Verstrebungen aus. 547 Weihe durch Erzbischof Maximianus.

540–751 Das oström. Exarchat hat den Sitz in Ravenna.

~548 Vollendung der vorbildlosen, farbigen Mosaikdekoration aus aufwendig gefertigten Glassteinen (*tesserae*-Technik), früheste Arbeiten nach 532: Szenen aus dem Alten Testament und aus dem Leben Kaiser Justinians (der nie in Ravenna gewesen ist), deren durchgeistigte, körperlose Aura der volumenlosen Architektur entspricht. Altar (6. Jh.) aus transparentem orientalischem Alabaster.

786 Der sehr viel massivere (karolingische) Aachener Dom greift auf S. Vitale als unmittelbares Vorbild zurück.

1780 Die Kuppel wird in der spätbarocken Tiepolo-Nachfolge (S. L. Barozzi, U. Gandolfi, J. Guarana) ausgemalt.

1929–34 systematische Restaurierung der Kirche.

1988–90 Restaurierung der Mosaiken (Alberti, Tomeucci).

1996 S. Vitale samt seinen Mosaiken wird Weltkulturerbe.

Hagia Sophia, Konstantinopel (Istanbul)

Eines der berühmtesten Bauwerke der Menschheit stammt von dem griech. Mathematiker und Statiker *Anthemios von Tralles* († ~534), vielleicht auch Schöpfer von Hagios Sergios und Bakchos. Sein Mitarbeiter war der Ingenieur *Isidoros von Milet* († vor 558); beide arbeiteten auch als Stadtplaner.

532–537 Kaiser Justinian I. lässt die wichtigste byzantinische Kuppelbasilika in Konstantinopel (dem heutigen Istanbul) anstelle einer gleichgroßen 5-schiff. Basilika (4. Jh.) bauen; von ihr stammen Teile der Grundmauern. Trotz Langhaus ist die Sophienkirche (77 × 72 m) von der Idee her ein lichter Zentralbau mit gewaltiger Kuppel (Dm. ~33 m; H insgesamt 55,6 m) auf 4 Pfeilern und mit 40 Rippenverstrebungen; daneben 2 Konchen (O, W) und breite 2-gesch. Seitenschiffe mit Säulenreihen (S, N). Kaisertribüne über 2-gesch. Narthex mit vorgelagertem Atrium.
558–563 Isidoros' Neffe baut die nach einem Erdbeben eingestürzte Kuppel in leichtem Backstein um ~6,5 m erhöht wieder auf; er bewahrt die schwebende Raumgestaltung.
768 Der Patriarch Niketa lässt viele der Mosaiken entfernen.
843–913 Beginn der neuen Ausschmückung (Apsismosaik, Mosaik über dem Kaiserportal) unter Basilios I. u. a.
989 große Schäden nach Erdbeben. Der Architekt Trdat rekonstruiert den Bau mit veränderter Innenausstattung.
~1030–50 Die Kapitelle werden vergoldet und versilbert.
1204 Kreuzfahrer plündern die Sophienkirche und widmen sie zur kath. Kirche um (Veränderungen im Altarraum).
1261 Die orthodoxe Kirche gewinnt die Hagia Sophia zurück; der Patriarch Arsenios lässt sie von Rucha erneuern.
1453 Die Kirche wird türk. Hauptmoschee und beeinflusst die gesamte osmanische Architektur. Bau der 4 Minarette.
1847–49 Restaurierung (G. Fossati); Mosaiken freigelegt.
1934 Die Moschee wird unter Atatürk offiziell Museum.
1985 Das historische Konstantinopel wird Weltkulturerbe.

Tempel I: »Pyramide des Riesenjaguars«

Tempelpyramiden, Tikál/Guatemala

Das Zeremonialzentrum Tikál, ~200 v. Chr. oder früher gegründet, war mit 12 000 (70 000?) Bewohnern in ihrer Blütezeit im 7./8. Jh. n. Chr. die größte Maya-Stadt in N-Guatemala. Auf einer Fläche von ~16 km² wurden ~3000 Bauten freigelegt. Anders als die ägypt. dienten die Maya-Pyramiden nicht als Grabbauten an sich, sondern nur als Basis für Grabtempel. In der Religion sind die Mayas mit ihren Regengottheiten dem (grausameren) aztekischen Kult ähnlich; Sonne und Mond symbolisieren das Ballspiel und den Tod der mythischen Zwillinge Hunahpu und Vukub Hunahpu.

~685–750 Errichtung der 7 Tempelpyramiden (I–VII): ~685 der 9-stufige Tempel I (»Pyramide des Riesenjaguars«; H 47 m; Basis 35 × 30 m; 16 000 m³) mit 3 hintereinander liegenden Räumen (~114 m³) sowie der gegenüberliegende 3-stufige Tempel II (~700). Eine Ritualstraße führt zur höchsten Pyramide (Tempel IV; H 72 m; ~740, nach Karbon 14-Methode: 636). In steilem Winkel (z. T. über 70°) führen Treppen zum Tempel, gekrönt von einem Steinkamm (Cresteria); ausgeschmückt sind die fensterlosen Räume durch reliefierte Deckentafeln aus Zapoteholz. Daneben entstehen – ohne erkennbare Städteplanung, oft als Auf- und Anbauten – Wohnungen, Verwaltungsgebäude, Paläste (zentral die N- und Zentral-›Akropolis‹) – und zahlreiche Kultstelen zur Chronologisierung. Systematische Anordnung der bemalten Pyramiden zu ›Zwillings‹-Komplexen: als Verdoppelung auf einer Symmetrieachse.
869 letzte überlieferte Datierung; Tikál wird aufgegeben.
11.–13. Jh. Neubesiedlung und Plünderung der Maya-Stadt.
~1853–90 nach der Wiederentdeckung Ausgrabung der im Tropenwald verborgenen Stadt (G. Bernoulli, T. Maler).
1950–61 Ausgrabungen und Teilrestaurierung, vom »Tikál Project« der USA begleitet. Seit 1955 Nationalpark.
1979 Der Nationalpark von Tikál wird Weltkulturerbe.

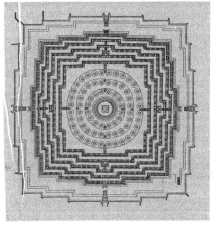

BOROBUDUR, ZENTRALJAVA

Die Shailendra-Dynastie (3. Jh. n. Chr.) führte den Mahayana-Buddhismus offiziell auf Java ein. Der auf Reisanbau basierende Reichtum ermöglichte eine kulturelle Blüte mit aufwendigen Bauten. Der im 3. Jh. v. Chr. in Indien entwickelte Stupa, urspr. ein Grabhügel, wurde als Symbol für den heiligen Weltenberg Meru (Sitz der Götter) übernommen.

~775–842 Entstehung des größten nichtindischen buddhist. Sakralbaus (Stupa), einer Stufenpyramide auf einem natürlichen Hügel. Über der quadr. Grundfläche (123 × 123 m) türmen sich 6 quadr. – durch Stufung jedoch 36-eckige – und 4 runde, das Mandala symbolisierende Terrassen (~2 Mio. Steinquader werden ohne Mörtel aufgehäuft, ~56 500 m³); im Zentrum erhebt sich ein riesiger Stupa (H 8 m). Gesamt-H 42 m (auf weichem Grund auf 33,5 m gesenkt). Reliefs und Paneele (L ~2500 m) illustrieren die Geschichte Buddhas und buddhist. Erzählungen oder zeigen Dämonen und Göttinnen. 505, darunter 72 überlebensgroße Buddha- und Bodhisattvafiguren schmücken Nischen und kleinere Stupas der Terrassen. Von jeder Seite führen Treppen hinauf; Tordurchgänge markieren den Zugang zu den höheren Terrassen, auf denen die Pilger einen inneren Reinigungsweg zurücklegen können (Stufen der Lüste und Leiden, der Meditation und der Erlösung).
~930 Verm. ein Vulkanausbruch vertreibt die Einwohner aus der Region; Borobudur wird als Pilgerort aufgegeben.
1814 Wiederentdeckung des tropisch überwucherten Tempels, der in den folgenden 100 Jahren ausgeplündert wird.
1907–11 Restaurierung des in der Substanz maroden Baus.
1973–82 Die UNESCO lässt Borobudur zu 2 Dritteln abtragen, konservieren und mit einem Beton-Stützkorsett und einem Wasserableitungssystem wieder zusammensetzen.
1985 Schäden nach Anschlag islam. Fundamentalisten.
1991 Borobudur wird zum UNESCO-Weltkulturerbe.

Moschee-Kathedrale, Córdoba

785–796 Bau anstelle eines als Moschee teilgenutzten Klosters (die Mauerreste bedingen die ~17° von Mekka abweichende Ausrichtung der Gebetswand). Strebepfeiler verstärken die zinnenbekrönten Außenwände. Im 9-schiff., 12-jochigen Betsaal (74 × 37 m) entsteht ein markanter, den Raum verschleiernder ›Säulenwald‹ mit röm. und westgotischen Spoliensäulen, die mit Pilastern und Doppelgeschossbogen (Pfeilerarkaden, Hufeisenbogen) die hohe Holzdecke tragen (unterschiedlich in Durchmesser, Strukturierung und Material; meist korinthische Kapitele).

833–848 erste Erweiterung auf 11 Schiffe mit 20 Jochen, orientiert am Gründungsbau, mit extra gefertigten Säulen.

~929–961 Das Minarett (H 23 m) wird ersetzt und erhöht (H 48 m); vergrößerter Palmen- (heute: Orangen-)Hof.

962–965 zweite Erweiterung: 12 neue Arkadenreihen (insgesamt 32 Joche). Die 4 steinernen Oberlichtkuppeln erfordern ein stabileres, hochkompliziertes Stützsystem mit sich durchkreuzenden Vielpassbogen. Üppige Dekoration.

987–988 dritte Erweiterung: Die Moschee für ~30 000 Menschen ist nun die größte der damaligen Welt (Fläche: 175 × 128 m; 856 Marmorsäulen, 21 Tore): 8 neue Schiffe an der O-Seite; dadurch bedingte Vergrößerung des Lichthofes (6960 m²) – die Symmetrie geht allerdings verloren.

1236 Ferdinand III. weiht den Bau zur christl. Kathedrale.

1258–60 Capilla Real im 2. Erweiterungsbau (Mudejar-Stil); bisher offene Schiffe an der Hofseite werden vermauert.

1489 Bau einer ersten got. Kirche innerhalb der Moschee.

1523–1607 Gegen den Willen des Stadtrates integrieren H. Ruiz und seine Nachkommen eine weitere Kathedrale.

1593–1664 J. Hidalgo baut das Minarett zum christl. Renaissance-Glockenturm (H 69 m) um. Säulengang im Hof.

1882 Der Bau wird Monumento Nacional; Restaurierung.

1984 Aufnahme in die Liste des UNESCO-Weltkulturerbes.

1992 ff. Restaurierung der Bethalle.

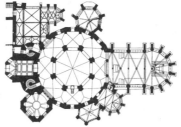

Pfalzkapelle Karls des Grossen, Aachen

786–800 Odo von Metz (?) errichtet den ältesten monumentalen und ersten vollständig gewölbten Zentralbau nördl. der Alpen: einen 8-eckigen, steilen Mittelraum (Dm. 14 m; H 31,6 m) mit 2-gesch., 16-eckigem Umgang. Die WO-Achse ist bestimmt durch ein 2-gesch. Sanktuarium (O) und die Eingangshalle mit Empore/Königsloge (W); runde Treppentürme flankieren die Vorhalle. Die Maße folgen einer auf der heiligen Zahl 12 aufgebauten Harmonie. Vorbild für den in Deutschland unbekannten Oktogonalbau im Zusammenhang mit der Wiederbelebung des röm. Kaisertums ist S. Vitale (Ravenna). Aus Rom und Ravenna stammen die Marmorsäulen der Empore (1794 von Napoleon entwendet, z. T. 1814 zurückgekehrt). Antike Marmorplatten bilden den kastenförmigen Thron (~800).
805 Papst Leo III. weiht die Pfalzkapelle am Dreikönigstag.
814 Kapelle wird Grabkirche Karls des Großen (768–814).
936–1531 Seit Otto I. Krönungskirche (für 30 Könige).
1165–70 Karlskult: Radleuchter aus vergoldetem Kupferblech (Dm. 4,3 m), ein Geschenk Friedrichs I. Barbarossa.
~1182–1215 Karlsschrein als Inkarnation staufischer Macht.
1224 Nach Brand erhält das Oktogon ein 8-giebeliges Dach.
~1305–50 Westbau erhält seine hohe got. Turmbekrönung.
1355–1414 Die hochgot. einschiff., kreuzrippengewölbte Chorhalle (25,3 × 13,2 m, H 32,2 m) ersetzt den karolingischen Altarraum; sie folgt formal St-Chapelle in Paris.
1367 um den Kernbau des Münsters Bau der 2-gesch., spätgot. Ungarnkapelle (1756–67 von J. Moretti barockisiert).
~1380–1475 Entstehung weiterer Kapellen.
1664 Zeltdach ersetzt durch ein Faltkuppeldach mit Laterne.
1719–25 Karolingische Mosaiken weichen Stuckverzierung.
1879–1913 neue historistische Mosaizierung an der Decke.
1945–51 Neugestaltung des Chors; neue Fenster (~1000 m²).
1978 erster dt. Beitrag zum UNESCO-Weltkulturerbe.
1992–2005 Sanierung der statisch unsicheren Chorhalle.

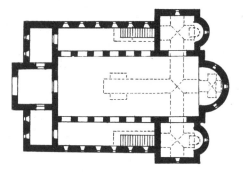

Einhardsbasilika in Steinbach

Einhardsbasiliken, Steinbach · Seligenstadt

821–827 Der Vertraute, Bauleiter und Biograph Karls des Großen, Einhard (770–840; *Vita Caroli Magni*), stiftet als Laienabt im Gebiet seines Alterssitzes das karolingische Kloster Steinbach mit der ersten so genannten Einhardsbasilika, einer 3-schiff., flachgedeckten Kirche. Die heute noch gut erhaltenen O-Teile zeigen Bezüge zur antiken Bautradition: 6 Langschiffarkaden mit Obergadenfenstern über quadr. Backsteinpfeilern; tonnengewölbte Krypta.

827 Einhard holt die Reliquien der hll. Marcellinus und Petrus nach Steinbach, gibt sie aber 828 nach Seligenstadt.

~832–840 Einhard lässt in Seligenstadt seine zweite Benediktinerabtei bauen – wieder eine 3-schiff., flachgedeckte Pfeilerbasilika –, die zu seiner Begräbnisstätte wird. Die Basilika, im Vergleich zu Steinbach mit ausladendem Querhaus (noch als Zellenquerbau), ist der größte erhaltene karolingische Bau. Im Langhaus 9 Rundbogenarkaden über Backsteinpfeilern mit attischen Basen; Mauertechnik in spätantiker Tradition. In der tonnengewölbten Ringkrypta befinden sich die Märtyrer- und Stiftergräber.

~1020 Seligenstadt erhält frühroman. Doppelturmfassade.

~1250 Mit Verlängerung des Chores misst die Seligenstädter Basilika 69 m; ein frühgot. Vierungsturm wird errichtet.

~1300 Das Steinbacher Langhaus wird zu den zuvor abgerissenen Seitenschiffen (1972 rekonstruiert) hin vermauert.

1535 Kloster Steinbach wird aufgegeben; seit 1542 Spital.

1722–43 Die Seligenstädter Front erhält ein spätbarockes Portal, der Vierungsturm eine Haube mit vergoldeter Erzengels-Statue; die Obergadenfenster werden vergrößert.

1812 Die Basilika in Seligenstadt wird kath. Pfarrkirche.

1868–78 Restaurierung in Seligenstadt: das barocke Dekor wird entfernt; neuroman. Fassade und Seitenschiff-Wände.

1937–55 Eine Restaurierung in Seligenstadt sichert den karolingischen Bestand des Hauptraums (kleinere Fenster).

1968–73 Stabilisierung der Steinbacher Basilika.

Sanktuarium des Prambanan-Komplexes

Chandi Lara Jonggrang, Prambanan/Java

Im 9. Jh. verdrängte die hinduist. Mataram-Dynastie ihre buddhist. Vorgänger und demonstrierte ihren Sieg mit imposanten Monumenten. Von den 3 Erscheinungsformen Gottes wurde auf Java Shiva, Gott der Zerstörung und der Welterneuerung, besonders verehrt. Shivaistische, buddhist. und animistische Elemente gingen in dieser Zeit des Synkretismus ineinander über oder existierten nebeneinander her.

~855–915 nordöstl. von Yogyakarta Bau der geometrisch angelegten, bedeutendsten hindu-javanischen Tempelanlage. Von zentraler Bedeutung ist der Shiva-Tempel aus Andesit-Lavagestein (*Lara Jonggrang* ›zierliche Jungfrau‹; 34 × 34 m; H 47 m) auf einem 20-eckigen Sockel, dessen Wände mit realistischen Reliefs zum *Ramayana*-Epos (5. Jh. v. Chr.) ausgeschmückt sind. Der 3-teilige Aufbau der Anlage symbolisiert – wie das buddhist. Borobudur-Heiligtum – die kosmischen Erkenntniswege. Um den quadr. Innenbereich mit den Hauptsanktuarien für Brahma (S), Shiva und Vishnu (N), die ihnen gegenüberliegenden Nandi-, Garuda- und Hamsa-Tempel im O sowie kleinere Votivtempel (110 × 110 m) befinden sich ein Zwischenareal mit 224 kleineren Tempelschreinen in Viererreihen (H 14 m; Außenmaße 220 × 220 m) und ein Außenrevier für die Mönche und Tempeldiener (Gesamtumfang: 390 × 390 m). Die Mauersteine sind ohne Mörtel aufgeschichtet.
928 König Sindok lässt die Anlage aus ungeklärten Gründen zurück und verlagert sein Machtzentrum nach O-Java.
1549 Nach Erdbeben wird der Tempel im Wald begraben.
1733 zufällige Wiederentdeckung; bis ins 19. Jh. Steinbruch.
1937–66 Rekonstruktion des Haupttempel. Ein Urnenfund bezeugt die Anlage als fürstliche Begräbnisstätte. Nach dem Wiederaufbau einiger Nebentempel dient die Anlage als Kulisse für saisonale Aufführungen des *Ramayana*.
1991 Aufnahme in die Liste des UNESCO-Weltkulturerbes.

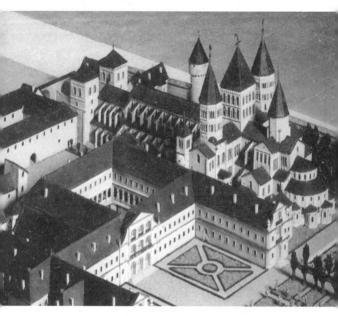
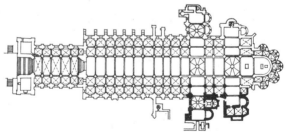

Modell und Grundriss

Abteikirche, Cluny

915–926/927 Cluny I: Eine einschiff. Saalkirche der Cluniazenser (streng disziplinierte Reform-Benediktiner) löst eine karolingische 3-Apsidenkapelle (~910) als Kloster ab.
948–981 Cluny II: Eine 3-schiff. kreuzförmige Basilika mit Glockenturm über der querrechteckigen Vierung entsteht südl. der zerstörten Vorgängerkirche. Bau von Staffelchor (für 15 Altäre), 3-schiff. Presbyterium im O-Querschiff, Haupt- und Nebenapsiden. Demonstrative Einfachheit bei deutlicher Trennung von Mönchs- und Laienkirche (Langhausstützen wechseln von Pfeilern zu Säulen).
~995 Hochschiff erhält ein Tonnengewölbe (nicht gesichert).
~1000 verm. Erweiterung um Atrium (30 m^2) mit 2 Türmen.
~1075 Der Investiturstreit verstärkt den Einfluss von Cluny auf die dt. Romanik (Verbreitung über Kloster Hirsau).
1088–95 Cluny III: Unter Abt Hugo (Berater von Papst Gregor VII. und Pate Kaiser Heinrichs IV.) Bau einer 5-schiff. Basilika mit 11 Jochen, 2 Querschiffen und einem ausladenden Kapellenkranz. 1095 Chorweihe durch Urban II. Die Entfaltung der Bauteile und das reiche Skulpturenprogramm – Beginn der monumentalen Bauplastik am Portal – widersprechen der Reformidee (sie werden vom 1098 gegründeten Zisterzienserorden aufgenommen).
~1120 Das Langhaus von Cluny II weicht einem Kreuzgang.
1125 Das 1115 fertiggestellte Tonnengewölbe des Langhauses (Cluny III) stürzt ein und wird in den Folgejahren mit (neuartigen) äußeren Strebebögen wiederhergestellt.
~1130/32 Schlussweihe der damals größten Kirche (L 187 m, H 30 m) und des größten abendländischen Klosters überhaupt. Anwesend ist Abt Suger, der Begründer der Gotik.
~1225 Cluny III um eine 3-schiff. Vorkirche mit 2 Türmen im W erweitert. Das Ende der Blütezeit ist schon absehbar.
1790–1823 Aufhebung, Verkauf und Abbruch des Klosters.
1913 ff. Mehrere Grabungen erschließen die Baugeschichte.
1944 Ruine (S-Teile) von verirrten Bomben weiter zerstört.

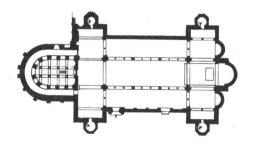

St. Michael, Hildesheim

~1007–33 Bau des ottonisch-roman. Benediktinerklosters (Grundsteinlegung 1010) als doppelchorige, 3-schiff., flachgedeckte Basilika. Das Langhaus, erstmals mit »sächsischem Stützenwechsel« (auf einen quadr. Pfeiler folgen 2 Säulen) und weitgehend ungegliedertem Obergaden, führt beidseitig zu gleichgroßen Querhäusern mit je 2 flankierenden Treppentürmen (unten polygonal, oben rund); das Vierungsquadrat (~9 × 9 m) gilt als Maßeinheit des harmonischen Baus (das Mittelschiff entspricht 3 Quadraten). Säulen mit Würfelkapitellen. Rhythmisierung durch wechselnd rot und weiß gequaderte Arkadenbögen. 3-gesch. Emporen an den Querschiff-Stirnseiten mit einer (unten), 3 (Mitte) und 5 (oben) Säulen – Symbol für die 9 Engels-Ordnungen. Bauherr ist Bischof Bernward (im Amt 993–1022), Erzieher und Kanzler Kaiser Ottos III., nach dem die Hildesheimer Kunst der Zeit benannt ist.

1015 Weihe der Krypta (Bernwardsgruft). Anbringung der Bronzetüren (Flügel je 1,15 × 4,72 m, Gewicht je 2 t), die nach 1022 in den Hildesheimer Dom überführt werden.

~1020 bronzene Christussäule (H 3,8 m); seit 1893 im Dom.

1162–86 nach Brandschäden Teilerneuerung der Langhaussäulen (Blattkapitelle, z. T. mit Figurendarstellungen), Verlängerung der ebenerdigen Krypta. 1186 Neuweihe.

~1220–30 Bemalung der Flachdecke (1943–45 ausgelagert).

~1250 Der Hochchor im W wird spätroman. erneuert.

~1650 Abriss von O-Chor (Apsiden) und O-Vierungsturm.

1662 Der baufällige W-Vierungsturm wird auch abgerissen.

1667–79 Bau des barockisierten O-Turms mit Haube.

1822 Außenmauer des nördl. Seitenschiffes abgebrochen.

1855–57 Sicherungsmaßnahmen und Teilrekonstruktionen.

1945–57 nach Kriegszerstörung weitgehende Rekonstruktion des ottonischen Urbaus (nicht aller Detailformen).

1985 Michaeliskirche und Dom werden Weltkulturerbe.

2005–10 Innenrestaurierung, 2010 ff. Außensanierung.

Dom St. Martin und St. Stephan, Mainz

975–1009 Bau des Vorgängerdoms mit Königshalle (vgl. Lorsch); am Tag der Weihe brennt die Kirche nieder.
1009–36 Wiederaufbau der 3-schiff., verm. doppelchörigen gewölbten Pfeilerbasilika mit 2 Vierungs-, 2 runden Treppen- (O) und 2 8-eckigen W-Türmen. Kapitel- bzw. Priesterchor im W (geistliche Macht) mit Querschiff. Früheste Säulenportale der dt. Romanik im O-Bau. Weihe 1036.
1079/81 Sturm und Feuer zerstören die roman. Kirche bis auf das Fundament und Teile der O-Türme und O-Wand.
~1105–1210 unter Kaiser Heinrich IV. neuer O-Chor (Kaiserchor: weltliche Gewalt) mit Querbau; 3-schiff., streng rhythmisiertes, nach 1200 rippengewölbtes Langhaus (53 × 13,5 × 29 m 10; Arkaden mit 5 Jochen im Mittelschiff, jeder 2. Pfeiler mit Halbsäule; 10-jochige Seitenschiffe) über dem alten Grundriss. Planungsvorbild wird Speyer (Gewölbe, O-Apsis mit Zwerggalerie). Gesamt-L 113 m.
~1185 W-Chor und Querhaus durch Trikonchos mit spätroman. Vierungsturm ersetzt (Illusion eines Zentralbaus).
1239 feierliche Schlussweihe im Beisein König Konrads IV.
1279–1319 got. Kapellen an den Langhausseiten bieten im Staatsdom Privatandachtsräume (Trend zur Mystik).
1361 Die O-Türme werden in got. Formen aufgestockt.
~1400–10 2-gesch. Kreuzgang-Neubau (1951 Museum).
1480–90 Die holzbehelmten W-Türme werden aufgestockt.
1767 F. A. Hermann fertigt das Rokoko-Chorgestühl im W.
1769–74 F. I. M. Neumann restauriert die 1767 abgebrannte westl. Turmgruppe mit roman.-got.-barocken Elementen.
1793–1803 Kriegsschäden; Versteigerung der Einrichtung; drohender Verfall. Notrestaurierung beendet Abrisspläne.
1859–64 Der Nazarener Ph. Veit u. a. malen die Kirche aus.
1870–79 neuroman. Umbau des O-Baus (P. J. H. Cuypers).
1909–60 Sicherungen; 1942 Brand, ab 1955 Restaurierung.
1971–78 Außenrestaurierung zum 1000-jährigen Jubiläum.
1981–89 weitere Restaurierungen (Kapellen, Kreuzgang).

Bartholomäuskapelle, Paderborn

~1017 »Byzantinische [griech.-sprachige] Arbeiter« – so behauptet die Vita des Bischofs Meinwerk – bauen nördl. des Doms (Weihe 1015) die älteste deutsche Hallenkirche (11,3 × 8,5 m) als schlichte Kapelle einer ottonischen Kaiserpfalz (~1000; über der karolingischen Vorgängeranlage von 777). Meinwerk unterhält enge Kontakte zu den Königen bzw. Kaisern Otto III., Heinrich II. und Konrad II. Die 3 gleichhohen Schiffe haben jeweils 4 Joche, die 2 Reihen von je 3 schlanken Säulen tragen 12 Hängekuppeln (aus Kalk- und Tuffstein) über rechteckigem Grundriss; einzigartig für diese Zeit sind die fein gearbeiteten, korbförmigen oder annähernd korinthischen Kapitelle. Das Mauerwerk besteht aus Bruchstein; Verstärkung der Kanten durch roten und gelben Sandstein (Pilastergliederung). Die Innenwände sind durch Halbsäulen und Nischen (vgl. St. Michael, Hildesheim) gegliedert. Eine Halbkreis-Apsis beschließt das Mittelschiff. Vorbilder für die Kapelle hat man vergebens in Konstantinopel und Kleinasien (Hängekuppeln), Apulien und Zypern gesucht; auch eine direkte Nachfolge (eine von hier ausgehende Entwicklung der Hallenkirche) gibt es nicht; anzunehmen ist eine regionale Bautradition in der Wandgestaltung unter Mitarbeit byzantinischer Gewölbespezialisten. Die Datierung der querrechteckigen, tonnengewölbten Vorhalle ist ungewiss.
1604 Jesuiten übernehmen die Kapelle. Bau von Spitzbögen.
1825–28 Restaurierung (neuer Gewölbeputz) der vor 1824 als Lagerschuppen und Werkstätte genutzten Kapelle.
1907 N-Wand durch 3 Strebepfeiler gestützt (1956 entfernt).
1955–57 Sicherung; Restaurierung der Bartholomäuskapelle.
1964–70 Bei Ausgrabungen werden die karolingische und ottonische Pfalz freigelegt. Bei der Teilrekonstruktion (W. Winkelmann) innerhalb eines modernen Architekturkonzepts von G. Böhm wird die Kapelle einbezogen.
1977 Abriss der Vorhalle (Eingangsbereich Pfalzmuseum).

Dom St. Maria und St. Stephan, Speyer

~1025/30 Grundsteinlegung der Päpstlichen Basilika unter dem Salierkönig Konrad II. (reg. 1024–39; Kaiser seit 1027) anstelle der seit 665 genannten Vorgängerbauten.

1025/30–61 Bau I: die damals monumentalste frühroman., kreuzförmige, 3-schiff. und flachgedeckte Pfeilerbasilika (L 134 m, B Langhaus 8,5/14/8,5 m, H 32 m) mit 2-schichtiger Wandgliederung und 2 × 12 Pfeilern. 1061 Hauptweihe des verm. unvollendeten schmucklosen Kaiserdoms (Grablege der Salier). Baumeister: Mönch Gumbert (?). In urspr. Form sind von ›Speyer I‹ die Hallenkrypta (H 6,5 m), der Form nach auch die Seitenschiffe erhalten.

1081/82–1106 Bau II: Heinrich IV. (reg. 1056–1105; Kaiser seit 1084) lässt den Dom umbauen: erstes großes dt. Kreuzgratgewölbe; rhythmisch durchgliedertes Wandsystem; Neubau der O-Anlage mit Querschiff, halbrunder, 3-zonig gegliederter Apsis und frühester erhaltener Zwerggalerie; Bau der 6 Türme (O-Türme H 72 m; 8-eckiger Vierungsturm H 46,6 m). Skulpturenprogramm unvollendet.

1146 Bernhard von Clairvaux ruft hier zum Kreuzzug auf.

1689 Im Pfälzischen Erbfolgekrieg wird der Dom stark beschädigt (u. a. etwa 4 der 6 Joche des Langhauses im W).

1754/55 Abriss des Westwerks. Beginn des Wiederaufbaus.

1772–78 F. I. M. Neumann rekonstruiert das Langhaus fast authentisch; W-Bau und Innenausstattung spätbarock.

1817–58 nach Zerstörung (1793/94) und unter bayerischer Herrschaft (1815 ff.) regt L. v. Klenze eine Dom-Umgestaltung an: Gesimse und Fenster weichen nazarenischen Fresken (J. Schraudolph, 1846–53); H. Hübsch ersetzt die spätbarocke durch eine neuroman. W-Front (1854–58).

1957–72 Wiederherstellung des roman. Kaiserdoms (vom Ursprungsbau abweichend), z. T. von Mainz inspiriert.

1981 Eintrag in die Liste des UNESCO-Weltkulturerbes.

1988 einfühlsame Domplatz-Gestaltung von O. M. Ungers.

1996–2000 jüngste Restaurierung des ganzen Kaiserdoms.

Stabkirche, Urnes/Norwegen

Im spät christianisierten Norwegen des 11. und 12. Jh.s entstanden ~750 Holzkirchen (Stab- oder Mastenkirchen) – rund 30 blieben erhalten –, die im 16. Jh. meist durch Steinbauten ersetzt wurden. Stilistisch verbinden sich keltische und über England vermittelte roman. Elemente mit einer der Wikingerkultur entlehnten Ornamentik. Vorbild ist der Schiffsbau und die altnordische Königshalle. So entstehen die große Mastenkirche (Sogne-Typ: Borgund, Heddal, Kaupanger), der 4-mastige Valdres-Typ (Hurum) mit Querbalken und die kleine Saalkirche (Numedals-Typ: Nore, Uvdal) mit einer in der Hallenmitte aufgerichteten Planke.

~1030–50 Bau einer der ältesten, turmlosen Stabkirchen. Die Kirche entspricht mit 16 Masten dem Sogne-Typ, allerdings ohne Umgang. Kennzeichnend sind hier die steil gestaffelten, über- und ineinandergeschichteten Dächer. Die Stäbe im schlichten Innenraum stehen senkrecht auf einem Holzrahmen über einem steinernen Fundament. Ältester erhaltener Teil ist das N-Portal mit dem bedeutendsten frühmittelalterlichen Schnitzwerk in N-Europa.
~1175 Umbau mit ornamentreichen Schnitzereien, v. a. an den Türen und Würfelkapitellen im so genannten ›Urnes-Stil‹ (Spiralen, Bandornamente, stilisierte Drachen u. ä.).
16. Jh. Zur Reformationszeit beginnt der Zerfall der Kirche.
1601 Anbau des neuen Chors mit rechteckigem Grundriss.
1695–1705 Altar und Kanzel werden errichtet. Erweiterung um einen Glockenturm; Bau eines 8-eckigen Dachreiters.
1836 Der in Dresden arbeitende norwegische Romantiker J. Ch. C. Dahl publiziert ein Werk über die Holzbaukunst seiner Heimat, rettet so deren Erhalt und vermittelt ihre Kenntnis in Deutschland (Friedrich Wilhelm II. lässt sogar 1842–43 eine Stabkirche nach Schlesien versetzen).
1956–57 archäologische Grabungen (K. Bjerknes).
1979 Aufnahme in die Liste des UNESCO-Weltkulturerbes.

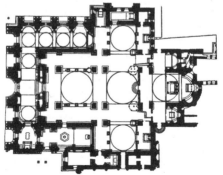

Basilica di S. Marco, Venedig

828/829 Überführung der Markus-Reliquien nach Venedig; danach Bau der Vorgängerkirche (erster Neubau 976).
1063–94 zweiter Neubau von S. Marco zur – dem Stil nach – frühbyzantinischen, 2-gesch. Emporen- und Kreuzkuppelkirche. 5 Pendentifkuppeln auf breiten Pfeilern über jeweils quadr. Grundriss; die quadr. und rechteckigen Flächen ergeben einen kreuzförmigen Gesamtgrundriss. Roman. sind die Hallenkrypta, die massive Ziegelbauweise, Detailgliederung und Proportion. Bau der W-Vorhalle.
11.–14. Jh. Allmählich wird die gesamten Kirche mosaiziert (Programm seit ~1170), wofür sogar etliche Fenster zugemauert werden. Glas- und Marmormosaiken auf Goldgrund, zunächst in Apsis und an den Narthex-Portalen, danach auf den oberen Wandzonen (v. a. 12. und 13. Jh.).
1105 Altarretabel (Pala d'Oro), Hauptwerk der Emailkunst.
~1150–1517 freistehender roman. Campanile aus Ziegeln (H ~50 m); mehrmals verändert und aufgestockt (H 95 m).
~1204–1300 ›Venezianische Protorenaissance‹: Marmorinkrustation des Inneren. Emporen durch Laufgang mit Balustrade ersetzt (bessere Lichtsituation). 5-portalige, durch Rundbogen rhythmisierte Fassade (Schauseite) mit Beutezugstücken (z. B. röm.-antike Bronzepferde: 1797 von Napoleon gestohlen, 1815 zurückgeführt). 4 überhöhte Außenkuppeln mit Laternen und je 16 Rundbogenfenstern.
1231–53 Vorhalle im N (zur meditativen Einkehr gedacht).
1264–67 Der Markusplatz (175 × 82 m) wird gepflastert.
1385–1515 spätgot. Bekrönung: Tabernakel, Wimperge; Figurenschmuck (N. Lamberti). Einrichtung mehrerer Kapellen. Sicherung nach Bränden (1419/39): Restaurierung der Kuppel (N. Lamberti) und der Mosaiken (P. Uccello).
~1525 Mosaiken nach Entwürfen von Tizian, Tintoretto u. a.
1902 Einsturz des Campanile (1903–12 wiederaufgebaut).
1952–55 Grabungen als Basis für folgende Restaurierungen.
1987 Venedig wird zum UNESCO-Weltkulturerbe ernannt.

Dom Sta. Maria Assunta, Pisa

1063 Entschluss zum Dombau anlässlich des Sieges über Palermo durch die mit Pisa verbündeten Normannen.
1118 erste Weihe des von dem Griechen Buscheto erbauten roman., 3-schiff. und flachgedeckten Doms.
~1150–1200 Erweiterung nach W zur 5-schiff. Basilika (10 Joche; L 95 m; Mittelschiff-B 13,4 m) mit 3-schiff. Querhaus (L 72 m) und Chorraum (vgl. Demetriuskirche, Thessaloniki; ~412); Arbeit an der weiß-dunkelgrünen Marmorinkrustation. Im Innern stehen 68 Spoliensäulen. Die got. W-Fassade von Rainaldo gibt dem Dom ein markantes Äußeres: 4, dem Dachverlauf folgende waagrechte, loggienartige Bogengalerien mit schlanken Säulen über roman. Wandbogengeschoss; Giebel- und Eckplastiken (Evangelisten, Maria, Engel). Die doppelgesch. Seitenschiffwände sind vielfach gegliedert: Pilasterfolge mit Architraven über Blendarkaden, rhythmisiert im Wechsel von Fenstern und ornamentierter Wandeinlassung; Emporen. Haupteingang am O-Querarm (Porta di S. Ranieri, ~1180; Bonanus). Bau der got. Vierungs-Ovalkuppel.
1152–1380 marmorinkrustiertes, roman.-got. Baptisterium.
1173–1350 runder, marmorverkleideter Campanile (Dm. 18 m, H 58 m); die 6 umlaufenden Bogengalerien wiederholen das Mittelgesch. des Baptisteriums, folgen der oberen Fassadengestaltung. Der sumpfige Baugrund führt bereits in der Bauzeit zur Turmneigung (gekrümmte Form).
1278–83 Camposanto, ein kreuzgangartig umsäumter Hof (G. di Simone; 126,6 x 52 m). Freskenzyklen bis ins 15. Jh.
1302–12 Kanzel (G. Pisano; mehrf. zerstört, 1926 rekonstr.).
1595–1604 Wiederaufbau des Doms nach Brand; blau-goldene Renaissance-Kassettendecke, neue Bronzetore.
~1600 Galilei erforscht vom Campanile aus die Fallgesetze.
1947 ff. nach Kriegsschäden Restaurierung; Turmsicherung.
1987 Der Domkomplex wird UNESCO-Weltkulturerbe.
1990–2001 Fundamentsicherung; Sperrung des Campanile.

STIFTSKIRCHE ST. SERVATIUS, QUEDLINBURG

~1070–1129 Bau einer der besterhaltenen hochroman., flachgedeckten und kreuzförmigen Basiliken über einer 3-schiff. Pfalzkapelle Heinrichs I. (~936; Gebeine des hl. Servatius 961 überführt) und den Grundmauern der 1070 abgebrannten ottonischen Kanonissenstiftskirche (~968–1021). Mittelschiff mit 3 quadr. Jochen; sächs. Stützenwechsel (Säulen und Pfeiler im Verhältnis 2:1); doppelturmig geplanter W-Bau mit Empore und Vorhalle; ältestes dt. Säulenportal an der nördl. Langhauswand. Unter dem Chor liegt die 3-schiff. Krypta (Mauerwerk z. T. 10. Jh.) mit den Königsgräbern und der Confessio. Zur Ausstattung gehören roman. Grabplatten für Äbtissinnen (10.–13. Jh.; u. a. für Adelheid I., Beatrix I., Adelheid II.). Reiche, lombardisch beeinflusste Ornamentik (wellenförmige Ranken an Fries und Fensterumrahmungen in der Querhausapsis); an den Kapitellen gibt es Rosetten-, Blatt- und Palmettenschmuck neben menschlichen und Fabelfiguren.

~1200 Entstehung des bemalten Kreuzgratgewölbes der Krypta und des *Quedlinburger Knüpfteppichs* (7,4 × 5,9 m; 1832 von F. Th. Kugler wiederentdeckt, 1959 restauriert).

1320 Der Chor über der roman. Krypta wird got. umgebaut.

1571 Das marode südl. Querhauswand wird erneuert.

1802 Das 1540 reformierte Stift wird aufgelöst, säkularisiert.

1863–82 Die Restaurierung von F. v. Quast verfälscht den urspr. Bau und zerstört die Wandfresken. Der N- und der 1868–82 gebaute S-Turm erhalten eine rheinische Haube.

1936 Die Nationalsozialisten suchen vergeblich die sterblichen Überreste des zum geistigen Ahnen stilisierten Heinrich I. († 936). Der Chor erhält eine romanisierende Apsis.

1938 H. Himmler erklärt die Kirche zur Nazi->Weihestätte<.

1938–39 Grabungen legen Reste der Vorgängerbauten frei.

1947 Nach Kriegszerstörungen (1945) werden die steil behelmten Türme verkürzt (nun mit niedrigen Zeltdächern).

1994 Aufnahme in die Liste des UNESCO-Weltkulturerbes.

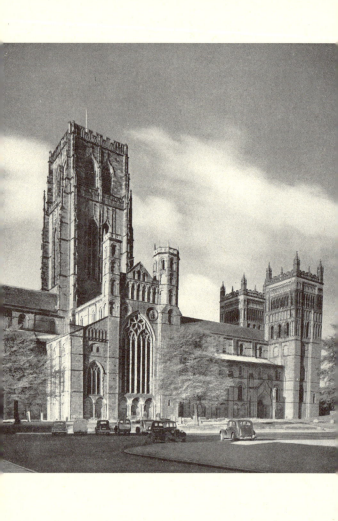

Kathedrale St. Cuthbert, Durham

1093–1133 Nach Verlegung des Bischofssitzes nach Durham (995 mit dem Holzsarkophag des Namenspatrons, † 687) lässt Bischof Carilef die 3-schiff. roman. Kathedrale (L 143 m; H 22,2 m) mit schmalem Querschiff über einem benediktinischen Vorgängerkloster errichten – gegenüber der strategisch wichtigen Normannenburg von Wilhelm dem Eroberer (1071–72). Bedeutendste Kirche im reinen anglo-normannischen Stil mit roman. und den ältesten frühgot. Deckengewölben Britanniens, vielleicht Europas (zuerst über einem Chorseitenschiff); die Rippenwölbung ersetzt eine frühere flache Holzdecke. Stützenwechsel von mächtigen Bündelpfeilern und zickzackgemusterten, kannelierten Rundsäulen. Dicke der Arkadenwand: 2 m.

1104 Chorweihe und Heiligsprechung des hl. Cuthbert.

1175–89 Vor dem Eingang der 2-türmigen W-Front entsteht eine 5-schiff. Vorhalle (»Galilee«) mit Sandstein- und Marmorsäulen. Wandmalereien aus dem 12. und 13. Jh.

~1226 beide W-Türme (H 44 m) auf quadr. Grundriss fertig.

~1240–80 anstelle der normann. O-Apsis Anbau der querschiffartigen, frühgot. ›Kapelle der neun Altäre‹ mit dem vergoldeten grünen Marmorschrein des hl. Cuthbert.

1380 Altarwand von H. Yevele (Erbauer der Westminster Abbey, Westminster Hall, Kathedrale von Canterbury).

1398–1404 Dormitorium mit einer Sammlung frühmittelalterlicher Kreuzsteine; heute Bibliothek (u. a. *Carilef-Bibel*).

1465–88 nach Zerstörung des Vierungsturmes (1429) Bau des spätgot. Glockenturms (H 70 m) im Perpendikularstil.

1487 Wiederherstellung der niedergebrannten W-Türme.

1536 Benediktinerkloster in der Reformationszeit aufgelöst.

1794–98 neugot. Fensterrose (O) von J. Wyatt, der als Architekt und Restaurator schonungslos in die Bausubstanz mehrerer Kathedralen eingreift (gen. »der Zerstörer«).

1952 nach Restaurierung Wiedereröffnung der Kathedrale.

1986 Burg und Kathedrale zum Weltkulturerbe ernannt.

ABTEIKIRCHE MARIA LAACH

1093 Pfalzgraf Heinrich II. stiftet das Benediktinerkloster St. Mariae ad Lacum (»Maria am See«; ›Laach‹ erst nach 1863). Baubeginn einer von Speyer und Mainz beeinflussten doppelchörigen, 3-schiff. Pfeilerbasilika (L 66 m) mit 2 Querschiffen sowie 2 Dreiturmgruppen. Die Fundamente und die O-Gruppe mit Vierungsturm (8-eckig; mit Blendbögen) werden bis ~1100 angelegt. 10 Langhausfenster auf jeder Seite korrespondieren mit 5 Obergadenfenstern. Das Mittelschiff steht in harmonischem Maßverhältnis zu den Seitenschiffen; seine Wände sind durch Halbsäulen vor Rechteckvorlagen gegliedert. Die Basilika wird farblich gegliedert durch dunkleren Basalt (Blendwerk, Lisenen) gegen gelblichen Tuff- und weißen Kalkstein.
1127 Die Klosterniederlassung wird selbständige Abtei.
1130–56 Die 3-schiff. Krypta erhält eine Kreuzgratwölbung; flache Langhausdecke (H 17 m); W-Chor fertiggestellt.
~1177 Bau des schlichten O-Chors mit 2 Flankentürmen. 4-eckiger, im W stufig aufgebauter Vierungsturm mit breiter Zwerggalerie, Blendbögen und Klangarkaden; 2 Rundtürme. Von dieser Zeit an bleibt die Klosterkirche als eines der reinsten roman. Bauwerke weitgehend unverändert.
~1220–30 spätroman. quadr. Vorhof (»Paradies«) vor dem W-Querhaus mit doppelsäuligen Arkadengängen; Verbindung mit der vom St. Galler Klosterplan hergeleiteten Klosteranlage. Seltenes Beispiel einer ungebundenen (querrechteckigen) Travée-Wölbung des Langhauses.
~1260–95 vergrößerte Fenster in got. Stil. Hochaltarziborium mit kuppelförmiger Bekrönung über dem Hauptaltar.
1802 Säkularisation; die geplünderte Abtei bleibt ungenutzt.
1892 Die streng konservativen Benediktiner aus Beuron erwerben das Kloster (1863–73 Jesuitenkloster) zurück.
~1911 Christus-Mosaik im Stil der Beuroner Kunstschule.
1937 Restaurierung; spätgot. und barocke Details entfernt.
1956 dem Original nahe Wiederherstellung des Innenraums.

Angkor Vat / Kambodscha

Die Millionenstadt Angkor war zwischen dem 9. und 15. Jh. die Residenz des feudalen hinduist.-buddhist. Khmer-Reichs (seit dem 6. Jh.) auf dem Gebiet des heutigen Kambodscha mit Teilen Thailands, Laos' und Chinas; seine Blütezeit fällt in das halbe Jahrtausend nach 900, gefördert durch Seehandel und ein ausgefeiltes Bewässerungssystem für den Reisanbau. Kriegsführung, Luxusdenken und Sklaverei bestimmten nachhaltig die von Indien stark beeinflusste Kultur.

~1120–50 Der hinduist. König Suryavarman II. lässt den größten südostasiatischen Tempelberg südl. der Palaststadt Angkor Thom (gegr. ~880) errichten. Breite Wassergräben (B 180 m) umgrenzen ein Areal von ~2,5 km^2; im Zentrum erhebt sich über 3 Terrassen der Tempelkomplex (187 × 215 m), den man durch einen 235 m langen Säulensaal an der Außenmauer (1297 × 1492 m; quadr. Sandsteinpfeiler) betritt. 5 Türme – der höchste in der Mitte (H 65 m) – markieren die Ecken der kreuzförmigen Klosterhöfe und symbolisieren die Gipfel des Bergs Mehru (d. h. den Mittelpunkt der Welt). Trotz seiner Größe gerät der Tempel durch die harmonischen Proportionen nicht ins Gigantische. Die Flachreliefs (L insgesamt 500 m) in den überwölbten Galerien und den zum Mittelturm führenden Pavillons erzählen Mythen und Kriegsgeschehen.
1177 In Kriegswirren werden Teile Angkors niedergebrannt.
1181 beginnender Neuaufbau/Rekonstruktion unter Jayavarman VII., der zum Buddhismus konvertiert und einen üppigen Stil in die sonst strenge Khmer-Kunst einführt.
1432 Die Khmer geben Angkor als Hauptstadt auf; die Tempelanlage versinkt für Jahrhunderte im Tropenwald.
~1610 Christl. Missionare erhalten Kenntnis vom Tempel.
1867 Kunstschätze aus Angkor werden in Paris ausgestellt.
1992 Die UNESCO ernennt Angkor zum Weltkulturerbe.
1998 UNESCO-Aufbauprogramm zur Rettung der Ruinen.

Abteikirche St-Denis bei Paris

1125 Abt Suger, mächtiger Berater der Könige Ludwig VI. und VII., plant über 2 Vorgängerbauten (~475, 750–775) eine neue Abteikirche (L 108 m), *den* Initialbau für die Gotik und – schon seit dem Tod des Merowingerkönigs Dagobert I. (639) – Grabkirche mehrerer frz. Herrscher.

~1130–40 Entstehung der Doppelturmfassade im W des karolingischen Langhauses; mit mehrschichtigem, 3-torigem Portal und den frühesten Säulenfiguren an den Eingängen. Erstmals wird die Rose als Fassadenmotiv verwendet.

1140–44 Bau des O-Chors über der karolingischen Krypta, mit doppeltem, lichtdurchflutetem Umgang und Kapellenkranz, der nur durch Gewölbepfeiler untergliedert ist. Früheste Verwendung von Spitzbogen in Mitteleuropa.

1144/45 Abt Sugers Schrift *Libellus de consecratione ecclesiae St. Dionysii* dokumentiert den Bau samt der dahinterstehenden Idee: Übertragung der Lichtmetaphysik des Pseudo-Dionysius – vermittelt über Hugo von St. Viktor (~1100–41) – auf die Architektur. Fassade und Umgangschor werden vorbildlich; das geplante neue Langhaus kommt allerdings kaum über die Fundamente hinaus.

1231–81 hochgot. Erneuerung des (karolingischen) Langhauses und des 3-schiff. Querschiffes (1259 vollendet) in Anlehnung an die Kathedrale von Reims. Zugunsten des Neubaus werden die Chorgewölbe des Sugerbaus 1231 zerstört. Rose der Querhausfassade ~1240. Weihe 1281.

1700–86 Abteigebäude (von R. de Cotte, J. Gabriel u. a.).

1792 Die Kirche wird während der Revolution verwüstet.

1806–13 Napoleon bestimmt St-Denis zur Grablege, lässt die ausgelagerten Grabmäler (auch aus anderen Kirchen) unsystematisch neu aufstellen. Die misslungenen Restaurierungsversuche gipfeln im Abriss des N-Turms ~1840.

1858–79 Der einflussreiche neugot. Architekt und nüchterne Denkmalpfleger E.-E. Viollet-le-Duc beginnt mit der Wiederherstellung; erste wissenschaftliche Restaurierung.

Kreuzgang

Kloster Maulbronn

1147–78 Bau des roman. Klosters für die 1147 von Eckenweiher nach Maulbronn verlegte Zisterzienser-Niederlassung (gegr. 1138). Eine der am besten erhaltenen typischen Anlagen des asketischen Ordens (Gegenbewegung zu den Cluniazensern) aus der Zeit Bernhards von Clairvaux. 1178 Weihe der 3-schiff., flachgedeckten Pfeilerbasilika (L 60 m) mit quadr. Presbyterium und schachtartigem Querhaus (B 3,6 m); gerader, schwach belichteter Chorschluss. Hölzerne Dachreiter ersetzen die im Orden verpönten Türme, sorgfältige Steinmetzarbeiten ersetzen den Figurenschmuck. Gratgewölbe in Hauptchor und O-Teilen.

~1200–20 Anbauten: von der burgundischen Frühgotik beeinflusste W-Vorhalle (›Paradies‹) mit markanten Kelchblattkapitellen und hohen Podesten, frühestes Beispiel für den Übergang von der Romanik zur Gotik. Nördl. der Kirche schließt der Kreuzgang als ›stilles‹ Zentrum des Gemeinschaftslebens an (spätere Flügel ~1300 und 14. Jh.).

~1220–25 spätroman. 2-schiff. Herrenrefektorium: frühgot. Blattkapitelle, schlanke Rundstützen mit Schaftring.

~1350 vor dem Refektorium Bau des 9-eckigen got. Brunnenhauses (Ort der Klerikerweihe) im Kreuzganggeviert. Deckengemälde von J. Ratgeb (1512). Hinter der kleinen Sakristei entsteht der sterngewölbte Kapitelsaal.

1372 Befestigungsmauer (Schutz und betonte Abgrenzung).

1400–24 Die Dachreiter-Erhöhung führt aus Gründen der Statik zum spätgot. Umbau: aufwendiges Strebewerk; bemaltes Netzrippengewölbe im Langhaus; Seitenkapellen.

1493 Entlang der Abtswohnung und dem ehemaligen Krankenhaus entsteht das tonnengewölbte Parlatorium.

1534–46 Herzog Ulrich hebt das säkularisierte Kloster auf.

1556 ev. Kosterschule, ab 1807 ev. Seminar (u. a. J. Kepler, 1586–89; F. Hölderlin, 1786–88; H. Hesse, 1891–92).

1575–95 Renaissance: Fruchtkasten, Marstall (nun Rathaus).

1993 nach Restaurierungen Aufnahme ins Weltkulturerbe.

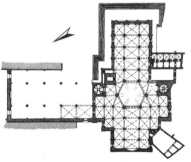

Dom Sta. Maria Assunta, Siena

~1150–1220 Rohbau des spätroman. 2-gesch. und 3-schiff. Doms (L 89,4 m); ab 1196 bürgerliche Projektaufsicht.
1258–84 Zisterziensermönche übernehmen die Bauleitung.
1251 Campanile mit nach oben ansteigender Fensterzahl.
~1260 Beginnende Blütezeit Sienas (Konkurrenz zu Florenz). Der Bildhauer-Architekt Niccolò Pisano und später sein Sohn Giovanni prägen das weitere Erscheinungsbild des Doms unter frz. Einfluss. Gewölbtes Mittelschiff; die Strebung ist im Baukörper einbezogen. Akzentuierende got. Vierungskuppel (6-eckiger Grundriss, 3-schalige Rundkuppel auf 12-eckigem Tambourring) über dem Presbyterium (Hochaltar, 1532 vollendet; bald darauf an die Chorrückwand verlegt). Typisch toskanisch ist die horizontale schwarz-weiß-grüne Marmorinkrustation.
1265–68 Kanzel von N. Pisano. Erste Fassade. 1267 Apsis.
1284–98 G. Pisano gestaltet das plastische und durch Marmorinkrustation üppig durchgliederte 3-portalige UG der Fassade mit Flankentürmen (vgl. Poitiers). Erhöhtes Mittelschiff mit Spitztonnengewölbe; Skulpturenprogramm.
1316–25 Chor-Erweiterung mit Baptisterium unter der Erde.
1317–82 neuer Chorabschluss durch C. di Crescentino.
~1320 erste Pläne zur massiven Erweiterung des Domes.
1339–55 Der Umbau (L. di Pietro, G. und D. d'Agostino) reduziert den bestehenden Dom zum bloßen Querhaus. Nach der Pest (1348), nach dem Verlust der sienesischen Vormachtstellung und aufgrund statischer Mängel wird der Neubau aufgegeben und z. T. wieder abgerissen.
1369–1562 prunkvolle Marmorintarsien auf dem Fußboden bis zum Domvorplatz; Wand- und Gewölbemalereien.
~1370–82 Obergaden. Das weitergeführte Fassaden-OG (Rosengesch., vgl. Orvieto) mit filigranen Seitengiebeln von G. dei Cecco ignoriert die Proportion der Portalzone.
1812 Nach dem Erdbeben 1798 wird der Dom restauriert.
1995 Das Zentrum Sienas wird UNESCO-Weltkulturerbe.

Wartburg, Eisenach

1067 legendäre Gründung einer Salierburg bei Eisenach.
1172–1217 Die Ludowinger Landgrafen Ludwig III. und Hermann I. lassen die Burg zu einem 3-turmigen Befestigungssystem ausbauen. Erhalten sind das Torhaus (im Baukern; sonst 19. Jh.) und der über dem Felshang emporwachsende 3-gesch. Palas (repräsentatives Landgrafenhaus mit 150 Säulen; ~1160 begonnen), hofseitig mit Arkadengalerien – als bedeutendster dt. roman. Profanbau.
1211–28 Aufenthalt Elisabeths von Thüringen (hl. 1235).
1247–62 Die Wartburg geht in den Besitz der Wettiner über.
~1260 Ein angeblicher Sängerwettstreit ~1207 gilt als Grundlage der mhd. Gedichtsammlung *Wartburgkrieg*; R. Wagner greift den Stoff im *Tannhäuser* (1842–45) auf.
~1320 bauliche Veränderungen nach dem Brand von 1318: S-Turm (Zinnen von ~1840); Ringmauer; Palas-Kapelle im Landgrafenhaus (Raumteilung durch Zwischenwand).
1521–22 Der gebannte M. Luther übersetzt im Schutz der Burg heimlich (als »Junker Jörg«) das Neue Testament.
1741–1921 Sachsen-Weimar übernimmt die ruinöse Burg.
1815 J. W. Goethe setzt sich für eine museale Nutzung ein.
1817 Wartburgfest: Erinnerung an das 300-jährige Bestehen der Reformation; Propagierung eines dt. Nationalstaats.
1838–90 Im nationalen Pathos wird die romantische Kultburg, neugot. verklärt, ›restauriert‹ (Entw.: A. F. v. Quast; Bauleitung: H. v. Ritgen): großer Turm; Bergfried; Mitteltorhalle mit neuer Kemenate; Gadem auf alten Gewölben; Ritterbad; Gasthof; Reformationszimmer. Die nicht authentische Festung wird zum Inbegriff der dt. Burg.
1853–55 Wartburg-Fresken von M. v. Schwind im Palas.
1922 Gründung der Wartburg-Stiftung; Museumspflege.
1938 Die Nazis müssen auf öffentl. Druck das Hakenkreuz auf dem Turm wieder durch das echte Kreuz ersetzen.
1952–83 Restaurierung; Teilrekonstruktion (v. a. des Palas).
1999 Aufnahme in die Liste des UNESCO-Weltkulturerbes.

KATHEDRALE NOTRE-DAME, CHARTRES

1020–37 Bau der Vorgänger-Kathedrale mit der größten erhaltenen Krypta in Frankreich (Anfang 11. Jh.; L 110 m).
1134–65 N-Turm (H 112 m; begonnen 1134) und S-Turm (H 103 m; begonnen ~1145); 3-torige W-Fassade (B 48 m; ~1150) mit der bedeutendsten frühgot. Vollplastik Frankreichs am mittleren Königsportal (Gewändefiguren).
1194–1260 nach weitgehender Zerstörung der alten Kirche Neubau einer ebenso 3-schiff. hochgot. Basilika (wichtigstes frz. Marienheiligtum) mit nun 5-schiff. Chor – doppelter Umgang; hohe Apsis mit Radialkapellen – über den alten Fundamenten mit der erhaltenen Doppelturmfassade (Unterbau). Maße: L 130 m; H 36,5 m; B max. 76,8 m. Material: weißgrauer, teils bemalter Kalkstein. Das emporenlose Mittelschiff (B 16,4 m) ist in 3 Zonen eingeteilt: Seitenschiffarkaden, 4-geteilte offene Triforien, 2facher Lichtgaden mit Doppelfenster. Einwölbung ~1220. Pfeiler mit Rundstützen (Dm. max. 3,7 m) ohne Stützenwechsel. Die got. Kreuzrippenwölbung, das System der Spitzbogen (vgl. St-Denis, Laon) sowie das 3-bogige Strebesystem finden in Chartres ihre erste Vollendung. Einmaliger Zyklus von 186 Buntglasfenstern (gesamt ~3000 m²; davon ~40 Fenster im 17. Jh. zerstört); Vorstufe zum Maßwerk. Das Figurenprogramm umfasst Tausende von gut erhaltenen Plastiken. Boden-Labyrinth (Dm. 12,8 m; Weg-L 261,5 m).
~1250 Fassadentürme durch eine Königsgalerie verbunden.
1326 Die Kapelle St-Piat verlängert den Chor nach hinten.
1507 neue spätgot. (flamboyante) N-Turmspitze (H 113 m).
1514–1714 Chorschranke (J. Texier; L 80 m; ~200 Figuren).
1594 Heinrich IV. konvertiert und lässt sich offiziell krönen.
1753–89 spätbarocker Chor-Umbau, das Bleidach wird für militärische Zwecke eingeschmolzen. Abrisspläne.
1837 Dach mit kupfergedeckter Gusseisenkonstruktion.
1939 Demontage und Einlagerung der Fenster bis 1944.
1979 Aufnahme in die Liste des UNESCO-Weltkulturerbes.

Dom St. Peter und Georg, Bamberg

~1004–12 Heinrich II. stiftet und baut den Vorgänger-Dom (3-schiff., doppelchörige Basilika). Brandschäden 1185. Ummauerung des Dombergs (im 16.–18. Jh. erneuert).

~1210–37 in Auseinandersetzung mit Ebrach, Laon und Reims entsteht ein doppelchöriger 4-türmiger Neubau mit westl. Querhaus an der Schwelle zwischen oberrheinischer Spätromanik (polygonale O-Apsis mit Zwerggalerie, Portale) und frz. inspirierter Gotik (W-Bau; Domplastik). Farbige Fassung (rosa Grundton). Gesamtmaß 101 × 31 m (innen 95 × 28,5 m), Mittelschiff-H 24,5 m (B 12,2 m). 3-schiff., roman. O-Krypta mit Kelchblattkapitellen.

1227 Brand im O-Bau verzögert die Arbeiten. Danach (bis ~1232) Vollendung des gewölbten Langhauses; W-Bau.

1229–37 durchbrochen-leicht wirkende Flankentürme am W-Chor: H 74 m (vgl. massige roman. O-Türme, H 76 m).

~1235 nicht identifizierter »Bamberger Reiter« (hl. Stefan von Ungarn?, H 2,3 m) am Georgenchor (N-Seite).

~1275 O-Türme erhalten Strebungen (Einsturzgefahr).

~1300–1452 gewölbter spätgot. Kreuzgang des ehemaligen Domklosters (teilrekonstruiert von B. Neumann, 18. Jh.).

1499–1513 Kaisergräber Heinrichs II. und Kunigundes von T. Riemenschneider (1837 in die Schiffmitte verlegt).

1610–53 frühbarocke Neugestaltung; Buntglasfenster und originale Farbfassung entfernt (neue Tünche: weiß/gold).

1731–33 Neubau des Kapitelhauses durch B. Neumann.

1743–68 Ein Schieferdach ersetzt die Ziegeldeckung (Langhaus-Dachreiter entfernt); die Türme erhalten Spitzhelme.

1828–44 Neuroman. Innenrestaurierung (C. A. Heideloff, dann F. v. Gärtner) entfernt Ausstattung neueren Datums.

1935 Revision der neuromanischen Eingriffe (am O-Chor).

1937 Der urspr. für Nürnberg (Karmeliterkirche) geschaffene Marienaltar des V. Stoß (1520–23) gelangt in den Dom.

1969–73 Ausgrabungen, Reinigung und Restaurierung.

1993 Bambergs Altstadt wird zum Weltkulturerbe ernannt.

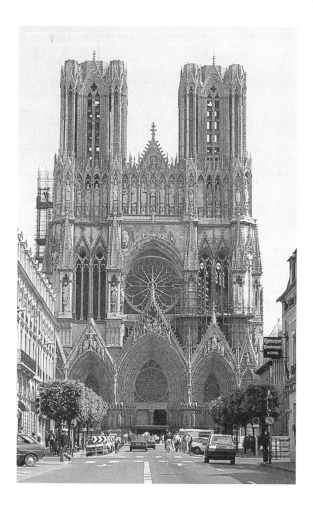

KATHEDRALE NOTRE-DAME, REIMS

1211–1311 nach der Zerstörung der karolingischen Vorgänger-Basilika (1210) hochgot. 3-schiff. Neubau der von Jean d'Orbais – dem Erfinder der Maßwerkfenster – geplanten Krönungskirche der frz. Könige, im Aufriss mit Sens und Chartres vergleichbar (mit dem Vorsatz, Chartres an Monumentalität zu übertreffen). Material: ockergelber Sandstein, Muschelkalk. 1221 Chorumgang und Kapellenkranz mit 5 halbrunden Kapellen. Von Beginn an Arbeit am einheitlichen Skulpturenprogramm (~3000 Figuren): ~1230 Abwendung von der antik-stilisierten Form zur expressiven Kathedralplastik (»Kathedrale der Engel«).

1233–35 Politische Unruhen lassen den Bau unterbrechen.

~1235–75 Weiterbau am 5-schiff. Chor, 3-schiff. Quer- und Langhaus (nach 1260 von 7 auf 9 Joche verlängert) sowie an der W-Fassade (der Baubeginn ist umstritten; ~1260 abgerissen und versetzt, vollendet im 14. Jh.). Langhaus-Maße: L 139 m (6650 m²), H 38 m. Fußbodenlabyrinth (1779 zerstört). Lichtwirkung über 3 Fensterrosen (die größte über dem westl. Mittelportal, Dm. 12 m; ~1250); durchbrochene Maßwerkfenster in den Bogenfeldern der Portale; hohe, fast mauerlose Fensterwand. Der ausgewogene Bau wirkt leichter als Chartres: die Senkrechte ist stärker betont; die Dekorationsdetails sind eleganter (Kapitelle, Schlusssteine; Strebebögen sind Stütze *und* Schmuck).

1429 Jeanne d'Arc eint Frankreich in Reims gegen England.

1484 Karl VIII. lässt die Kathedrale restaurieren und führt den Bau mit seinen W-Türmen (H 82 m) ohne Spitzen fort, außer dem 1481 abgebrannten Vierungsturm die einzigen von 7 geplanten. Dazwischen liegt die Königsgalerie.

1741–44 Veräußerung einiger Fenster und des Chorgestühls.

1789–99 Die Kirche firmiert als »Tempel der Vernunft«.

1917–38 nach Kriegsschäden Restaurierung v. a. der Fenster.

1974 M. Chagall entwirft Glasfenster für die Kathedrale.

1991 Aufnahme in die Liste des UNESCO-Weltkulturerbes.

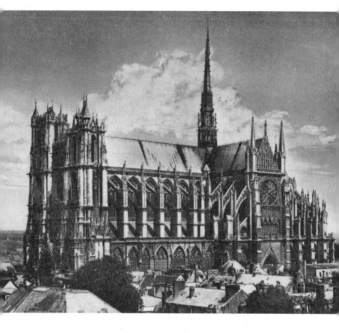
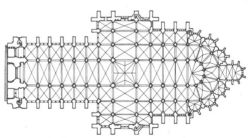

Kathedrale Notre-Dame, Amiens

1220–68 Über den Fundamenten einer kleineren roman. Kirche (geweiht 1152) entsteht die von Chartres ausgehende, 3-schiff. Basilika mit beinahe mittestehendem, kaum vortretendem 3-schiff. Querhaus und 5-schiff. Chor mit Kapellenkranz. Die Baumeister sind der eigentliche Schöpfer R. de Luzarches (W-Bau, Langhaus-Unterbau, Chor-Kapellen), Th. und R. de Cormont (Triforium, Sterngewölbe). Amiens ist der geräumigste frz. got. Kirchenbau (7700 m^2: L 145 m, B max. 70 m, H 42,3 m; 126 schlanke Pfeiler). Der erst zum Bauende vollendete Chor ist durch ein prachtvolles Eisengitter vom Mittelschiff getrennt. Die Achsenkapelle ragt weit über die Apsis hinaus. Erstmals wird die Bautechnik durch serielle Fertigung der Steine rationalisiert. Einsatz bewusster Raumdramaturgie (Blick in scheinbar unendliche Höhen; mystisches Licht durch farbige Bildfenster – heute durch farbloses Glas ersetzt).

1220–35 Doppelturmfassade mit aufwendigem Figurenprogramm. Das Weltgerichtsportal wird flankiert vom Marienportal (rechts) und einem Heiligenportal (Aufteilung folgt Chartres, Reims u. a.), mit jeweils 6 Gewände-, dazu 16 Prophetenfiguren vor den Strebepfeilern. Im unteren Bereich verlaufen Reliefbänder mit Kleeblattmustern. Über den Portalen liegt – im Gegensatz zu Chartres und Reims – die Königsgalerie mit 22 Kolossalstatuen, zwischen dieser und der Türmergalerie erst die spätgot. Maßwerkrose. N-Turm (H 64 m) erst im 15. Jh. vollendet.

1235–45 Portal am S-Querhaus mit der – ein künstlerisches Novum – lächelnden, urspr. vergoldeten ›Vierge Dorée‹.

1288 Labyrinth (R. de Cormont) im Langhaus; zerstört 1825.

1366–73 Johanneskapelle (Kopf-Reliquiar Johannes des Täufers seit 1206): erster Einsatz des Flamboyant-Stils.

1529–33 Bau des bleiversiegelten Vierungsturms (H 112 m).

1981 Die Kathedrale wird UNESCO-Weltkulturerbe.

1994–2000 Sanierungsprojekte (u. a. mit Lasertechnik).

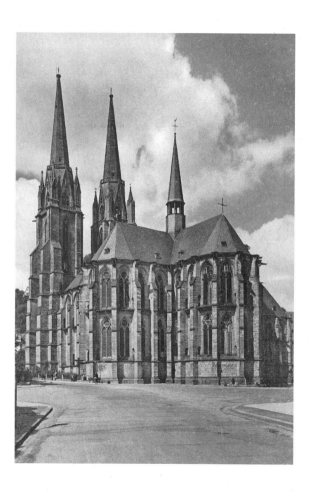

Elisabethkirche, Marburg

1234 Der Dt. Orden übernimmt das 1228 gegründete älteste dt. Franziskushospital. 1235 Heiligsprechung der Landgräfin Elisabeth von Thüringen († 1231 als Angehörige der Hospitaliter-Gemeinschaft). Baubeginn der von Reims (basilikaler Langhaus-Grundriss), Soissons (Trikonchos) und Amiens (Figurenornamentik des W-Portals) beeinflussten 3-schiff., 2-gesch. Hallenkirche mit steilen Seitenschiffen. Die Außengliederung ist einfach gehalten: spitzbogige Maßwerkfenster; geschlossenes Strebewerk, von Laufgängen vor den Fenstergesch. durchbrochen. Innen dominieren die Rundpfeiler (Knospen- und Blattkapitelle); Kreuzrippengewölbe mit 4 Diensten (H 20,2 m). Mit der Trierer Liebfrauen-Stiftskirche (1235–53) vertritt der Sakralbau erstmals die Hochgotik in Deutschland.

~1235–49 Reliquienschrein in der Sakristei für die hl. Elisabeth (rheinisch-maasländische Goldschmiedekunst; 1810–1814 beschädigt); die Reliquien sind heute in Wien. 1236 Besuch Kaiser Friedrichs II. an Elisabeths Grab.

~1250 bedeutende erhaltene Glasmalerei in den mittleren Chorfenstern (weitere Fenster ab dem 14. Jh.) mit Darstellungen von Christus, Maria, Elisabeth. Mausoleum der Heiligen mit Stein-Baldachin als Grab und Ziborienaltar.

1257 O-Bau vollendet (Chor und Querhaus mit Vorjoch aus der Idee einer zentralen Dreikonchenanlage entwickelt).

~1270 monumentales Maßwerkfenster über dem W-Portal.

1280 Sakristei (mit originaler Farbfassung; Marmorboden).

1283 Weihe des Gesamtbaus (die Türme sind noch im Bau).

1290 Weihe des Hochaltars; an der Retabelwand (H 4,8 m); Nischen mit Wimpergen und übereck gestellten Filialen.

1330 Vollendung der 2 massigen Türme (H 80 m) mit 6-eckigen Turmhelmen über den westl. Seitenschiffjochen.

1854–61 Fundamente des kleinen Vorgängerbaus freigelegt.

1930–31 Restaurierung. Altar-Kruzifix von E. Barlach.

1974 Restaurierung des W-Portals mit dem Säulengewände.

Dom St. Peter und Maria, Köln

~804–870 Bau des doppelchörigen Vorgängerdoms. ~950 zur 5-schiff. Kirche erweitert (L 96 m). 1164 bringt Barbarossa die Reliquien der Hl. Drei Könige nach Köln (Dreikönigsschrein, ~1181–1230, von Nikolaus von Verdun).
1248 nach Brand im alten Dom Baubeginn der größten dt. got. Kathedrale (Langhaus 144,6 × 45 m; H 43,4 m), einer im Grundriss von Amiens inspirierten 5-schiff. Basilika mit 3-schiff. Querhaus (86,3 × 31 m) und gleichmäßigem Kapellenkranz am Chor. Baumeister: Gerardus († 1271).
~1260–1315 Glasfenster (H bis 17 m) der Dreikönigskapelle, Königsfenster (Obergaden); weitere Fenster 14.–19. Jh.
~1265 der vollendete Chorumgang verbindet verbliebene Teile des alten (im 15. Jh. erneuert) mit dem neuen Dom.
~1311 Entstehung des größten Chorgestühls in Deutschland.
1322 Chorweihe. Bürgerprotest verzögert den Weiterbau.
~1350 Bau der weltweit größten got. Fassade (B 61,5 m; Torso); danach S-Querschiff (1388), Teile der Seitenschiffe.
~1355–1400 Der S-Turm bleibt ab dem 2. Gesch. Fragment. Früheste Glocken: 1437, 1448 und 1449 (11,2 und 6 t).
1560 Einstellung der Bauarbeiten. Torso erhält Holzdecke.
1809 Der Lochner-Altar (~1440) wird im Dom aufgestellt.
1814/16 Teile des Fassadenplans (~1300) werden entdeckt.
1842–80 In nationaler Euphorie, getragen von Dichterkreisen (E. M. Arndt, S. Boisserée, J. Görres, K. F. Schinkel; Kritiker: H. Heine) wird der Dom technisch und ästhetisch perfekt vollendet. Überbaute Fläche ~8000 m². Dombaumeister: E. F. Zwirner (Querhausfassaden: B 40 m), R. Voigtel (Wölbung). 1851–84 größter Skulpturenzyklus des 19. Jh.s (~1000 Figuren). 1867 Fertigstellung der Türme (H 157,4 m); 1880 als welthöchstes Bauwerk (160 000 t Stein) eingeweiht im Beisein Kaiser Wilhelms I. Seitdem Restaurierungen durch die Dombauhütte (v. a. nach 1945).
1948–54 Bronzetüren von E. Mataré (mit J. Beuys).
1996 Aufnahme in die Liste des UNESCO-Weltkulturerbes.

Hochschloss und Dansker (Abortanlage)

Marienburg (Malbork) bei Danzig

~1275 Gründung der Stadt und Baubeginn der Ordensburg.
1280 Die Burg wird Konventssitz des Dt. Ritterordens. Bau eines Kastells (Hochschloss; 62 × 52 m) mit Innenhof und Kapelle auf quadr. Grundriss; doppelgesch. Kreuzgang.
1309 Der Hochmeister des Dt. Ordens übersiedelt von Venedig in die Marienburg und lässt sie – als Zentrum des Ordens (~1300 bestehen 23 Ordensburgen) – zur größten mittelalterlichen Burganlage ausbauen. Die Backsteinbauten (die als Mittelschloss mit Hochmeisterpalast bis 1400 umgebaute alte Vorburg, eine neue Vorburg, Konventshaus u. a.) werden von einer turmbesetzten Ringmauer mit 3 Wehrsystemen (vollendet im 15. Jh.) umgrenzt. Die Vorburg dient als Magazin, Stallung und Unterkunft.
1320–44 Erweiterung des 3-flügeligen Mittelschlosses mit dem so genannten Großen Remter (Refektoriensaal; 15 × 30 m) mit got. Sterngewölbe über 3 Pfeilern. Marienkirche und Unterkirche St. Annen mit reichhaltiger Bauplastik.
~1344–50 Das Hochschloss erhält einen Wehr-/Glockenturm und Mauerring (Dicke 4,5 m), gilt als uneinnehmbar.
1454 Nach erfolglosen polnischen Belagerungen (1410 und 1454) verliert der Orden die Burg an unbezahlte Söldner.
1457–1772 Marienburg wird polnisch (die Stadt folgt 1466).
1772–1945 Die Burg fällt an Preußen bzw. das Dt. Reich. Bis 1817 als Kaserne und als Kornmagazin genutzt; allmählicher Verfall der kompletten Burganlage zur Ruine.
1817–42 Auf Anregung von F. Gilly (Zeichnungen von der Burg schon 1794) und K. F. Schinkel (Bauleitung) soll zuerst der Hochmeisterpalast wiederhergestellt werden.
1886–96 weitere Wiederherstellungsversuche; Ergänzungen.
1945 Die kriegszerstörte (zuvor als Nazi-Brückenkopf genutzte) Burg geht erneut in polnischen Besitz über.
1959–79 Wiederaufbau (B. Guerquin); museale Nutzung.
1997 Die Marienburg wird zum UNESCO-Weltkulturerbe.
2001 Pläne zur Wiederherstellung der Konventskirche.

Dom Sta. Maria del Fiore, Florenz

Die Dom-Erbauer *Arnolfo di Cambio* (~1245–1302) und *Francesco Talenti* (~1300–69), beeinflusst von der frz. Gotik, standen im Schatten des Dombaumeisters *Giotto* (~1266–1337) und von *Filippo Brunelleschi* (1377–1446), Begründer der Renaissance. WB (Brunelleschi): Palazzo di Parte Guelfa (1422 ff.; unvollendet); Findelhaus (1419–44), beide Florenz.

1294–1302 Teilabriss des Vorgängerdoms und Baubeginn der geplanten 3-schiffigen Basilika durch Arnolfo (unvollendete Fassade, B ~38 m; O-Bau). Inkrustation des oktogonalen Baptisteriums (›Protorenaissance‹,1059/61–1150).
1330 nach Unterbrechung Wiederaufnahme des Bauplans.
1334–59 Bau des freistehenden, doppelschaligen Campanile auf quadr. Grundriss (B 14 m; H 84 m) von Giotto (unteres, geschlossenes Drittel) und Talenti (mittleres Drittel mit je 2 Biforienfenstern; oberes Drittel mit Kranzgesims).
1357 ff. Talenti wird Bauleiter; Abriss des Altbaus. Zentralisierender O-Abschluss mit 3 Apsiden. Nüchterner spätgot. Innenraum (L mit Dreikonchenchor 153 m) mit 4 im Langhaus hoch aufsteigenden, weit gespannten Arkaden und Kreuzrippengewölben; runde Obergadenfenster; hallenartiger Zusammenschluss der 3 Schiffe. Polychrome Inkrustation aus weißem, grünem und rotem Marmor.
1420–36 Brunelleschi baut die oktogonale Spitzkuppel aus Natur- und Backstein (Dm. 54 m; H 107 m, innen 82 m): mächtigstes Gewölbe der Zeit als sich selbst tragendes System (ohne aufwendiges Lehrgerüst gebaut); Synthese aus got. Konstruktion (schlanke Rippen, leichte Doppelschale mit Binnentreppen; vgl. Baptisterium) und massivem röm.-byzantinischem Gewölbebau (vgl. Pantheon).
1434–38 Brunelleschis Kapellenkranz zum Lastenausgleich.
1446–66 Kuppellaterne und -umgang (nach Brunelleschi).
1875–87 Entstehung der neugot. Fassade von E. de Fabris.
1989–95 Restaurierung u. a. der Kuppel (Fresko: 3500 m^2).

Blick auf den Dogenpalast (rechts),
links davon der Campanile von S. Marco

DOGENPALAST, VENEDIG

~1175–1200 erster Umbau des Dogenkastells aus dem 9. Jh. im Hinblick auf die ausgebaute Staatskirche S. Marco.

1340–1400 kompletter Neubau des Palastes, Residenz des Dogen bis 1797: Notwendigkeit eines großen Ratssaals; S-Flügel am Molo; auf Fernwirkung bedachte Fassaden. Dreiflügelanlage um rechteckigen Innenhof: 75 × 100 m; marmorverkleideter Backsteinbau. 3-gesch. Hauptfassade.

1404 got. Prunkfenster und Balkon an der S-Front (venezianische Form des Weichen Stils; P. und J. dalle Masegne).

1423 Der Doge F. Foscari weiht den großen Saal (54 × 25 m; H 15,4 m) für die größer gewordene Volksvertretung ein.

1424–38 Abriss der alten W-Front; neue Fassade zur Piazetta öffnet den Palast nach außen: geschlossen wirkendes OG mit rautenförmigem, polychromem Ziegelmauermuster (weiß-rot-grün) und Spitzbogenfenstern über 2 dazu halbhohen dgl. Loggien (venezianische Säulenarkatur) mit offenem Spitzbogen- bzw. Bogenhallenumgang. Die Massenverteilung folgt islam. Architektur (vgl. Alhambra, 1378). Markuslöwen-Relief (1798 zerstört; rekonstruiert).

1438–42 Porta della Carta (G. und B. Buon) als Brücke zur Markuskirche; Übergangsstil zwischen Gotik und Frührenaissance. Vergoldete Ornamentierung (›Porta aurea‹).

1462–71 6-jochige, 2-gesch. Fassade des ›Arco Foscari‹ mit Bauzitaten aus der Markuskirche (z. B. Säulenstellung).

~1483–85 im Palasthof Dogentreppe der Frührenaissance mit Stufenthron (A. Rizzo): Krönungen, Repräsentation.

~1484–1600 nach Brand Erneuerung des 4-gesch. O-Flügels (Hof- und Wasserfront; Entwurf: M. Codussi). Von der ersten Etage führt die »Seufzerbrücke« (1603; Plan von A. Contin) über den Rio di Palazzo zum Staatsgefängnis.

1577 Nach weiterem Brand wird der Bau z. T. rekonstruiert.

1797 Der letzte Doge dankt ab. Der Palast wird geplündert.

1873–89 Restaurierung. Einrichtung als Kunstmuseum.

1973 Sondergesetz zur Rettung der bedrohten Stadt.

Veitsdom, Prag

Begonnen wurde der Veitsdom zwar von *Matthias von Arras* († 1352), aber ein Hauptwerk der Architektur wurde er erst unter den Händen des Baumeisters und Bildhauers *Peter Parler* (~1330–99), dessen Dombauhütte bis nach Mailand ausstrahlte; beispielgebende Chorbauten in Prag, Kolin u. a. WB: Karlsbrücke mit Allerheiligenturm, Prag (1357).

1344–52 Kaiser Karl IV. beauftragt Matthias von Arras zum Neubau des Veitsdoms, einer 3-schiff. got. Basilika (anstelle einer roman. Bischofskirche; 1060–96), die größer werden soll als der Kölner Dom oder die Kathedrale von Narbonne. 8 Kapellen des Chorumgangs werden gebaut.

1353–99 P. Parler führt den Bau weiter, seit 1375 mit seinen Söhnen Wenzel und Johann. Fertig wird der Hochchor (Weihe 1385; mit vorläufiger Wand abgeschlossen), die netzgewölbte Wenzelskapelle (1362–64), die Sakristei (1362) sowie die bemalte »Goldene Pforte« (1366–70), begonnen wird das Quer- und Langhaus (geplant: L 124 m, H 33 m, Querhaus-B 60 m) sowie die S-Fassade mit Turm (H 97 m). Erste monumentale Netzgewölbe in Mitteleuropa, in traditionellen und neuartigen Bauformen (die Rippen ›vernetzen‹ sich über das Gewölbe, ungeachtet der Jochgrenzen); die Wandfläche löst sich durch querstehende Tür- und Fensterrahmungen spielerisch auf; Fenster-in-Fenster-System. Parler revolutioniert auch die europäische Porträtplastik (Wenzel-Statue, 1373; Selbstbildnis am Triforium, 1374–85; Grabmal Přemysl Ottokars I., 1377).

1399 P. Parler wird im unvollendeten Veitsdom beigesetzt.

~1419 Prag verliert an Macht. Einstellung der Bauarbeiten.

1493 spätgot. Königsoratorium (Privatkapelle; H. Spieß).

1559–61 Hauptturm-Galerie; Orgelempore (B. Wolmut).

1587–89 marmornes Mausoleum für böhmischen Herrscher.

1873–1929 neugot. Vollendung (J. A. Kranner, J. Mocker).

1992 Das Prager Zentrum (Hradschin) wird Weltkulturerbe.

Münster Unserer Lieben Frau, Ulm

In der langen Baugeschichte ragen zunächst Baumeister der Parler- und der Ensingen-Familie in mehreren Generationen hervor, die in Mailand, Prag, Straßburg und Ulm deutliche Spuren der Spätgotik hinterließen: Stellvertretend sei *Ulrich von Ensingen* (~1350–1419) genannt, dessen größte Leistung in der Turm-Konstruktion lag. WB (v. Ensingen): Straßburger Münster (1399–1419); Frauenkirche, Esslingen (~1400).

1377 H. Parler legt Grundstein zur 3-türmigen Hallenkirche.
1383 Chorweihe; Planwechsel zur 3-schiff., 10-jochigen Basilika, mit dem Kölner Dom größte dt. Kirche (123,6 × 48,8 m; Schiff-L 75 m, B Mittel- und Seitenschiffe je 15 m) für 29 000 Menschen (mehr als Ulmer Einwohner!).
1392–1417 Ulrich führt den Bau für die erstarkte Bürgerschaft großzügig weiter; Beginn des ins Langhaus eingebundenen quadr. W-Turms (Fundamente ~3–4 m tief).
1429 H. Multschers *Schmerzensmann* am Portalmittelpfeiler.
1448–71 Einwölbung (H Mittelschiff 41,6 m, Seiten 20,5 m).
1465–71 größtes dt., 3-gesch. Sakramentshaus (H 26 m).
1468–74 Chorgestühl mit Wangenbüsten von J. Syrlin d. Ä.
1477–94 Turmbau nach verändertem Riss (M. Böblinger); Bauunterbrechung und Sicherung bei einer H von 70 m.
1502–07 Die Basilika wird 5-schiff. unterteilt (d. h. die Seitenschiffe werden halbiert) – damit soll der Turm gestützt werden –; die spätgot. Neuwölbung ist sternförmig.
1543 nach Reformation (1530/31) endgültige Baueinstellung.
1844–90 Neugründung der Bauhütte: Restaurierung, Ausbau (Strebebögen, -pfeiler, Chorumgang); 1875–80 O-Türme (H 86 m); 1881–90 W-Turm als welthöchster Kirchturm – Köln übertreffend – vollendet (H 161,5 m; 51 500 t).
1894 Die Pfarrkirche geht in den Besitz der ev. Kirche über.
1946–70 nach Kriegsschäden Sicherung; Innenrestaurierung.
1975 ff. Außenrestaurierung: Hauptturm, Strebung, Portale.
1986–93 neuer Münsterplatz mit Stadthaus von R. Meier.

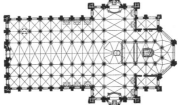

Dom Sta. Maria Nascente, Mailand

1385–1418 Bau der auffallend breiten, 5-schiff. Staffelbasilika mit 3-schiff. Querhaus und polygonalem Chorumgang. Offizielle Grundsteinlegung 1386. Die Architekten und Berater aus Italien (von der Lombardei mit dem Tessin: Simone da Orsenigo, Giacomo da Campione), Deutschland (H. III. Parler, Ulrich von Ensingen) und Frankreich (Nicolas de Bonaventure) orientieren sich beim Bau der größten mittelalterlichen Kirche in Italien (L 148 m, H 45,6 m; Querhaus-B 89 m; Grundfläche 11 700 m²) an der nördl. Gotik (Köln), in Konkurrenz zu Florenz und Siena, Sevilla und Bologna. Rosafarbene Marmorgestaltung.

1392 Ein Kongress soll die unterschiedlichen Bauauffassungen (nordisch versus einheimisch-traditionell) klären.

1402 Gestaltung der größten got. Fenster: H 22,5 m, B 11 m.

1450–85 In einer 2. Bauphase werden die Fundamente für das Langhaus errichtet; es entstehen unzählige Strebebögen, 135 Fialen, Hunderte Konsolen und ~6000 Statuen.

1490–1501 Weiterbau, u. a. Errichtung des Kuppeloktogons (Tambour von C. Solari) nach Ideen von D. Bramante.

1508 Entwurf des Vierungsturms über dem Tambour von G. Amadeo (1765–69 von F. Croce vollendet); H 108,5 m.

1537–1935 Fassadenentwürfe und Teilrealisierungen u. a. von V. Seregni, P. Tibaldi (1567; Baubeginn ~1620), M. Bassi, C. Buzzi (1645; Marmorverkleidung), F. Soave, L. Pollak, G. Brentano (ab 1888; Giebel). Maße 68 × 62 m.

1567–1650 P. Tibaldi plant den Chor-Umbau (begonnen nach 1600) und die Kolossalordnung der Säulen (1571; Ausführung seit ~1620), errichtet das tempelhafte Baptisterium (1583) im Mittelschiff, entwirft den Marmorintarsien-Fußboden (ab 1585). Schlussweihe des Torsos 1572.

1805 Krönung Napoleon Bonapartes zum König von Italien.

1888 letzte Arbeiten in neugot. Formen (Dachaufsätze u. a.).

1936–43 Restaurierung, beeinträchtigt durch Kriegsschäden.

1975–99 Konservierung des stark angegriffenen Marmors.

Kathedrale Sta. María, Sevilla

1172–82 Bau der nicht mehr erhaltenen 17-schiff. Almohaden-Moschee mit Orangenhof. 1184–98 doppelwandiges Minarett auf quadr. Grundriss (L innen 6,8 m, außen 13,6 m; ~1356 umgebaut) aus Quader- (unten) und Ziegelstein (oben). 1248 Weihe der Moschee zur christl. Kirche.

1402/03 nach Erdbeben und Teilabriss der Moschee Entschluss zur neuen 5-schiff., spätgot. Kreuzbasilika mit dominierend horizontalem Strebewerk; bis zum Bau von St. Peter (Rom) und St. Paul (London) die im Grundriss größte christl. Kirche (130 × 76 m; gesamt ~9500 m^2). Baumeister aus Spanien (P. García, J. de Hoces), Frankreich (Carlín), den südl. Niederlanden (Ysambert, J. Norman).

1481–1564 Entstehung des weltweit größten Hochaltars (H 27,8 m, B 18,2 m) von dem Flamen P. Dancaert u. a. für die zentrale Capilla Mayor (Königliche Kapelle; 1541–57).

1506 weitgehend vollendet; Mittelschiff (H 36,38 m, B 16 m) und 4 Seitenschiffe (H 27 m, B 11 m) mit einheitlichem Raumeindruck. Integration maurischer Details (Orangenhof: L 100 m; Außenportale, Minarett mit Glockenstuhl).

1511–15 nach Einsturz des Kuppelgewölbes (H 56 m; Simon de Colonia?) neue Vierungskuppel (H 40 m), Querhausjoche und Coro mit Sterngewölben (J. Gil de Hontañón).

1528–1602 renaissancistischer Umbau, zahlreiche Ergänzungen (D. de Riaño, M. de Gaínza, J. und A. de Maeda).

1558–69 Der Manierist H. Ruiz II. erhöht das Minarett um ein Glockengeschoss auf 93 bzw. 97 m (mit drehbarer Bronze-Bannerfigur von B. Morel, 1568, der »Giralda«) – für lange Zeit in S-Spanien stilbildend – und vollendet mit der Kuppel die Capilla Real als Chorhaupt im O.

1833 Vollendung der Puerta Mayor mit 39 Heiligenfiguren.

1902 Beisetzung der mutmaßlichen sterblichen Überreste von Ch. Kolumbus (Grabmal von A. Mélida, 1891).

1987 Aufnahme in die Liste des UNESCO-Weltkulturerbes.

1992 letzte Restaurierungsarbeiten zur Weltausstellung.

Rathaus, Bremen

1358 Beitritt Bremens zum Bund der Deutschen Hanse.
1405–10 Die Stadt demonstriert mit dem got. Bau nahe des Doms und des erzbischöflichen Palastes ihre bürgerliche Macht. Die Wehrhaftigkeit drückt sich aus in Ecktürmen, bekrönenden Zinnen und einem Wehrgang. Bedeutender Figurenzyklus vor dem OG aus Sandstein: unter Baldachinen ein Kaiserbild und 7 Kurfürsten zwischen den Spitzbogenfenstern; Propheten- und Philosophendarstellungen an der W- und O-Seite. Über die gesamte Grundfläche beider Hauptgesch. befinden sich die Untere und Obere Halle. Die 3-schiff. untere Halle mit einer schweren Balkendecke über Eichenholzstützen dient dem Verkauf (Markthalle), Versammlungen und Theatervorstellungen.
~1405 Aufstellung des *Roland*, einer (urspr.) bemalten und vergoldeten Kalksteinstatue (H mit Sockel 9,6 m; Schild von 1513; restauriert 1938–39, 1959), vor dem Rathaus.
1536 Eine Wendeltreppe verbindet untere und obere Halle.
1595–1616 Lüder von Bentheim baut das Rathaus in Formen der flämischen und der Weserrenaissance um (Stichvorlagen für den figuralen Schmuck: H. Goltzius). Renaissancefassade: Wehrgang ersetzt durch antikisierenden Laubengang unter einer Balkonbalustrade; beim Bau des Mittelrisalits mit klassischer Säulenordnung und 4-gesch. Ziergiebel entstehen die übereinander liegenden Musikanten- und »Güldenkammer« mit vergoldeten Ledertapeten. 2 weitere 2-gesch. Ziergiebel über einer Dachbalustrade; Spitzbogenformen ersetzt durch Rundbogen- und Dreiecksgiebel. Obere Halle mit stützenloser Flachdecke unter 4-gesch. Dachstuhl (J. Stollinck von der Stolzenau).
1905 Jugendstil-Ambiente der Güldenkammer (H. Vogeler).
1909–13 N-Seite mit Neorenaissance-Anbau (G. von Seidl).
1927 Fresken von M. Slevogt im Ratskeller (Anfang 15. Jh.).
1955 Wiederherstellung des urspr. Raumeindrucks.
2004 Das Rathaus mit dem *Roland* wird Weltkulturerbe.

Ca' d'Oro, Venedig

Bartolomeo di Giovanni Buon (~1374–1465) entstammte einer bedeutenden venezianischen Bildhauer- und Architektenfamilie an der Wende zur Renaissance. Zusammenarbeit mit dem Vater *Giovanni Buon* (~1355–1442). WB: Sta. Maria dell' Orto (1392); Umbau Dogenpalast (1438–42); Scuola Grande della Misericordia, Fassade (1441–45), alle Venedig.

1421–40 B. Buon baut am Canale Grande einen 3-gesch., relativ kleinen Palast (L 22,6 m; H 17,3 m) für den Aristokraten M. Contarini. Übergangsstil zwischen Spätgotik (feingliedrige Arkaden mit Maßwerkgitter; Balkone und Balustraden) und Frührenaissance (klar geformte quadr. Fenster; weite EG-Loggia: Portego mit Kolonnaden). Die Topographie verlangt die Entwicklung eines auf die Wasserfront hin orientierten Palasttyps, der weiche Lagunengrund ein leichtes, durchbrochenes Mauerwerk: das am Dogenpalast orientierte Maßwerk des 1. OG geht in eine phantasievolle freie Form im 2. OG über. M. Raverti u. a. erschaffen die got. Dekoration. Unsymmetr. Marmorfassade 1431–33 vergoldet (daher der Name), farbig verputzt. Der häufig umgebaute Palast bleibt mit dem Mittelteil und dem rechten turmähnlichen Seitentrakt Fragment.
1425 Freitreppe von M. Raverti führt vom Hof zum 1. OG.
1427 im Hof Brunnen aus rotem Veroneser Marmor in der regionaltypischen Form eines Säulenkapitells (B. Buon).
1847 Die Tänzerin M. Taglioni, Erfinderin des Spitzentanzes (*La Sylphide*, 1832), erhält den Palast zum Geschenk. Drastische Umbauten durch G. Meduna und J. Ruskin.
1895 Nach wechselnden Besitzern erwirbt Baron G. Franchetti den Bau und restauriert ihn im Stil seiner Zeit (u. a. Mosaikfußboden). Einrichtung einer Kunstsammlung.
1916–22 nach Schenkung an den Staat Rekonstruktion.
1927 Einrichtung eines Museums (Galleria Franchetti).
1965–80 Restaurierung durch den Architekten C. Scarpa u. a.

STA. MARIA NOVELLA, FLORENZ

Berühmt wurde weniger die got. Kirche Sta. Maria Novella als deren Renaissance-Fassade des Literaten, Malers, Mathematikers, Musikers, Naturwissenschaftlers, Sportlers und Amateur-Architekten *Leon Battista Alberti* (1404–72) – kurz eines der ersten ›uomi universale‹ neben Leonardo da Vinci. WB (Entwürfe): Palazzo Rucellai, Florenz (1446–51); Idealstadt Pienza (ab 1459); S. Andrea, Mantua (ab 1471/72).

1246–1300 3-schiff., kreuzrippengewölbte Dominikanerkirche: erster got. Monumentalbau in Florenz (L ~100 m) in zeituntypisch maßvoller Harmonie. ~1279 Grabkapelle F. Strozzis (hier beginnt Boccaccios *Dekameron*, 1349–53).

1330–50 Bau von Campanile und Sakristei; Beginn der Fassadenverkleidung (grün-weißer Marmor). Pfeilerabstände verringern sich nach O (dadurch wirkt die Kirche länger).

~1427 Masaccios *Trinitätsfresko* (mit Zentralperspektive!).

~1456–70 G. Rucellai lässt nach Albertis Plänen die Fassade verkleiden, d. h. als vom Gebäude unabhängige steinerne Tafel ›aufsetzen‹, die den Platz (für rund 40 000 Menschen) eher definiert als die dahinter liegende Kirche. Die vorhandene Inkrustation der ›Protorenaissance‹ im unteren Teil wird durch ein antikisierendes Mittelportal, Halbsäulen (vgl. Triumphbogen) sowie einen dazu harmonisierenden oberen Teil mit Attikazone, Rundfenstergeschoss und Dreiecksgiebel ergänzt. UG und OG mit jeweils gleicher Höhe; Breitenverhältnis 2:1 – in Albertis ›harmonischer Proportion‹. Die Giebelschrägen korrespondieren mit den monumentalen Voluten vor den seitl. Dächern, die 3 inkrustierten Rosetten mit dem aus got. Zeit stammenden Rundfenster. Die Arkaden werden grau-weiß gestreift.

1565–72 G. Vasaris Umbau (Teilabriss; Altartabernakel).

1857–61 Restaurierung: Vasaris Altartabernakel wird durch neugot. Altäre ersetzt; die Seitenfenster werden verkürzt.

1922 Die rechte Volute wird nachträglich inkrustiert.

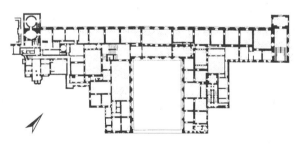

Palazzo Pitti, Florenz

Der Urheber des Palazzo Pitti ist nicht bekannt; als Bauleiter wird *Luca Fancelli* (1430–95) genannt, spekulativ bleiben die Beteiligung F. Brunelleschis oder L. B. Albertis. Der Architekt und Bildhauer *Bartolomeo Ammanati* (1511–92), seit 1560 in Florenz, erweiterte den Palast. WB (Ammanati): Biblioteca Medicea Laurenziana, Vorhalle (nach Michelangelo, 1558–60); Ponte di S. Trinità (1566–69), beide Florenz.

1457–66 Der 7-achsige, 3-gesch. Kernbau des Palazzo für den Kaufmann L. Pitti gilt als Höhepunkt des Florentiner Profanbaus im 15. Jh. Harmonische Proportion: gleichmäßige Geschosse; das Verhältnis L:H beträgt 3:2; Rundbogen mit grobem Bossenwerk (vgl. röm. Aquädukte).

1546 Der Palazzo gelangt in den Besitz der Familie Medici.

1549 ff. Boboli-Garten von Ammanati und B. Buontalenti (Entwurf: N. Tribolo); ständig vergrößert bis ins 17. Jh.

1560–70 Ammanati gestaltet den Hof und erweitert den Bau zur manierist. Dreiflügelanlage. Die klassische Säulenordnung der rustizierten Hofseite (dorisch, ionisch, korinthisch von unten nach oben) wird überspielt durch wulstartige Ringe (unten), Pilasterquader (Mitte) und stärkere Säulenbänder (oben) über einer nur noch gedacht durchgängigen Halbsäule. Gegenläufig angeordnete Keilsteine in den Obergeschossen; Wandfläche und Übergang vom Hof zum Garten sind bewusst uneindeutig angelegt.

1620 G. Parigi verlängert die Fassade um 3 weitere Achsen.

1640 weitere Vergrößerung um 10 Achsen durch A. Parigi.

1764–1819 letzte Ausdehnung des repräsentativsten florentiner Baus durch 2 seitl. Flügel (B über 200 m, H Mittelbau 37 m). Umbaupläne für den Garten im englischen Stil, ab 1766 öffentlich zugänglich, werden nicht realisiert.

1828 Die Kunstsammlungen öffnen sich für das Publikum.

1865–71 Hauptstadt-Residenz König Viktor Emanuels II.

1919 Der ital. Staat erwirbt den Palast; museale Nutzung.

Tempietto San Pietro in Montorio, Rom

Mit *Donato Bramante* (d. i. D. di Pascuccio, 1444–1514) beginnt die ital. Hochrenaissance in der Architektur. Unter dem Einfluss von Alberti und Leonardo da Vinci wandte sich der Fassaden- und Dekorationsmaler im Dienst des Mailänder Herzogs Ludovico Sforza verstärkt der Architektur, bevorzugt dem Zentralbau, zu. Seit 1499 in Rom, übernahm Bramante die Gesamtplanung des Petersdoms. WB: S. Maria presso S. Satiro, Mailand (1479 ff.); S. Maria delle Grazie, Mailand, Ostabschluss (1492 ff.); S. Maria della Pace, Rom, Kreuzgang (1504 ff.); S. Maria del Popolo, Rom (1505–09).

1502–05 anstelle einer Vorgängerkapelle aus dem 15. Jh Errichtung des strengen ›Tempelchens‹ als epochaler Renaissancebau, der vom span. Königspaar Ferdinand II. (reg. 1474–1516) und Isabella gestiftet wurde. Konzipiert für einen Peristyl (Säulenhof), wirkt der ganz einer antiken Ästhetik – Vitruv – verpflichtete Rundtempel etwas fremd im Innenhof des Klosterkreuzgangs bei S. Pietro in Montorio – die geringen Ausmaße (Dm. 4,5 m; H 13 m) weisen den liturgisch kaum nutzbaren Bau als Memorialgebäude aus: Den überkuppelten, unverändert erhaltenen Kernbau umgeben 16 dorische Spoliensäulen, die eine Balustrade tragen; sie ist dekoriert mit Friesreliefs, deren Bildmotive das Martyrium des hl. Petrus thematisieren (der Legende zufolge soll er hier gekreuzigt worden sein). Obwohl die Kuppel klein ausfällt, diente sie doch als Vorlage für den Petersdom und für St. Paul in London. Originär ist das Farbspiel der Steinsorten – Travertin, Granit und Marmor.
1545 S. Serlio kritisiert den Bau in seinen *Regole generali* als zu hoch, würdigt aber die monumentale Wirkung.
1570 Palladio (*Vier Bücher zur Architektur*, Buch 4) leitet die Kirche aus dem antiken Tempelbau her.
1605 leicht modifizierte Neugestaltung der Kuppel.
1804 Restaurierung.

S. Pietro in Vaticano, Rom

Die Hauptkirche des Christentums wurde von den führenden Meistern der Renaissance und des Barock errichtet, darunter: *Donato Bramante* (1444–1514), *Raffael* (1483–1520), *Antonio da Sangallo d. J.* (~1484–1546), *Michelangelo Buonarroti* (1475–1564), *Giovanni Lorenzo Bernini* (1598–1680).

~324–49 Alt-St.-Peter, eine 5-schiff. Basilika (119 × 64 m), wird über dem mutmaßlichen Grab Petrus' erbaut.

1506 Julius II. beauftragt Bramante (Pläne gibt es seit 1452; erneut 1504) mit der Errichtung eines quadr. Zentralbaus über einem gleicharmigen griech. Kreuz mit Ecktürmen und mächtiger Kuppel (Pfeiler sind bis 1514 ausgeführt).

1514–46 Raffael und da Sangallo (seit 1516 Mitarbeiter) leiten den gewesteten Bau (!) weiter. Als Kompromiss im Streit um die künftige Gestalt (Zentralbau oder Basilika) bleibt die griech. Form erhalten, nun mit Apsidenjoch.

1547–64 Michelangelo führt unentgeltlich die Arbeiten in Bramantes Sinn, doch einheitlicher fort: Kolossalpilaster und Kranzgesimse gliedern die Außenfassade; Nebenkuppeln und -räume werden verkleinert bzw. entfernt. Beginn der doppelschaligen Kuppel (16 Rippen; Dm. 42,3 m, innere H 119 m) über 4 verstärkten Pfeilern (Dm. 24 m).

1586–93 G. della Porta und D. Fontana vollenden die leicht angespitzt zulaufende Kuppel (H mit Laterne 132,5 m).

1606–26 Die gegenreformatorische Vorliebe für Basiliken erzwingt die 3-schiff. O-Verlängerung (2 Joche); barocke 9-achsige Travertin-Fassade (B 115 m, H 45,5 m) von C. Maderno. Maße der (bis 1989) größten Kirche für ~60 000 Menschen: L 212 m (mit Vorhalle), B (Querhaus) 152 m.

1624–33 Bronzebaldachin von Bernini (Bauleiter seit 1629).

1656–67 Berninis querovaler Kolonnadenvorplatz (L 340 m, B 240 m; 284 Säulen) als grandiose Rauminszenierung.

1940–49 Grabungen erschließen die Dom-Vorgeschichte.

1996–2000 Restaurierung und Reinigung v. a. der Fassade.

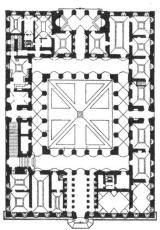

Palazzo Farnese, Rom

Der Bramante-Schüler *Antonio da Sangallo d. J.* (~1484–1546) war das führende Glied einer Architektenfamilie aus Florenz und Rom z. Z. der Hochrenaissance. *Michelangelo Buonarroti* (1475–1564), der Meister aller Künste, vermochte die Renaissance noch über den richtungsweisenden ›Stil‹ hinaus individuell zu steigern. WB: s. S. Pietro, Rom.

1514 erste Pläne zum monumentalen 3-gesch. Palazzo, Inbegriff des ital. Renaissance-Patrizierpalastes, für den Kurienkardinal, Kunstsammler und Humanisten A. Farnese.
1534–46 Nach Wahl Farneses zum Papst übernimmt Sangallo die Bauleitung mit geänderten Plänen. Die Eleganz der gelben Backsteinfassade (B 46 m, H 29 m) rührt her von der nüchternen Gliederung durch die Waagrechte der kräftigen Gesimse und die rustizierte Ortsteinbänderung. EG mit schlichten Rechteckfenstern mit gerader Bedachung auf volutenartigen Konsolen; obere Ädikulafenster (1. OG abwechselnd runder und eckiger, 2. OG nur dreieckiger Giebelaufbau) mit Säulen. Die Seitenfronten des freistehenden Baus entsprechen dem Aufbau der Hauptfassade, die Rückseite bildet eine Gartenfront mit Loggia. Der quadr. Innenhof zeigt eine gleichmäßige Gliederung durch offene Bogengänge mit dorischen Halbsäulen (unten) bzw. Blendarkaden (1. OG) über ionischen Säulen.
1547–49 Michelangelo führt den Bau weiter; er betont die plastische Durchgliederung: Rustikaportal durch Säulen und Pilaster akzentuiert; schweres vorkragendes Kranzgesims; Balkon im 1. OG; 2. OG des Innenhofes mit korinthischer Pilastergliederung (zur Ordnung vgl. Kolosseum).
1564–89 Fertigstellung (G. B. da Vignola, G. della Porta).
1597–1604 barocke Ausmalung der Galerie von A. Carracci.
1731 Der Palazzo fällt an die neapolitanischen Bourbonen.
1874 ff. Residenz des frz. Botschafters (Palast seit 1936 wieder in ital. Besitz); 1875 ff. École française de Rome.

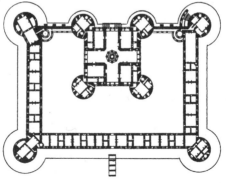

SCHLOSS CHAMBORD

Die Architekten des Renaissance-Schlosses Chambord sind u. a. *Jacques* († ~1524) und *Denis Sourdeau* († 1534) sowie *Pierre Nepveu* (gen. Trinqueau; † 1538), entworfen wurde es wohl von dem Italiener *Domenico da Cortona* (gen. Boccador; † ~1549), dem Erbauer von Schloss Blois (1498–1503). Leonardo da Vincis (1452–1519) Einfluss ist nicht gesichert.

~1519–49 Entstehung des größten Loire-Schlosses (154 × 117 m) in der Nachfolge des Schlosses Blois als Jagd-, Gast- und Empfangsresidenz; Baubeginn unter dem frz. König Franz I. Das rechteckige Gebäude mit 4 runden Ecktürmen besteht aus unzähligen eher spätgot. Baudetails mit ~440 Räumen, 365 Kaminen und Erkern, ~800 Kapitellen und 85 Treppen, darunter die berühmte doppelläufige Wendeltreppe (Entwurf Leonardo?): ausgehend im Salle des Gardes im quadr., 4-gesch. und 5-türmigen Mittelbau (60 × 60 m), schraubt sie sich bis in die Laterne des zentral sich erhebenden 8-eckigen Hauptturms (1533; H 32 m), mit Zugang zur Dachterrasse, empor. Die Idee des Zentralbaus ist von der ital. Renaissance übernommen. Die Flügelbauten im S bleiben ab dem OG unvollendet.

~1650 F. Mansart vollendet die im 16. Jh. begonnene Kapelle im NW-Turm im Auftrag König Ludwigs XIV.

1670 Uraufführung von Molières *Bürger als Edelmann* in dem zum Theater umgebauten Salle des Gardes.

1789 Während der Frz. Revolution wird die Inneneinrichtung zerstört. Chambord geht in den Besitz des Militärs über, das es im 19. Jh. an die Bourbonen-Erben verkauft.

1883 Nach dem Tod des letzten Grafen von Chambord gelangt das Schloss in den Besitz des frz. Staates.

1950 Restaurierung der kargen Innenräume und der Außenanlage (künstliche Wassergräben nur z. T. erneuert); Jagdmuseum. Der Wald (5434 ha) wird nationales Jagdrevier.

1981 Aufnahme in die Liste des UNESCO-Weltkulturerbes.

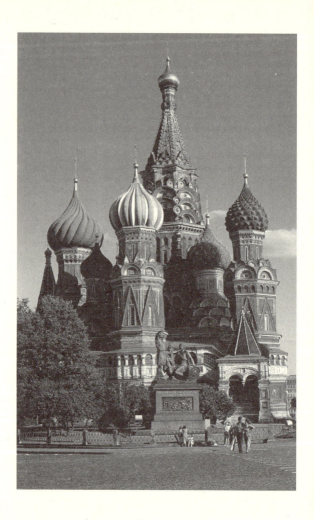

Basilius-Kathedrale, Moskau

Von den Architekten *Barma* und *Postnik* (Lebensdaten unbekannt; nur eine Person?) weiß man wenig. Sie prägten die neu erwachte nationale russ. Architektur des 16. Jh.s. WB (Postnik zugeschr.): Uspenskij-Kathedrale, Kasan (1556–61).

1555–61 Iwan IV., »der Schreckliche«, lässt anlässlich der Einnahme der Stadt Kasan (1552) die Mariä-Schutz-Kathedrale (Basilius-Kathedrale) an der S-Seite des Marktplatzes (im 17. Jh. erstmals, seit dem 19. Jh. offiziell ›Roter Platz‹ genannt; 695 × 130 m) bauen: 8 einzelne Kirchen sollen an die 8 Kriegstage erinnern, während der sich die national bewegten Russen von der tatarisch-mongolischen Herrschaft befreit haben. Die Baumeister krönen die 4 großen oktogonalen, pfeilerartigen und 4 kleineren polygonalen Teilkapellen mit ungleichen Zwiebelkuppeln und gruppieren sie um eine zentrale Kirche mit helmbekröntem Turm herum. Der Grundriss ist kreuzförmig. Formal beruft sich die Kathedrale auf die meist aus Holz gebauten russ. Fünfkuppelkirchen. Verbunden sind die Komplexe außen über Galerien, innen durch Gewölbebauten. Der manierist. Ziegelbau kommt ohne hervortretende Hauptfassade aus und wird streng mit dunkelrotem Porphyr, schwarzem Labradorstein und weißen Steinen (Sockel, dekorative Details wie die rustizierten Säulen) verziert.

1588 Anbau der Basilius-Kirche, die der gesamten Kathedrale den heute bekannteren Namen (St. Basilius) gibt.

~1680 Erweiterung: Glockenturm mit Zeltdach; Ziegeldächer mit Eisenkonstruktion; überdachte Galerien; phantasievolle bunte Bemalung der Kuppeln und Fassaden.

1812 Napoleon nutzt die Kirche als Pferdestall. Abrisspläne.

1923 Museum; ab 1929 Teil des Historischen Museums.

1954–55 Erneuerung der äußeren und inneren Bemalung.

1990 Der Rote Platz und der Kreml werden Weltkulturerbe. Wiedereinbau der Glocken; erster Gottesdienst seit 1917.

Ottheinrichsbau

Schloss Heidelberg
Ottheinrichsbau, Friedrichsbau

Die Architekten des Heidelberger Schlosses sind meist unbekannt; erst in der Renaissance ragt der Name von *Johannes Schoch* (~1550–1631) heraus. Er war 1590–97 Straßburger Stadtbaumeister, 1601–19 Hofarchitekt des Kurfürsten Friedrich von der Pfalz. WB: »Neuer Bau«, Straßburg (1582–85; mit D. Speckle); Schloss Gottesau, Karlsruhe (Entwurf 1588); Delphin-Wandbrunnen, Schloss Ettlingen (1612).

1508–1632 Ausbau einer nur bruchstückhaft erhaltenen Burganlage (mit unregelmäßigem Grundriss; beurkundet seit 1225) zur spätgot. Festung, dann zum bedeutendsten Schloss der deutschen Renaissance. Das älteste erhaltene Gebäude ist der im 16. Jh. erneuerte Ruprechtsbau.

1556–59 Ottheinrichsbau, von einem unbekannten Baumeister (K. Fischer?) nach dem Vorbild ital. Palastbauten (horizontale Gliederung, Pilastergliederung der Fenster) und niederl. Baudetails (Portal, plastischer Schmuck, 2 nicht erhaltene Giebel) errichtet; nicht vollendet. Bau des markanten Sockelgeschosses mit doppelläufiger Freitreppe.

1601–10 Der Friedrichsbau von Schoch orientiert sich am Ottheinrichsbau, verbindet harmonisch Horizontale und Vertikale. Pilastergliederung (von unten aufwärts): toskanisch, dorisch, ionisch, korinthisch. Beide Schauseiten mit kraftvoller plastischer Ausprägung (Bildhauer: S. Götz). Verkröpfte Gesimse und Groteskendekor leiten zum Manierismus über. Im EG wird die Schlosskapelle gebaut.

1610–20 Entstehung des Hortus Palatinus und ›Englischer Bau‹ (Pläne von Schoch, I. Jones oder J. Wolff d. J.?).

1689/93 schwere Beschädigungen durch Kriegseinwirkung.

1764 Ein Brand beendet die letzten Neubauambitionen.

1898–1903 Rekonstruktionsversuch des Friedrichsbaus; historischer Innenausbau (K. Schäfer). Museale Nutzung.

1977–78 Sicherung und Renovierung der Schlossruine.

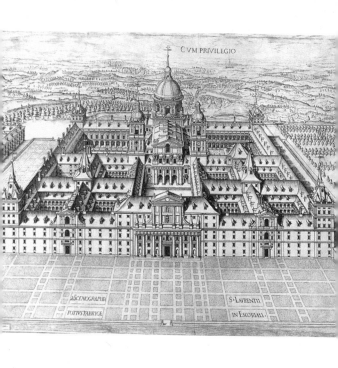

Juan de Herrera und Pedro Perret: El Escorial,
Stich, um 1587

El Escorial

Juan Bautista de Toledo († 1567) und *Juan de Herrera* (~1530–93), Philosophen, Mathematiker und Baumeister des gegenreformatorischen span. Absolutismus, dessen strenge Architektur (Desornamentado-Stil) sich von ital. Vorbildern herleitet, prägten einen nationalen span. Stil. Toledo, am Bau des Petersdoms beteiligt, hinterließ viele unvollendete Werke und trat so hinter seinem Nachfolger Herrera zurück. WB (Herrera): Palast von Aranjuez (1569); Kaufmannsbörse, Sevilla (1582); Kathedrale von Valladolid (Entw. 1580–85).

1559 Philipp II. beruft den in Italien arbeitenden J. B. de Toledo nach Madrid. Erste Escorial-Entwürfe 1561.
1563 symbolhafter Baubeginn (Ende des Trienter Konzils) der Klosterresidenz in 1055 m Höhe: Demonstration der kirchlichen und staatlichen Macht. Die streng konzipierte Netzplan-Gliederung zitiert den Diokletian-Palast in Split und soll den Marter-Rost des hl. Laurentius, die geplanten 12 Türme den Salomonischen Tempel andeuten. Ausgeführt: S-Fassade aus grauem Granit, 2-gesch. Evangelistenhof (nach A. da Sangallos röm. Palazzo Farnese).
1565–94 Aufbau der singulären Bibliothek (130 000 Bände).
1567 Der ehemalige Gehilfe J. de Herrera übernimmt die Bauleitung, ändert den Plan ab (Reduzierung auf 4 Eck- und 2 Kirchtürme) und vergrößert Teile des Monumentalbaus (Klosterräume; 2-gesch. Privatpalast). Grundfläche 207 × 162 m; 16 Höfe, ~300 Räume, 12 Kreuzgänge.
1574 ff. Grablege (anfangs provisorisch) der span. Könige.
1586 Rohbau. Höhepunkte: die W-Fassade mit dem 2-gesch. Hauptportal und die Kirche S. Lorenzo (1576–84): tonnengewölbter Zentralbau in der Form eines griech. Kreuzes mit Vierungskuppel (vgl. S. Pietro, Rom) und angrenzender Vorhalle. Säulen und Pfeiler in dorischer Ordnung.
1963 Restaurierung; Palast wird Zweigstelle des Prado.
1984 Aufnahme in die Liste des UNESCO-Weltkulturerbes.

Villa Capra (»La Rotonda«), Vicenza

Andrea di Pietro della Gondola, gen. *Palladio* (1508–80), war einer der ersten reinen Berufsarchitekten mit außerordentlicher Wirkung auf die nichtbarocke Architektur des 17. und 18. Jh.s (Palladianismus). Angeregt durch Vitruv, prägte er mit rund 60 Villen nachhaltig die Form des herrschaftlichen Landsitzes. Schriften: *Le antichità di Roma* (1554); *I Quattro libri dell'architettura* (1570). WB: ›Basilica‹, Vicenca (1549–1614); Villa Foscara, »La Malcontenta«, Gombarare (1559–1561); S. Giorgio Maggiore, Venedig (1566–1610).

1566/67 (nach älteren Forschungen 1550/51) Entwurf der Villa für den Kanonikus Paolo Almerico, freistehend auf einem Hügel gelegen. Palladio übernimmt Formen des antiken Tempelbaus (Portikusmotiv) und sakralisiert so unbewusst den Typ des profanen Wohnsitzes. Vollkommene Harmonie in allseitiger Symmetrie: quadr. Grundriss mit zentralem Kuppelsaal (deshalb »Rotonda«); zusammen mit den 4 sechssäuligen Portici (ionische Kapitele) und den breiten Freitreppen ergibt sich die Form eines griech. Kreuzes (in doppelter Grundrissgröße). Zwischen Sockelgeschoss (Wirtschaftsräume) und Mezzaningeschoss repräsentatives Hauptgeschoss. Bis heute in Privatbesitz.

~1570 fertiger Rohbau; die urspr. geplante halbkugelförmige Kuppel wird verändert zur flacheren Eindeckung mit Stufenringen. Statuenprogramm, Stuckdekor: L. Rubini.

1580 Der Palladio-Schüler V. Scamozzi, dessen Hauptwerk – die Villa Rocca Pisana (1576–78) – bereits die »Rotonda« nachahmt, vollendet das Bauwerk nach Palladios Tod.

1591–1606 Graf Capra erwirbt die Villa; weitere Innenausstattung (V. Rubini), Akroterienfiguren (G. B. Albanese).

1786 J. W. Goethe besucht das »Prachthaus« mit der »schönsten Proportion«, übersieht jedoch nicht den unwohnlichen Charakter (vgl. *Italienische Reise*, 21. Sept.).

1994 Palladios Villen werden UNESCO-Weltkulturerbe.

Santissima Nome di Gesù (»Il Gesù«), Rom

Der Architekt, Architekturtheoretiker und Wegbereiter des Barock *Giacomo Barozzi*, gen. *Vignola* (1507–73), errichtete Paläste für die Farnese-Dynastie und wurde 1564 Bauleiter der Peterskirche. Er liegt im Pantheon begraben. Der Michelangelo-Schüler *Giacomo della Porta* (~1539–1602) stellte die Petersdomkuppeln fertig. WB (Vignola): Villa di Papa Giulio, Rom (1550–55; mit B. Ammanati, G. Vasari); Umbau Schloss Caprarola (1559–73). WB (Porta): Palazzo Senatorio, Rom (1573–98); Villa Aldobrandini, Frascati (1598–1603).

1540 Papst Paul III. (A. Farnese d. Ä.) bestätigt den von Ignatius von Loyola 1534 gegründeten Jesuitenorden.
1568–77 nach Querelen in der Planungsphase (Entwürfe: Nanni di Baccio Bigio, 1550; Michelangelo, 1554) beauftragt Kardinal A. Farnese d. J. Vignola mit dem Bau der jesuit. Mutterkirche. Mit der Verbindung von renaissancemäßigem Zentralbau und mittelalterlichem Langhaus, der Reduktion der Seitenschiffe auf Kapellenreihen, der Wende zur barocken Zentralisierung (längsgerichteter, noch schlicht-weißer Kuppelbau; ~37 x 85 m) schafft er das manierist. Vorbild für die Gegenreformations-Kirchen.
1571–84 Vignolas Nachfolger della Porta vollendet das Tonnengewölbe (1577) und den 8-eckigen Tambour, errichtet unter Albertis Einfluss die großartige Fassade (H ~37 m): Geschossgliederung; dynam. Staffelung zur Mitte hin.
1587 Ignatius († 1556; hl. 1622) wird nach Il Gesù überführt.
1599–1623 Konventsgebäude mit Sakristei von G. Rainaldi.
1668–73 hochbarocke Innenraumgestaltung (L. Berrettini).
1672–85 Auflösung der Formen in G. B. Gaullis illusionist. Freskierung des Gewölbes und der lichterfüllten Kuppel.
1695–99 Ignatius-Kapelle von A. Pozzo mit Silberstatue (P. Legros; 1797 zerstört; rekonstr.: A. Canova, 1804).
1841–43 neoklassizist. Apsis; Hochaltar im Chor (A. Sarti).
1858–61 farbige Marmorverkleidung der Langhauswände.

Schloss Hämelschenburg

Wer diesen Hauptbau der Weserrenaissance bei Emmerthal errichtet hat, ist unklar. Genannt werden der Bildhauer und Baumeister *Cord Tönnis* aus Hameln, der die ev. Kirche in Coppenbrügge 1565 vollendete, sowie *Eberhard Wilkening* und *Johann Hundertossen* († 1606), der 1603 mit dem Schloss Bevern betraut wurde und in der Region weitere Spuren hinterließ. WB: Leist-Haus (Tönnis; 1589); Schloss Schwöbber, Herrenhaus (Wilkening; 1601); stilverwandt: Rathaus Bodenweiler, Rattenfängerhaus Hameln, Schloss Vechta.

1500–1620 Blütezeit der Weserrenaissance, die ihren Namen dem schmalen Einzugsgebiet der Weser verdankt.
1544 Die Vorgängerburg (Hemersenburg, 1409–14, Ende 15. Jh. teilw. zerstört) brennt nieder.
1588 Jürgen von Klencke († 1609) lässt oberhalb seines Wirtschaftshofes das Wasserschloss Hämelschenburg bauen. Der 2-gesch. N-Flügel mit dem Rittersaal, wohl von C. Tönnis, ist 1592 vollendet. Die Stirnseiten tragen Giebel, an den Längsseiten befinden sich je 2 Zwerchhäuser. Auf der Hofseite zeigt sich eine ion.-korinth. wechselnde Säulenordnung. Die befestigte Dreiflügelanlage markiert den Übergang von der Trutzburg zur offeneren Schlossanlage.
1597–99 ornamentierter, 3-gesch. S-Flügel, den 2 Stirngiebel und 4 seitl. Zwerchhäuser zieren; Verbindungstrakt mit beidseits 3 Zwerchhäusern. Die Bruchsteinmauern (1974 wiederhergestellt) wichen einer Werksteingliederung.
nach 1609 Im Hof ragen an den Ecken 2 achteckige Treppentürme mit kupfergedeckten Glockenhelmen empor.
1756–63 relativ geringe Schäden im Siebenjährigen Krieg.
1845–50 Abriss des Schutzwalls; Zuschüttung des Grabens.
1887 komplette Umgestaltung der Innenräume im historist. Stil. Erhalten blieb die sog. Pilgerhalle im Mittelteil.
1973 teilw. museale Nutzung des Schlosses im Privatbesitz.
1993 (Denkmal-)Stiftung Rittergut Hämelschenburg.

Lutherische Stadtkirche, Bückeburg

Architekt der Stadtkirche im Stil der Weserrenaissance ist vielleicht der Hildesheimer Bildhauer *Hans Wolff* († 1629), ausgehend von einem Entwurf *Giovanni Maria Nossenis* (1544–1620); er war seit 1609 in der Blütezeit des Residenzstädtchens – ein frühes Beispiel einer barocken Gesamtanlage – unter Ernst von Schaumburg (reg. 1601–22) tätig. *Adriaen de Vries* (~1545–1626), der gelegentlich als Urheber genannt wird, kommt als Baumeister nicht in Frage.

1611–15 Bau der 3-schiff. Stadtkirche (45 × 20 m; H 16,5 m) an exponierter Stelle anstelle der 1541 abgebrannten Marienkapelle (dadurch wird Bückeburg wieder eigenständiger Pfarrbezirk). Neben der Wolfenbütteler Marienkirche eine der frühesten protestantischen Kirchen. Die mit prächtigem Ornamentschmuck (Muschelmotiv) versehene Haussteinfassade im W folgt der Raumgliederung der Hallenkirche; über 2 hohen got. Rundbogenfenstern erhebt sich die monumentale steile Giebelfront mit auskragender Brüstung und bekrönendem Glockenstuhl. Der urspr. geplante Mittelturm bleibt unausgeführt. Der Chorraum ist nicht abgetrennt; die Langseiten besitzen gotisierende Strebepfeiler. Das Innere vermittelt ein got. Raumgefühl (7-jochige Halle mit Kreuzrippengewölbe; umlaufende Holz-Empore), barock bereichert durch 2 × 7 korinthische Säulen in vitruvianischer Proportion. W-Wand mit Fürstenloge. Geschnitzte Kanzel (vielleicht von J. Wolff).

1613–15 bronzenes Taufbecken von A. de Vries.

1615 Einbau der Orgel J. Compenius' auf der O-Empore des Chorpolygons (1919 abgerissen; heute rekonstruiert).

1771–76 J. G. Herder Hofprediger und Superintendant in Bückeburg (1908 Bronzebüste an der N-Seite; A. Schulz).

1885–95 Arkadenunterbau und Bekrönung der Fürstenloge; Restaurierung der hölzernen Emporen und des Gestühls.

1963–66 nach Brand Renovierung und Neuausmalung.

Rathaus, Augsburg

Der protestantische Augsburger Stadtbaumeister *Elias Holl* (1573–1646) prägte nicht nur das Bild seiner Geburtsstadt, sondern er war der bedeutendste Architekt der deutschen Spätrenaissance überhaupt. Unter den Fuggern berühmt geworden, wurde er 1630 Opfer der Gegenreformation. Unter schwed. Besatzung vorübergehend rehabilitiert, starb er verarmt. WB: Zeughaus, Augsburg (1602–07); St.-Anna-Schule, Augsburg (1613); Heilig-Geist-Spital, Augsburg (1625–32).

1609/10 Holl wird beauftragt, das got. Rathaus (15. Jh.) umzubauen. Die Sanierungspläne finden keinen Anklang.

1615 Grundsteinlegung für einen kompletten Neubau (nach 6 Entwürfen). Holl beschreibt den wuchtigen, kubischen Vierfassadenbau (45 × 35 m) als »heroisch«: klarer Aufbau bei strenger Fensterordnung (Vorder-/Rückseite 14, Seitenfassaden 10 Fensterachsen). Der Sandsteinbau gilt als bedeutendstes Rathaus des 17. Jh.s, das durch seine Größe die politische Präsenz der Stadt und ihres Rats demonstriert. Der risalitartige Mittelbau (H 44 m) führt um 2 Geschosse über das markante obere Horizontalgesims (H 25 m) hinaus und endet im Giebeldreieck (röm. Kirchen des 16. Jh.s nachempfunden). Die Rückseite des Gebäudes ist durch den Geländeunterschied vertikal betont (H 52 m). Metallpyramiden an den 4 Ecken der Balustraden.

1617–28 Zusätzlich zum urspr. Plan werden zwei 8-eckige Treppentürme auf quadr. Unterbau (H 65 m) errichtet.

1619–26 nach Richtfest (1618) Ausbau des 2½-gesch. Goldenen Saals (32,65 × 17,35 m; H 14,22 m). Ausstattung von M. Kager. 1620 erste Ratswahlen im neuen Rathaus.

1882–84 Errichtung des Elias-Holl-Platzes.

1904–30 Sandstein durch robusteren Muschelkalk ersetzt.

1944 Das Rathaus wird durch Bomben fast völlig zerstört.

1947–62 Sicherung der Ruine; allmählicher Wiederaufbau.

1978–85 Der Goldene Saal wird rekonstruiert.

Banqueting House / Whitehall, London

Der Landschaftsmaler *Inigo Jones* (1573–1652) kam über die Bühnenbildnerei und seine Begegnung mit Palladio-Bauten (und V. Scamozzi) in Italien (1596–1604, 1613/14) zur Architektur; er brachte den klassischen Renaissancestil (›Palladianismus‹) nach England und beeinflusste die mittel- und nordeuropäische sowie die amerikanische Architektur. 1615–1642 Inspektor für die königlichen Schlösser. WB: Queen's House, Greenwich (1616–18, 1629–35); Prince's Lodging, Newmarket (1619–22); Queen's Chapel, London (1623–27).

1619–22 I. Jones entwirft und baut, geleitet von der Begeisterung für Palladio, die Schlossanlage von Whitehall (unvollendete königliche Stadtresidenz), von der nur der doppelt kubische, 2-gesch. Festsaal erhalten ist: ausgewogen in der Proportion (klassisch-streng, schlicht-elegant), ungekünstelt, aber auch dem englischen Geschmack angepasst. Wandgliederung: rustizierter Gebäudesockel; verkröpfte Kranzgesimse; Segment- und Dreiecksgiebel über den UG-Fenstern; korinthische Säulen (Mitteljoch) und Kompositpilaster (Seitenjoche), im UG zurückhaltend dekoriert, im OG mit Festons und Masken. Abschluss durch umlaufenden Balkon. Die Säulenordnung wird innen unter Verwendung von Golddekor wiederholt; auf etwa halber Höhe liegt ein Galeriebalkon, gestützt von Voluten. Der Hauptsaal, geplant für höfische Maskenbälle (bis heute Galaveranstaltungen), dient letztlich Staatsempfängen.
1638 P. P. Rubens – als Diplomat in London – bemalt die Kassettendecke, eine Apotheose des Königshauses.
1640 letzte Theateraufführung (ein Stück von W. Davenant).
1649 Vor dem Gebäude wird König Charles I. hingerichtet.
1660 Das Parlament leistet im Banqueting House den Eid auf Charles II.; Ende der puritanischen Cromwell-Ära.
1829 gravierende Veränderungen an der Front (J. Soane).
1965 Restaurierung vor allem des festlichen Innenraums.

Sta. Maria della Salute, Venedig

Die Topographie Venedigs lässt kaum Raum für ausladende barocke Architektur. Umso stärker ragt das Werk von *Baldassare Longhena* (1598–1682) heraus, der, von A. Palladio und seinem Lehrer V. Scamozzi geprägt, zum erstrangigen Vertreter seiner Epoche in Venedig wurde. Denkmalpfleger für die Markuskirche. WB: Dom zu Chioggia (1633–74); S. Giogio Maggiore, Treppenhaus (1641–43) und Bibliothek (1641), Venedig; Palazzo Pesaro, Venedig (1676–1710).

1630 Longhena gewinnt unter 10 Mitbewerbern den Wettbewerb für eine Votivkirche (zur Beendigung der Pest).
1631–87 Bau der Kirche (L 189 m) nach Einebnung des Bezirks an der Einfahrt zum Canale Grande. Dominierend ist die Kuppelrotunde (Dm. 42 m) auf 8 freistehenden Pfeilern bei 8-seitigem Grundriss; eine zweite glatte Kuppel (Dm. 13 m) befindet sich über dem Presbyterium, an das der querrechteckige Mönchsraum anschließt. Der Schub der doppelschaligen und rippenlosen Hauptkuppel wird durch übergroße Voluten am Tambour aufgefangen, über denen sich Statuen erheben. Die kolossalen, dekorativen Säulen um das Pfeilerarkadenoktogon, die als Sockel (Piedestale) für Prophetenfiguren dienen, finden Wiederhall in der vielgestaltigen Triumphbogenfassade. Das Äußere besteht aus weißem istrischem Kalkstein, dessen dunkle Verwitterung reiche Kontraste schafft; im Inneren stehen graue Steinsäulen, die den Zentralbau betonen, neben weißen Stuckwänden und Pfeilerabschnitten, die den Blick in die Umräume lenkt. Zwischen Presbyterium und Mönchsraum steht der Hochaltar (J. de Court) mit 2 flankierenden Säulenpaaren. Angefügt sind 2 Treppen- und Glockentürme. Die Kirche steht auf über 1 Mio. Pfählen.
1669 Beginn des angrenzenden Klosterneubaus (seit 1817 Seminario Patriarcale; heute Gemäldesammlung).
1899 Die Treppe des Vorplatzes (1681) wird erneuert.

Mausoleum Taj Mahal, Agra / Indien

1632–43 Der Moghulkaiser Shah Jahan lässt seiner Lieblingsfrau Arjumand Banu († 1631) in seiner Residenzstadt Agra (heutiger Bundesstaat Uttar Pradesh) ein prächtiges Grabmal als Höhepunkt der indo-islam. Architektur errichten (pers. *taj* ›Krone‹, *mahal* ›Palast‹; volkstüml. en pers. *mumtaz i mahal* ›Auserwählte des Palastes‹). Die meist unbekannten Baumeister und Handwerker (Ustad Muhammad Isa u. a.; ~20 000 Arbeiter) stammen aus verschiedenen orientalischen und asiatischen Ländern. Das marmorne, doppelschalige Kuppelmausoleum wird flankiert von einer Moschee und einer Versammlungshalle aus Sandstein – am gegenüberliegenden Flussufer soll ein schwarzes Marmor-Grabmal des Schahs erbaut werden (nicht realisiert). Das streng symmetr., 2-gesch. Grabmal-Oktogon (Kuppel-H 65 m; mit Spitze 74 m; Dm 28 m; Gewicht ~12 200 t) über quadr. Grundriss steht auf einem Podium (H 5,5 m; Seiten-L 94,4 m), an dessen 4 Ecken sich Marmor-Minarette (H 41,5 m) über 2 Galerien erheben. Zwischen der halbkreisförmigen Innen- (H 24 m) und der äußeren Zwiebelkuppel befindet sich der größte, jedoch zweckfreie (Hohl-)Raum. Im zentralen, mit Edelsteinintarsien versehenen Grabsaal steht ein Marmorkenotaph über der Gewölbekammer mit dem Sarkophag der Toten.
1632–53 Park mit Nebengebäuden (gesamt 305 × 579 m), umgeben von einer roten Sandsteinmauer. Zwischen der gepflasterten Grabmalsterrasse im N und dem südl. Vorhof (305 × 137 m) mit Karawanserei und zentralem Torbau (H 43 m) liegt ein quadr. Zypressengarten (6,9 ha), von 2 sich kreuzenden Wasserkanälen in 4 Teile geteilt.
1666 Der 1658 vom Sohn gestürzte Shah Jahan wird neben seiner Frau – nicht im geplanten Grabmal – bestattet.
1803 Engl. Kolonialherren (Lord Lake) berauben den Bau.
1983 Aufnahme in die Liste des UNESCO-Weltkulturerbes.
1998 Die UNESCO beschließt Pläne zur Restaurierung.

Mauritshuis, Den Haag

Die führenden Vertreter des niederl. Palladianismus waren die Maler und Architekten *Jacob Pietersz. van Campen* (~1595–1657), der die Entwürfe beisteuerte, und *Pieter Post* (1608–69), der diese meist ausführte. Vermittlerrolle zwischen ital. und engl. Architektur. Einfluss übte der Palladio-Schüler V. Scamozzi aus, den van Campen während seines Studiums in Italien kennenlernte. WB (van Campen, Post): Nieuwe Kerk, Haarlem (1645); Huis-ten-Bosch, Den Haag (1645–51); Rathaus (Königl. Palast), Amsterdam (1648–55).

1633–37 Graf Johan Maurits van Nassau-Siegen, gen. »der Brasilianer«, lässt das kleine, aber majestätische Wohnhaus (bis 1644; erst später »Mauritshuis« genannt) errichten, Hauptwerk des niederl. Palladianismus. Kennzeichnend sind die von Italien und Frankreich inspirierte, wenn auch maßvoll-nüchterne Kolossalordnung mit antikisierend übergiebelten ionischen Sandsteinpilastern; als völlig eigenständig erscheinen das geschwungen aufsteigende Walmdach und die Verwendung des niederl. (und norddt.) roten Backsteins im Kontrast zum weißlichen Haustein. Als Schmuck dienen schlichte Fensterverdachungen und Blumengirlanden. Das 2-gesch. Gebäude ruht auf einem hohen Sockelgesch. und ragt mit Ausnahme der Frontseite samt flankierender Freitreppe in einen kleinen, künstlich angelegten See hinein. Das symmetr. angeordnete Innere wird beherrscht vom zentralen Treppenhaus.
1679 Nach Maurits' Tod geht das Haus in Staatsbesitz über.
1705–20 Wiederauf- und Umbau nach Brand (1704): Einbau größerer Fenster; Einrichtung der »Goldenen Halle«.
1822 nach zeitweiliger Publikumsöffnung seit 1774 öffentliche Gemäldegalerie (Sammlung Willems V., v. a. 17. Jh.: Rubens, J. Steen; spätere Ankäufe: Rembrandt, Vermeer).
1889–1909 Museumsausbau unter dem Direktor A. Bredius.
1982–87 Restaurierung dieses ältesten niederl. Museums.

Potala Palast, Lhasa / Tibet

In Tibet verbanden sich nach dem 7. Jh. der ind. Buddhismus (Tantrismus) mit dem regionalen Dämonenglauben (Bon-Religion) und unter mongolischem Einfluss zu einem hierarchisch aufgebauten Buddhismus (im Westen ›Lamaismus‹ genannt), dessen weltliches und religiöses Oberhaupt seit dem 14. Jh. der Dalai Lama und der Panchen Lama sind. Hauptstadt und (bis zur Einverleibung durch China 1950) eigentlicher Sitz des Dalai Lama ist Lhasa (›Ort der Götter‹).

1645–53 Auf einem Felsenberg (3700 m ü. M.) lässt der 5. Dalai Lama, Begründer der tibetischen Theokratie, den Klosterpalast über zerstörten Vorgängerbauten (641 ff.) bauen; Vorbild: Verwaltungsfestungen. Im O entsteht der 5-gesch. Weiße Palast mit einem 16 000 m² großen Hof.

1690–94 Roter Palast mit ~30 Fest- und Tempelräumen im Mitteltrakt der Anlage (~400 × 350 m); im W befindet sich der Thronsitz des Dalai Lama. ~4 t Gold kleiden die Schreinhallen aus. In den 4 Himmelsrichtungen öffnet sich die Haupthalle zu Tempelräumen, gewidmet den Dalai Lamas (N), dem Reformator Tsong-khapa (O), dem 1. buddhist. König Songtsengampo (S), dem 5. Dalai Lama mit seiner gold- und edelsteinverzierten Stupa (W; H 14,85 m). Ausstattung: Wandgemälde, Thangkas (Rollbilder), Holzschnitzereien. Im W des Palastes befinden sich die Mönchszellen. Der Komplex aus Stein und Holz ragt über 13 Geschosse in eine H von 117 m (B ~400 m; Fläche ~130 000 m²); ~1000 Räume. Mauerdicke der geböschten Wände 3–5 m. In den unteren Etagen werden Schreine der Bon-Religion aufbewahrt. Innerhalb der Mauern befinden sich neben den Regierungs- und Kulträumen eine Mönchsschule, Wohnungen, Schatzkammer, Bibliothek.

1959 Der 14. Dalai Lama (seit 1940) flieht vor der chin. Besatzung nach Indien. Der Tempel wird stark zerstört.

1994 Potala wird zum UNESCO-Weltkulturerbe ernannt.

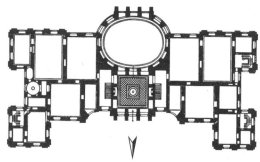

Schloss Vaux-le-Vicomte

Den Eindruck eines vollendeten und heute nahezu unbeschadet erhaltenen Gesamtkunstwerks hat die Schloss- und Gartenanlage Vaux-le-Vicomte 3 Künstlern zu verdanken: *Louis Le Vau* (1612–70), Schöpfer des Louis-XIV-Stils, dem genialen Gartenarchitekten *André Le Nôtre* (1613–1700) sowie dem Maler und Dekorateur *Charles Le Brun* (1619–90).

1655–61 Im Auftrag des verschwenderischen frz. Finanzministers N. Fouquet erbaut Le Vau, Günstling des einflussreichen Kardinals Mazarin, das einflügelige Schloss mit 4 Eckpavillons und legt um das Gebäude und den Ehrenhof mit den angrenzenden Wirtschaftsbauten einen Wassergraben an. Über der Gartenfassade mit 2-gesch. Kolonnadenvorbau und Giebelskulpturen von M. Anguier erhebt sich eine querovale, laternenbekrönte Kuppel. Erstmals wird hier ein Ensemble vom Hof über die erhöht stehende Schlossanlage mit Vestibül und einem zentral gelegenen 2-gesch. Salon (Vorbild: Pantheon, Rom) bis hin zum Garten durchkomponiert. Die Einrichtung Le Bruns fügt Malerei, Plastik und Ornamentik ins Gesamtkonzept ein.

1656–61 Le Nôtre legt den von ital. und niederl. Einzelmotiven (Kanäle, Brunnen, Rampen, Skulpturen) ausgehenden, aber völlig neu kombinierten Garten an (Pläne seit 1652; ~70 ha), der zum Ausgangspunkt aller axialen frz. Anlagen wird: die Natur ordnet sich der Kunst unter.

1661 Einweihungsfest im Beisein König Ludwigs XIV. mit ~1200 Wasserspielen, einem Feuerwerk und der Uraufführung von Molières Komödie *Les Fâcheux*. Kurz darauf lässt der König den Minister wegen Veruntreuung verhaften (und 1664 verbannen). Der Bau wird vernachlässigt.

1875–1920 Der Industrielle A. Sommier erwirbt das Schloss (bis heute Privatbesitz) und lässt den Garten vorbildlich restaurieren (H.-A. Destailleur, A. Duchêne, E. Laîné).

1947–76 Restaurierung; Anlage öffnet sich dem Publikum.

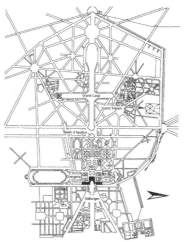

Gartenfassade; Plan der Gesamtanlage

Schloss Versailles

Für die bedeutendste und größte europäische Schlossanlage fand sich noch einmal das Dreiergespann von Vaux-le-Vicomte zusammen: *Louis Le Vau*, *Charles Le Brun* und *André Le Nôtre*. Der Vollender der Anlage ist *Jules Hardouin-Mansart* (1646–1708), Schöpfer des Pariser Invalidendoms.

1631–34 Ph. Le Roy erweitert für Ludwig XIII. das Jagdschloss (1623–24) zur Dreiflügelanlage mit Eckpavillon.
1663 Beginn am ›Gesamtkunstwerk‹ von Le Vau (Planung), Ch. Le Brun (Ausstattung) und Le Nôtre (Gartenanlage).
1663–80 Garten und Park (~100 ha) mit Kanal (L 1500 m).
1671–81 Le Brun inszeniert die Repräsentationsräume im Wechselspiel von Marmor, Gold, Stuck und Malerei.
1678 Verbindung von Haupt- und Nebengebäuden; noch mit Terrasse. Ludwig XIV. (in der Schloss-Ikonographie verherrlicht als Apollo) verlegt den Regierungssitz nach Versailles und beruft Hardouin-Mansart zum Bauleiter.
1682 offizieller Hofsitz; Hofstaat umfasst ~20 000 Personen.
1684 Die Spiegelgalerie (L 73, B 10,5, H 12,3 m) verbindet N-, S-Flügel und Ecksalons; 2½-gesch. Gartenfassade (B 580 m): rustiziertes Arkaden- und Hauptgesch. mit ionischen Pilastern und Doppelsäulen, Attika mit Balustrade.
1687–88 Lustschloss Grand Trianon (Hardouin-Mansart).
1689–1710 2-gesch. Schlosskapelle am N-Flügel (Hofseite).
1701 Schlafzimmer des »Sonnenkönigs« wird Kultzentrum.
1748–70 schlicht-eleganter Opernbau von J.-A. Gabriel.
1762–68 Petit Trianon im Louis-XVI-Stil von J.-A. Gabriel.
1774–86 engl. Landschaftsgarten mit Bauerndorf-Kulisse.
1792–1837 Demontage nach der Revolution. 1837 Museum.
1871/1919 Anfang (Wilhelm I. zum Kaiser ernannt) und Ende (Versailler Vertrag) des 2. Dt. Reiches im Schloss.
1957–86 Restaurierungen und Rückführung des Inventars.
1979 Das Schloss wird zum Weltkulturerbe ernannt.
~2000–17 umfassende Restaurierung (Spiegelsaal bis 2007).

St. Paul's Cathedral, London

Der Astronom und Mathematiker *Sir Christopher Wren* (1632–1723) befasste sich erst seit 1663 mit Architektur. In der Nachfolge von I. Jones führte er dessen Palladianismus mit barocken Elementen fort. Wren war 1670–1686 verantwortlich für den Bau von ~50 Kirchen in London. WB: St. Stephen's, Walbrook (1672–74); Schloss-Ausbau in Hampton Court (1689–1717); Greenwich-Hospital (1696–1716).

1671 Nach dem verheerenden Stadtbrand von 1666 wird die 610 gegründete, mehrmals ausgebaute, 1634–42 von I. Jones restaurierte Kirche (L 178 m, Turm-H 149 m) z. T. gesprengt. Wren wird mit dem Wiederaufbau beauftragt.

1675–1711 nach vielen Entwürfen (u. a. von 1673/74) Bau einer 3-schiff., 11-achsigen Kathedrale (L 155,5 m) im klassizist. Barockstil auf mittelalterlichem Grundriss (darunter liegt eine der weltweit größten Krypten). Hauptfassade (B 55 m) mit Freitreppe und 2-gesch. Portikus: Vorhalle im UG mit 6, OG mit 4 korinthischen Säulenpaaren unter einem Tempelgiebel. Scheinarchitektur an den Langhausfassaden (OG). Einzigartig ist die Konstruktion der 3-schaligen Vierungskuppel auf 8 Pfeilern (erster Plan bereits vor 1666 für die alte Kathedrale; H 111 m, Dm. 35 m; Vorbild: S. Pietro, Rom): Ziegelkuppel über Holzrahmengestell; der Tambourring fängt den Schub der nach innen geneigten Wände auf; das Gewicht (Laterne: 850 t) lastet auf 32 Strebepfeilern. Kuppelgalerie (»Whispering Gallery«) mit besonderer Akustik. Gräber von Wren, J. Donne, Lord Nelson, Hzg. von Wellington, W. Churchill.

1706–08 nachträgliche Aufführung der 3-gesch. quadr. Glockentürme (H 64 m) an den pilastergegliederten Seitenachsen der Fassade; aufwendig durchgegliederte Laternen.

1716–19 Kuppelfresko von J. Thornhill; Scheinarchitektur.

~1870 präraffaelitisches Chor-Mosaik von W. Richmond.

1950–58 Restaurierung der 1940/41 beschädigten Kirche.

Invalidendom

LES INVALIDES, PARIS

Auch wenn die Gesamtanlage im Quartier des Invalides wesentlich von *Libéral Bruant* (1631–97) geplant wurde, sind die barock-klassizist. Bauten mit dem Namen von *Jules Hardouin-Mansart* (1646–1708) verbunden, der nach 1675 eine grandiose Karriere am Hof Ludwigs XIV. machte und eine gut organisierte Werkstatt betrieb. Sein Spätwerk ist vom Rokoko bestimmt. WB: Schloss Clagny (1674–80); Erweiterung Versailles (1678 ff.); Kathedrale von Nancy (1703–42).

1671–76 Bruant beginnt den Bau des Hôtel des Invalides (Unterkunft für ~5000 Kriegsinvaliden): ein an den Escorial angelehnter Bau mit Cour d'honneur (102 × 63 m), 17 Nebenhöfen, 4 Flügeln (126 990 m²); puristische 45-achsige, 4-gesch. Fassade (mit Attikagesch.; L 210 m) mit figurenbesetztem, triumphbogenartigem Eingangskomplex.
~1675–76 St-Louis des Invalides (Église des Soldats), eine 3-schiff. Emporenkirche (70 × 22 m), gebaut verm. von Hardouin-Mansart nach Plänen von Bruant. Orgel ~1680.
1677 Hardouin-Mansart erhält den Auftrag für einen Chor mit Seitenschiffen am Langhausende der Soldatenkirche.
1679–1706 Anstatt des Anbaus entsteht die Église du Dôme des Invalides (Invalidendom) als selbständiger Zentralbau (56 × 56 m; Vorbild: S. Pietro, Rom); die 2-gesch. S-Fassade erhält freistehende Säulen und eine Freitreppe. 1690 ist die mit vergoldeten Bleiplatten überdeckte Tambourkuppel über 2-gesch. Sockel (vgl. St. Paul's Cathedral, London; H mit Laterne 105 m) fertig. Mitarbeiter: R. de Cotte. Das Kuppelfresko (1702–06) stammt von Ch. de La Fosse.
1704–20 Vorplatz zum Hôtel (487 × 250 m) von R. de Cotte.
1789–1815 Invalidendom in »Tempel des Mars« umbenannt.
1861 Krypta (L. Visconti) ersetzt Marmorboden; Beisetzung des 1840 nach Paris gebrachten Leichnams Napoleons I. 2 Joche der Soldatenkirche zum Chor umgebaut (19. Jh.).
1988–94 Restaurierung. Teil des Weltkulturerbes Paris.

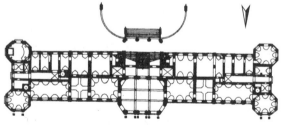

Oberes Belvedere (Gartenfront) mit Grundriss,
im Vordergrund das Untere Belvedere

SCHLÖSSER DES BELVEDERE, WIEN

Johann Lucas von Hildebrandt (1668–1745), in Genua geboren, wurde in Rom (C. Fontana) ausgebildet, bevor er sich dem Wiener Hof empfahl. 1720 geadelt, folgte er J. B. Fischer von Erlach 1723 als erstem Hofbaumeister. Mitarbeit: Schloss Pommersfelden, Würzburger Residenz. WB: Schloss Ráckeve, Ungarn (1701–02); Palais Schönborn, Wien (1706–1711); Umbau Schloss Mirabell, Salzburg (1721–27).

1700–20 über 3 Terrassen (ikonographisches Programm: Jahreszeiten und Elemente, Parnass, Olymp) ansteigender Frz. Garten von Nôtre-Schüler D. Girard und A. Zinner (17,3 ha) zwischen beiden ab 1704 geplanten Schlössern.
1714–16 Errichtung des Garten- und Sommerpalais (Unteres Belvedere) für Prinz Eugen von Savoyen: schlichter, eingesch. Bau mit polygonalem Ehrenhof; Mittel- und Eckrisalit pavillonartig überhöht. Seitenflügel rustiziert. Fresken im rotgetönten Marmorsaal von M. Altomonte.
1720 Orangerie mit Privatgarten hinter der Marmorgalerie.
1721–23 Wohnpalais (Oberes Belvedere; geplant als Lustschloss): mächtiger 3-gesch. Bau mit 2-gesch. Seitenflügeln (abgestufte Kupferdächer: so genannte Soldatenzelte) und beidseits 8-eckigen Eckpavillons (Kupferkuppeln). Symmetr. Ehrenhof. Fresken u.a. von C. Carlone, G. Fanti.
1742 Maria Theresia erwirbt die Schlösser (jetzt erst »Belvedere« genannt). Umbau der Orangerie zum Pferdestall. Das Untere Belvedere wird Quartier der Leibgarde.
1776–1891 Kaiserliche Gemäldegalerie (Oberes Belvedere).
1779 Die Gartenanlage wird öffentlich zugänglich gemacht.
1897–1914 Residenz von Franz Ferdinand (Thronfolger).
1923ff. Österr. Barockmuseum; Galerie des 19. und 20. Jh.s
1953ff. Museum für mittelalterliche Kunst in der Orangerie.
1955 Der Österr. Staatsvertrag wird im Oberen Belvedere unterzeichnet: Ende der Besatzung; politische Neutralität.
1989–95 Abschluss der Restaurierung (Schloss und Garten).

Wallpavillon

Zwinger, Dresden

Der Westfale *Matthäus Daniel Pöppelmann* (1662–1736) zog um 1686 nach Dresden, wo er Mitarbeiter des Landbauamtes wurde und 1705 Landbaumeister des Kurfürsten August des Starken. Daneben war er in Warschau tätig. Er schuf als bedeutendster sächsischer Architekt seiner Zeit Schlösser, Kirchen, Fest- und Palaisbauten, Brücken und (verm.) das kursächsische Wegemarkensystem. WB: Taschenbergpalais, Dresden (1705–12); Schloss Pillnitz (1720–23).

1709 Pöppelmann baut eine provisorische hölzerne Festarchitektur anlässlich des Besuchs des dän. Königs.
1711 Entschluss, diesen temporären ›Urbau‹ als Orangerie in Stein auszuführen: eingesch. Arkadengalerien zwischen vier 2-gesch. Saalbauten und 2 Pavillons. Festhof-Maße: 107 (mit 2 halbkreisförmigen Seitenhöfen 204) × 116 m.
1712–19 »Mathematisch-Physikalischer Salon«, »Frz. Pavillon«; Nymphenbad nach antik-röm. Brunnenarchitektur. Kronentor (Symbol Dresdens): Pilaster- und Säulenarchitektur mit kupfergedeckter Kuppel; Bogengalerie.
1715–32 Wallpavillon westl. vom Kronentor: mehrfach geschweifter Grundriss; überbaute Freitreppe mit ovalem Festsaal im OG. Er bildet einen Höhepunkt der europäischen Barockarchitektur mit allegorischem Figurenprogramm (wie andere Zwinger-Plastiken) von B. Permoser.
1718–19 »Naturwissenschaftlicher« und »Dt. Pavillon«.
1723–28 Bau-Wiederaufnahme mit dem Glockenspielpavillon östl. des Kronentors (1849 zerstört; neu 1856). Der unvollendete Zwinger wird »Palais Royal des Sciences«.
1729 Kupferstichwerk Pöppelmanns über den Zwinger.
1847–55 Bildergalerie der Neorenaissance (Plan: G. Semper) schließt den Torso gebliebenen Zwinger zur Elbe hin ab.
1924–36 Zwingerbauhütte gegründet; Teilrekonstruktion.
1945–63 nach Zerstörung Wiederaufbau (H. Ermisch).
1985–93 Neugründung der Bauhütte und Gesamtsanierung.

Karl-Borromäus-Kirche (Karlskirche), Wien

Der Grazer *Johann Bernhard Fischer* (seit 1696:) ›von Erlach‹ (1656–1723) zog nach Lehrjahren in Italien (dort Einfluss G. L. Berninis) 1685 nach Wien, wo er 1694 zum Hofarchitekten und 1705 zum Oberbauinspektor avancierte. Viele seiner Bauten vollendete sein Sohn *Joseph Emanuel Fischer* (1693–1742). Schrift: *Entwurf einer historischen Architektur* (1721; mit zahlreichen Stichen). WB: Schloss Schönbrunn, Wien (Ideal-Entwurf 1688), Trautson-Palais, Wien (1710–1716); Hofbibliothek, Wiener Hofburg (1722–26).

1713 Im Pestjahr gelobt Kaiser Karl VI. den Bau einer Kirche zu Ehren des Pestheiligen Karl Boromäus. Fischer von Erlach gewinnt 1715 den Wettbewerb gegen F. Galli-Bibiena und seinen Rivalen J. L. von Hildebrandt.

1716 Grundsteinlegung der barock durchkomponierten Votivkirche. Das Programm huldigt dem kaiserlichen Weltreich und der kirchlichen Macht. 2 minaretthafte Triumphsäulen (mit unzugänglicher Wendeltreppe; H 47 m) – gekrönt von Constantia und Fortitude – an der charakteristischen W-Fassade flankieren einen strengen röm. Portikus und umrahmen den langgestreckten Tambour mit Kuppel über längsovalem Hauptraum. Die seitl. Durchfahrtspavillons (Glockentürme) zeigen asiatische Anklänge; dort dargestellt sind ›Glaube‹ und ›Hoffnung‹.

1722–39 J. E. Fischer von Erlach folgt den Plänen des Vaters mit kleinen Änderungen zugunsten des geschlossenen Eindrucks: breite Attikazone, höhere Kuppel (H 72 m).

1724–30 J. Ch. Maders Spiralreliefs (Vorbild: Trajanssäule).

1725–27 Das Kuppelfresko von J. M. Rottmayr (urspr. geplant: Kassettierung) verherrlicht den Namensheiligen.

1733 Übergabe der Kirche an den Prager Kreuzherrenorden.

1737 Weihe des Hochaltars. Stuckreliefs von A. Camesina.

1892–99 Umgestaltungsprojekte für Karlsplatz: O. Wagner.

1982–2010 versch. Restaurierungsphasen der Karlskirche.

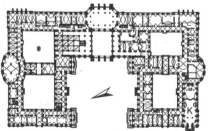

Residenz, Würzburg

Der leitende Architekt des bedeutendsten deutschen Barockschlosses, einem internationalen Projekt, war der Festungsarchitekt, Ingenieur, Glocken- und Geschützgießer *Johann Balthasar Neumann* (1687–1753). Unterstützt wurde er von *Johann Maximilian von Welsch* (1671–1745) und *Johann Dientzenhofer* (1663–1726), beraten von *Johann Lucas von Hildebrandt* (1668–1745), nach 1723 von *Gabriel Germain Boffrand* (1667–1754) sowie *Robert de Cotte* (1656–1735).

1719 Der Fürstbischof Johann Philipp Franz von Schönborn plant, seinen Amtssitz von der Festung Marienberg (seit dem 12./13. Jh. Bischofssitz) in die Stadt zu verlegen.
1720 Grundsteinlegung für einen Bau anstelle eines nicht bezugsfertigen Schlosses von A. Petrini. Vorgesehen ist eine 2½-gesch. Dreiflügelanlage (Gartenfassade 167 m; T 92 m; gelber Sandstein) mit Ehrenhof und 4 Innenhöfen; Überarbeitung des Neumann-Plans von J. M. v. Welsch.
1724 Beim Tod des Bauherren steht der N-Flügel (ein Fünftel des Gesamtbaus), den der Nachfolger ausstatten lässt.
1729–44 Unter Fürstbischof Friedrich Carl von Schönborn Weiterbau (mit wachsender Beteiligung Hildebrandts): 1732–43 Hofkirche, seit 1737 entsteht das Herzstück, der Mittelpavillon mit dem gewaltigen Treppenhaus (H 23,4 m; dreiläufige Treppe, s. Abb.); ~300 Zimmer. Von epochaler Bedeutung ist das spätbarocke, auf Kontrasten basierende Raumkonzept im und um das Schloss (Wechsel der Raumsituation: eng/weit, innen/außen, hell/dunkel).
1750–53 Ausmalung des Schlosses u. a. von G. B. Tiepolo; Hauptwerk: das größte je gemalte Fresko im Treppenhaus (*Apollo und die Kontinente*, 1752/53; 30 × 18 m).
1764–76 letzte (klassizistische) Treppenhaus-Ausstattung.
1821 Abriss des schmiedeeisernen Ehrenhofgitters.
1945 weitgehende Zerstörung und seit 1987 Wiederaufbau.
1981 Aufnahme in die Liste des UNESCO-Weltkulturerbes.

Bernando Belletto, gen. Canaletto: Der Neumarkt mit der Frauenkirche (Detail), um 1750 (Staatliche Kunstsammlungen Dresden, Gemäldegalerie Alte Meister)

Frauenkirche, Dresden

Der Zimmermannsgeselle *Georg[e] Bähr* (1666–1738) stieg 1705 zum obersten Zimmermann und bald zum führenden Barockbaumeister Dresdens auf. Bähr interessierte sich auch für Mechanik. WB: Hôtel de Saxe, Dresden (1712–15; zerstört); Kirche in Forchheim bei Lengefeld/Erzgebirge (1719–26); Schloss Seußlitz mit Kirche (~1722–26).

1702–25 erste Pläne Bährs für eine Kirche anstelle des got. Vorgängerbaus (Grundriss folgt einem griech. Kreuz; halbkreisförmiger Chor) und Gegenentwurf von J. Chr. Knöffel (quadr. Grundriss; betonte Zweiturmfassade).
1726 Bähr kombiniert beide Pläne und erbaut Deutschlands größte protestantische Kirche (für rund 5000 Besucher; Seiten-L 40,5 m): quadr. Bau mit 4 schräggestellten Ecktürmen und Treppenanlagen in den Diagonalachsen (ohne Knöffels Hauptfassade); zentraler Liturgieraum mit 8 kreisförmig angeordneten, durch Rundbogen verbundenen Pfeilern, die die 3-schalige Kuppel (Innen-Dm. 23,5 m) tragen. 5 zwischen den Pfeilern gespannte Emporen vermitteln den Eindruck eines Theaters, verstärkt durch Sängertribünen über dem Altar (wachsende Bedeutung protestantischer Kirchenmusik). Vorbilder des Zentralbaus: Dorfkirche Carlsfeld (J. G. Roth, 1684–88), Wallfahrtskirche Maria-Hilf, Freystadt (G. A. Viscardi, 1700–10).
1729–36 Steinkuppel anstatt der urspr. geplanten Holzkuppel (erstmals auch unverkleidet als solche erkennbar).
1732–36 Orgelprospekt von G. Silbermann (frz. Einfluss).
1734 Weihe mit selbstbewusst antikath. Eröffnungspredigt.
1738–43 J. G. Schmidt übernimmt die Vollendung des Baus, v. a. der Kuppel mit steinerner Laterne. Gesamt-H 95 m.
1938–43 Restaurierung mit Sicherung der Statik (G. Rüth).
1945 Einsturz nach dem Bombenhagel vom 13./14. Februar.
1993–2006 Wiederaufbau, unterstützt durch ein medienwirksames virtuelles Computermodell (1994).

Benediktinerabteikirche, Ottobeuren

Nach dem Maurermeister *Simpert Kramer von Edelstetten* (1675–1753) und dem bald verstorbenen Hofarchitekten *Joseph Effner* (1687–1745) prägte der Münchner Stadtbaumeister *Johann Michael Fischer* (1692–1766) in Ottobeuren eines der größten (und letzten) süddt. Barockprojekte. Bei einigen seiner 22 Klöster und 32 Kirchen griff er auf bestehende Entwürfe zurück. WB (Fischer): Klosterkirchen Zwiefalten (1741–65), Rott/Inn (1759–62), Altomünster (1763–73).

1711–31 Klosterneubau (»schwäbisches Escorial«; seit 764 Abtei; 3 belegte Kirchenbauten zwischen 11. und 16. Jh.): F. Beer, J. J. Herkommer, Chr. Vogt, S. Kramer, A. Maini.
1712–36 Verworfene Vorschläge für die Abteikirche stammen von A. Maini, Ch. Vogt, D. Zimmermann u. a. m.
1737–40 Grundsteinlegung des kreuzförmigen Rokokobaus. S. Kramer variiert die Pläne von Vogt in Anlehnung an Weingarten und bestimmt die Abmessungen, das rundgeschlossene Querschiff, das Fassadenfundament im N.
1744 J. Effner vereinfacht den Grundriss unter frz. Einfluss (klare Linien, strenge Geometrie; gerader Chorschluss).
1748–58 Mit dem Abbruch der alten Klosterkirche übernimmt J. M. Fischer den Neubau, führt außen die klaren Formen weiter, belebt jedoch den Innenraum (L 88 m; L Querschiff 60 m), der von der mächtigen Vierung mit hoher Kuppel (H 35 m) aus wie ein Zentralbau wirkt. 7 Gewölbe durch Gurtbogen getrennt. Doppelturmfassade.
1757 ff. teilvergoldeter Rocaillestuck von J. M. Feuchtmayr.
1760 außen stehende Türme (quadr. Grundriss; H 82 m) – seitl. der gewölbten Giebelfront – mit Hauben bekrönt.
1766 Weihe anlässlich der (verschobenen) Jahrtausendfeier.
1802 Die Abtei wird nach der Frz. Revolution säkularisiert.
1834 Neubelebung als Priorat; Abtei erst wieder ab 1918.
1960–64 Außen- und Innenrenovierung der Kirche.
1999–2001 Restaurierung (Apsis, Kuppel, Marienorgel).

WALLFAHRTSKIRCHE VIERZEHNHEILIGEN

Der Böhme *Johann Balthasar Neumann* (1687–1753), durch den Bau der Würzburger Residenz berühmt geworden, empfahl sich als genialer Schloss- und Kirchenarchitekt mit vollendeter Raumempfindung. Ingenieurhauptmann und Baudirektor in Würzburg und Bamberg. Daneben entstanden Brücken, Fabriken, Festungen, Straßenviertel. WB: Schloss Bruchsal, Treppenhaus (1731–32); Abteikirche Neresheim (1745–92); Wallfahrtskirche Maria Limbach (1751–55).

1466 Name »Vierzehnheiligen« (nach den 14 Nothelfern) für eine Kapelle (geweiht 1448); Nachfolgebau 1525–43.
1738–42 Neubau-Entwürfe von G. H. Krohne und J. M. Küchel abgelehnt; Neumanns Projekt 1742 angenommen.
1743 Grundsteinlegung der kreuzförmigen Säulenbasilika mit konkav-konvex bewegter Doppelturmfassade aus ockerfarbenem Sandstein (L 65 m). Die drastische Verschiebung der Grundmauern (nach O) durch Bauleiter Krohne unterbricht den Weiterbau: Neumann erarbeitet einen neuen, sensationell kurvenreichen Plan ohne gerade Wandfläche und klar umgrenzte Vierung; 3 unterschiedlich große Längsrotunden und 14 Dreiviertelsäulen sowie (im Querhaus) 2 Kreisrotunden. Zentral im größten, raumbestimmenden Oval steht der Wallfahrtsaltar.
1751 Rohbau (2 Hochgeschosse, doppelte Fensterreihen).
1758 Türme (Rahmenpfeiler, in Freigeschosse übergehend).
1761–63 Gewölbe (Bauleitung: Maurermeister Th. Nißler).
1764–71 helles Stuckdekor und dunkle Altäre von J. M. Feuchtmayr; Deckenfresken, Altarbilder von G. Appiani.
1772 Weihe. Letzte Ausstattungsarbeiten bis 1775.
1846–72 nach Blitzschlag (1835: Turmhelme und Teile des Dachs zerstört) verfälschende Umgestaltung im Inneren.
1893–1918 Restaurierung; Rekonstruktion der Turmhelme.
1957–59 Restaurierung des Kircheninneren.
1982–90 (weitgehende) Wiederherstellung des urspr. Baus.

Wieskirche bei Kloster Steingaden

Der gelernte Stukkateur *Dominikus Zimmermann* (1685–1766) aus Wessobrunn entwickelte sich zu einem der bedeutendsten Rokoko-Architekten. 1749 Bürgermeister in Landsberg, wo er seit 1716 als selbständiger Baumeister lebte. Zusammenarbeit mit seinem Bruder, dem Maler J. B. Zimmermann. Wohnte zuletzt neben der ›Wies‹. WB: Dominikanerkloster, Schwäbisch Gmünd (1724–38); Wallfahrtskirche zu Steinhausen (1727–33); Frauenkirche, Günzburg (1736–41).

1739 Eine Wallfahrtskapelle ehrt die Prozessionsfigur des Gegeißelten Christus, die im Vorjahr geweint haben soll.
1744 Kloster Steingaden beauftragt Zimmermann zu einem Kirchenneubau (erste Pläne 1743; mehrmals geändert).
1746 offizielle Grundsteinlegung (Baubeginn bereits 1745) für die ›Wallfahrtskirche zum Gegeißelten Heiland‹. Bau des kleinen, 3-gesch. Pfarrhauses mit Chor, Mansarddach, 2-gesch. Turm. Das äußere Erscheinungsbild ist schlicht.
1750–54 Bau des prachtvollen Kirchenschiffes (Gemeindesaal) unter hohem Mansarddach als lockeres Freistützenoval (8 Freipfeilerpaare) mit Umgang, dem sich der nur scheinbar kurze, helle Chor unterordnet. Das Holzlattengerüst der flachen Kuppel ist unter dem Dachstuhl aufgehängt. Architektur, Malerei, Plastik und Stuckatur bilden eine programmatische Einheit: Durchbrüche im Gewölbe erzeugen eine lichte Wirkung, unterstützt von der fast impressionistischen Farbigkeit J. B. Zimmermanns (teilweise mit Schwämmen aufgetragen). Der rosarote Leitton (›Blut Christi‹) kontrastiert mit den Blautönen (›Himmel‹) der Säulen im Chorumgang und im Deckenfresko (Gnadenthema). Weißgefasste Holzskulpturen: A. Sturm.
1754 Kirchweihe (Orgeleinbau erst 1757; letzte Ausstattungsarbeiten bis 1765). Gesamt-L der Kirche: ~60 m.
1803 infolge der Säkularisation als Magazin verunstaltet.
1986–92 Restaurierung des Weltkulturerbes (ernannt 1983).

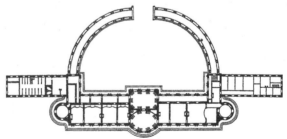

Gartenfassade

Schloss Sanssouci, Potsdam

Der Soldat, Maler und Kavaliersarchitekt *Georg Wenzeslaus von Knobelsdorff* (1699–1753) führte mit seinem Werkstatt-Team bis zum (vorläufigen) Zerwürfnis 1746 die Pläne des Jugendfreundes, *Friedrich II., des Großen* (1712–86), aus. Sie prägten die Sonderform des palladianisch und spätbarock gefärbten ›Friderizianischen Rokoko‹. WB: Opernhaus, Berlin (1741–43); Stadtschloss, Potsdam (Umbau 1744–51).

1744 Gesamtkonzept des ›Maison de Plaisance‹, dem Hauptwerk des Friderizianischen Rokoko, über terassiertem Weinberg mit Freitreppe, nach Skizzen des Königs.
1744–1916 Erweiterung des Parks (P. J. Lenné u. a.; 500 ha).
1745–48 Bau der eingesch. Dreiflügelanlage mit vorgelagertem Vestibül nach frz. Vorbild (Palais Bourbon), gegen den Willen von Knobelsdorff ohne Sockelgeschoss – und damit vom Park aus nur angeschnitten sichtbar. Empfangsseite: strenge, klassisch-antike Pilastergliederung der Fassade, Ehrenhof umgeben von halbrunder Säulenkolonnade mit 48 korinthischen Doppelsäulen (als bogenförmige Wandelhalle); Gartenseite: lockere Rokokofassade mit 18 Karyatidenpaaren sowie 74 Attika-Vasen; flache Kuppel über ovalem Mittelbau (Marmorsaal). Mitarbeit: F. W. Diterichs, J. Boumann. Ausstattung: J. A. Nahl u. a.
1747 eingesch. Orangerie mit betontem Mitteltrakt im W (1771–74 zum Gästehaus umgebaut, »Neue Kammern«).
1755–63 Große Bildergalerie im O (J. G. Büring) als ältester Museumsbau in Deutschland; Pendantbau zur Orangerie.
1763–69 Neues Palais (Plan 1750; Ausführung: J. G. Büring).
1786 klassizistischer Umbau König Friedrich Wilhelms II.
1826–35 Charlottenhof, Römische Bäder (K. F. Schinkel).
1841–43 Dampfmaschinenhaus in Gestalt einer Moschee (L. Persius) für die Wasserspiele Friedrich Wilhelms IV.
1979–83 Rekonstruktion des Weinbergs: Zustand von 1744.
1990 Aufnahme in die Liste des UNESCO-Weltkulturerbes.

Schloss Wörlitz bei Dessau

Der Architekt, Kunsttheoretiker und -sammler *Friedrich Wilhelm Frh. von Erdmannsdorff* (1736–1800) beeinflusste den deutschen Frühklassizismus, geprägt von Reisen nach Italien und nach England, wo er den Neupalladianismus kennenlernte. Bekanntschaft mit J. J. Winckelmann, A. R. Mengs, G. B. Piranesi u. a.; Förderung durch den Dessauer Fürsten Leopold III. Friedrich Franz. WB: Schlosstheater, Dessau (1777); 7 »Königskammern«, Berliner Schloss (1786–88).

1765–1808 erster öffentlich zugänglicher ›Englischer Garten‹ (112 ha) in Deutschland als Erweiterung eines 1764 überschwemmten barocken Parks (1698). Neben dem planenden Erdmannsdorff arbeiten hier die Gärtner J. F. Eyserbeck, J. Neumark, J. G. und J. L. Schoch nach engl. Vorbildern (z. B. dem Gemälden von C. Lorrain nachempfundenen Landschaftsgarten in Stourhead, 1718–85).

1769–73 Mit dem ersten neupalladianischen Villenschloss außerhalb Englands (Vorbild: Claremont House, Surrey, 1763–64; H. Holland) vollzieht der Architekt die Wende vom Spätbarock zum Klassizismus. Der 2-gesch. verputzte Backsteinbau (27 × 18 m) mit korinthischem Säulenportikus und Freitreppe umschließt einen Innenhof. Von Erdmannsdorff stammen auch Teile der Inneneinrichtung und die palladianischen Kultanlagen (Rousseau-Insel u. a.).

1773–1813 mehrfach erweitertes »Gotisches Haus« von Erdmannsdorff und G. Ch. Hesekiel; Gärtnerhaus, fürstliches Museum und schließlich Wohnung. Die Fassaden des für Deutschland frühen neugot. Baus imitieren venezianische Spät- (Sta. Maria dell' Orto) und norddt. Backsteingotik.

1791 im Park erste Eisenbrücke außerhalb Englands als kleine Kopie der Severn-Bridge bei Coalbrookdale (1770–80).

~1860 Der bislang offene Lichthof erhält ein Glasdach.

1926 Das Schloss im Landhausstil wird Museum.

2000 Das Gartenreich Dessau-Wörlitz wird Weltkulturerbe.

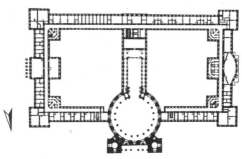

KUPPELKIRCHE ST. BLASIUS, ST. BLASIEN

Herzog Carl Eugen holte den frz. Schreiner-Sohn Pierre Michel (1723–95) 1763 als Mitarbeiter von G. N. Servandoni nach Stuttgart; er nannte sich seitdem *Pierre Michel d'Ixnard* und begründete in Deutschland den Klassizismus in Anlehnung an die Revolutionsarchitektur mit. 1777–79 kurtrierischer Baudirektor. Lebte in Straßburg. WB: Schlossneubau, Koblenz (1777–86); St. Jakob, Hechingen (1779–83).

1768 Das bestehende Benediktinerkloster (erbaut 1728–42; J. M. Beer von Bleichten) brennt nieder; d'Ixnard und F. J. Salzmann werden für den Wiederaufbau verpflichtet.

1769–71 D'Ixnard plant die Abteikirche mit basilikalem Langchor inmitten der Gesamtanlage mit 2 quadr. Höfen.

1772–83 Angeregt vom röm. Pantheon und Ste-Geneviève in Paris entsteht die übergroße Kuppelkirche als letzter Monumentalbau eines Ordens. Der Außenbau besteht aus einer Vorhalle hinter einem Säulenportikus mit 6 dor. Säulen und 2 niedrigen, massigen Flankentürmen; dominiert wird der Bau von der Tambourkuppel (mit 20 farbig kassettierten Rippen; Dm. 33,5 m, H Kreuzspitze 62 m). Rotunde mit 20 Säulen und pilastergegliedertem Umgang (Dm. 43 m). 1772–75 Silbermann-Orgel (1808 entfernt).

1774 Nach der Entlassung der Architekten übernimmt N. de Pigage 1776 die Bauberatung; er verbessert die hölzerne Kuppelkonstruktion und veranlasst die Kupferbedeckung.

1779–80 barocke Ausmalung (Ch. Wenzinger); Stuckatur.

1807–19 Säkularisation: das Inventar wird verschenkt oder verkauft. F. Weinbrenner verhindert den Kirchen-Abriss.

1878–80 Einsturz der Kuppel und Neubau mit Kupferdach.

1910–13 Die Rotunde wird mit einer inneren Stahlbetonkuppel wiederhergestellt; Neubemalung von W. Georgi.

1933 Jesuitenkolleg, von den Nazis kurz darauf geschlossen.

1946 Einrichtung eines humanist. Gymnasiums im Kloster.

1977–83 nach Brand Restaurierung (neue Marmorierung).

Saline Royale de Chaux, Arc-et-Senans

Claude-Nicolas Ledoux (1736–1806) begann als Louis-XVI-Architekt, beeinflusst von J.-A. Gabriel, und entwickelte sich zum Frühklassizisten und neben E.-L. Boullée zum Hauptvertreter der – meist in bloßen Entwürfen steckengebliebenen – Revolutionsarchitektur. Seine Stellung als Hofarchitekt brachte ihn nach 1789 allerdings um Aufträge und ins Gefängnis. WB: Hôtel de Montmorency, Paris (1770–72); Theater, Besançon (1775–84); ~50 Zollhäuser, Paris (1785–89).

1773/74 erste Pläne für die Saline – das kaum bezahlbare Salz lässt die Produktionsstätten im 18. Jh. zu festungsähnlichen Komplexen werden – in Chaux. Seit 1771 ist Ledoux auch Inspekteur der Salinen von Franche-Comté.

1775–79 Hinter dem Portikus mit 6 dorischen Säulen öffnet sich halbkreisförmig die Salinenanlage, in deren Mitte das quadr. Direktorengebäude (Abb. oben) mit einer angebauten Kapelle (im Treppenhaus) steht, flankiert von 2 Salzlagern. Dieses Kerngebäude ist symmetr. angelegt; vorgebaut sind 6 markante Kolonnaden – jede mit wechselnd runden und quadr. Säulentrommeln – unter einem klassisch-griech. Giebel. Die vergleichsweise massigen Sandsteingebäude zur Salzherstellung tragen Mansarddächer mit je einem einfachen Säulenportikus. Seitlich vom Eingangstor formieren sich im Halbkreis die Arbeiterhäuser, alle mit 2 Flügelbauten (beim Tor Wache und Gefängnis). Die Fassaden sind aufgelockert durch insgesamt 44 reliefierte Urnenmotive, aus denen Wasser (aus Stein) ›fließt‹.

1779 Finanzschwierigkeiten lassen das Werk unvollendet.

1804 In seinem theoretischen Werk zur Architektur entwirft Ledoux die Idealstadt Chaux (Abb. unten; Detail) und deutet das Industriemonument sozial-revolutionär um.

1895 mit dem Ende des Salzabbaus Schließung der Saline.

1927 Kauf durch das Département du Doubs; Restaurierung.

1982 Ernennung der Saline zum UNESCO-Weltkulturerbe.

Arc de Triomphe de l'Étoile, Paris

Jean-François Chalgrin (1739–1811), Schüler G. N. Servandonis und E.-L. Boullées, Hofarchitekt und Freimaurer, gestaltete als Inspektor der Bauarbeiten das klassizistische Stadtbild von Paris nach 1770 mit. Er starb verarmt. WB: St-Philippe-du-Roule (1772–84); Palais Luxembourg, Umbau (1795–1804); Théâtre de l'Odéon (1807–22), alle Paris.

1806–14 Im Auftrag Napoleons I. entsteht am Ende der Champs-Élysées in einer 1. Bauphase der kolossale Triumphbogen zu Ehren der frz. Armee. Der betont karge Bogen soll seine röm. Vorbilder (Titusbogen) an Größe und Form (Tetrapylon: Durchgänge auf allen 4 Seiten) übertreffen. 1814 hat der Bau eine H von nur 5,4 m.

1823–36 Das Bauwerk wird nach Chalgrins Entwurf (H 50 m, B 45 m, T 22 m) fertiggestellt durch L. Goust, J.-N. Huyot und G.-A. Blouet, jedoch zeitweilig unter anderen politischen Vorzeichen (zur Ehrung der Bourbonen).

~1833 An den 2 Hauptseiten werden 4 Reliefs von F. Rude (*Aufbruch der Freiwilligen von 1792*, bekannt als »La Marseillaise«), J.-P. Corot und A. Etex angebracht. Weitere (z. T. überlebensgroße) Reliefs mit historischen Szenen (Zone der Bogenwölbung, Fries) von Rude u. a. Pläne für einen Figuren-Aufsatz (Quadriga o. ä.) werden verworfen.

1833 Gestaltung des seit dem 18. Jh. bestehenden sternförmigen Place de l'Étoile (Leitung: J.-I. Hittorf; heutiges Aussehen geht auf G.-E. Haussmann zurück, um 1850); bis 1860 verläuft hier die Pariser Stadtgrenze im W.

1840 Der 6-schalige Sarg mit dem rückgeführten Leichnam Napoleons passiert auf pompösem Totenwagen das Tor.

1944 General Ch. de Gaulle unterstreicht die Befreiung von den Nazis mit einem Marsch durch den Triumphbogen.

1984–89 Modernes Echo: ›La Grande Arche‹ von La Défense (H 110 m, B 106 m; J. O. van Spreckelsen, P. Andreu).

1988–90 Restaurierung (M. Marot).

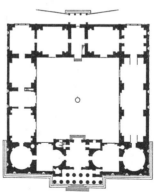

Glyptothek, München

Leo von Klenze (1784–1864) wechselte in Berlin vom Jurastudium zur Architektur als Schüler F. Gillys und Freund K. F. Schinkels. Seit 1816 war er Privatarchitekt Ludwigs I.; wachsende Rivalität zu F. von Gärtner (mit ihm prägte er das neue München im frühen 19. Jh.). Bauten im Stil des Klassizismus und der Neurenaissance. Stadtplaner in Athen. WB: Alte Pinakothek, München (1826–36); Walhalla bei Regensburg (1830–42); Eremitage, St. Petersburg (1839–52).

1814–15 Im Wettbewerb mit K. Haller von Hallerstein, K. von Fischer u. a. gewinnt Klenze mit seinem 2. Entwurf.
1816–30 Bau der eingesch., flachgelagerten Vierflügelanlage um einen quadr. Innenhof – Hauptwerk des dt. Klassizismus (mit dem Berliner Alten Museum Prototyp des Museumsbaus). Strenger ionischer Säulenportikus mit Giebelplastik; nach Größe und Details eher röm. als griech. Vorbildern verpflichtet. Das prächtig entfaltete Innendekor gipfelt in Fresken von P. Cornelius (O-Flügel). Die von König Ludwig begründete Antikensammlung enthält die 1812 erworbene Giebelskulptur des Aphaia-Tempels, Ägina (verfälschend rekonstruiert von B. Thorvaldsen).
1838–48 G. F. Ziebland erbaut gegenüber der Glyptothek deren Gegenstück als Ausstellungsgebäude (1919 »Neue Staatsgalerie«; seit 1967 Staatliche Antikensammlung).
1846–62 Klenzes quasigriech. (dorische) Toranlage mit ägyptisierenden Pylonen, die Propyläen nach Athener Vorbild (geplant seit 1817), schließen den Königsplatz nach W ab. Die Nischenplastik entsteht (J. Leeb, E. v. Bandel).
1863–65 Assyrischer Annex im Innenhof (G. v. Dollmann).
1933–35 Hitler lässt den Platz für Aufmärsche pflastern.
1944 Zerstörung der Bauten (auch aller Cornelius-Fresken).
1967–72 Wiederaufbau (J. Wiedemann). Innenhofwände erhalten Fenster (für natürliches Licht); Abriss des Annexes.
1987 Die Granitpflasterung weicht einer neuen Platzgestalt.

Königlicher Pavillon, Brighton

Unter König Georges IV. (reg. 1820–30) konnte dessen Hofarchitekt *John Nash* (1752–1835) seine phantasievollen modisch-historistischen – antik, klassizist., got., fernöstl. u. a. inspirierten – Bauten errichten. Architektonisch weniger spektakulär als seine Zeitgenossen R. Adam, J. Soane oder H. Walpole, ist Nash interessant und bekannt wegen seiner malerischen Formen. Hauptvertreter des auf Asymmetrie angelegten Pittoresken Stils, aber auch bedeutender Stadtplaner. WB: Regent's Park / Regent Street (1811–26); Königl. Oper und Theater am Haymarket (1816–21); Buckingham Palace, Neubau (1825–30); Marble Arch (1828), alle London.

1815–22 Komplettausbau eines bestehenden kleinen Pavillons in Brighton, seit 1782 Wohnsitz von George IV., damals noch Prince of Wales, 1784–87 im palladianischen Stil renoviert (H. Holland) und 1804–08 erweitert (W. Porden). Die neue Stilmischung (›Indian Revival‹) ist exotisch: Der märchenhaft anmutende Palast mit Stuckfassaden zeigt meist funktionslose indische (Zwiebelkuppeln, Zeltdächer), islam. (Minarette, Gitterbalkone) und got. (Treppenturm, Fialen) Elemente; die ~25 Haupträume haben eine verschwenderische chin. Ausstattung. Der Banqueting Room mit eisengestützter Palmendecke und orientalischem Zeltdach löst eine regelrechte Mode aus. Im vergoldeten Musikzimmer mit lotusblütenförmigen Gasleuchtern steht die damals lauteste Orgel des Landes. Der scheinbar historische Bau basiert auf einer Gusseisenkonstruktion, hier erstmals für ein Wohngebäude genutzt – darin zeigt sich Nash als Vorreiter der künstlerischen Verwendung des als unästhetisch geltenden Materials.
~1830 Anbauten (N-Tor u.a.) von J. Good.
1850 ff. Königin Victoria verkauft den Pavillon an die Stadt.
1939–45 während des Weltkriegs Lazarett für ind. Soldaten.
1982 Restaurierung.

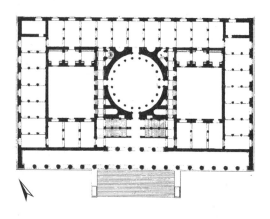

ALTES MUSEUM BERLIN

Karl Friedrich Schinkel (1781–1841) war der bedeutendste dt. Architekt seiner Zeit, zudem auch Bühnenbildner, Denkmalpfleger (s. Kölner Dom, Marienburg), ›Designer‹, Maler, Stadtplaner, Theoretiker. In seinen Bauten vereint der Gilly-Schüler antikisierende (›Greek Revival‹), klassizist., neugot. und romant. Elemente. WB: Neue Wache, Berlin (1816–18); Schauspielhaus (1818–21); Friedrich-Werdersche Kirche (1824–30), alle Berlin; Leuchtturm Kap Arkona (1825–27).

1797–1800 Museumspläne von A. Hirt und Schinkel (1800).
1822 gültiger Entwurf Schinkels für das »Königliche Museum« (1826 modifiziert) im Wettstreit mit L. v. Klenzes Glyptothek; Platzensemble mit Schloss, Dom, Zeughaus.
1824–29 Um eine zentrale Rotunde (vgl. Pantheon, Rom) entsteht das 4-flügelige, 2-gesch. Hauptwerk des Klassizismus mit 2 Binnenhöfen und einer mit offener ionischer Säulenreihe betonten Fassade (86 × 54 m, H 20 m; 18 Säulen; vgl. Stoa). Der Bau ermöglicht ein ›Hinaufsteigen‹ über Freitreppe, Vorhalle, doppelläufige Haupttreppe ins Museum. Den unter einem blockhaften Mitteltrakt (H 26 m) verborgenen Kuppelsaal umgeben antike Skulpturen und 20 korinthische Säulen; darüber umlaufende Galerie.
1827–30 runde polierte Granitschale vor dem Haus (G. Ch. Cantian; Dm. ~7 m; 75 t); 1935–80 in Dom-Nähe versetzt.
1828–61 Äußerer Skulpturenschmuck (nach Schinkels Programm): A. Kiss, Ch. F. Tieck, L. Wichmann, A. Wolff.
1830 Eröffnung des Museums; 1831 Kupferstichkabinett.
1841–48 Idee der ›Museumsinsel‹; Bau des Neuen Museums (F. A. Stüler). Fresko an der Vorhallenrückwand des »Alten« Museums (C. A. Hermann) nach Schinkels Entwurf.
1868–84 Umbau im OG (A. Tiede); Einsatz von Oberlicht.
1953–66 Der 1945 ausgebrannte Bau wird wiederaufgebaut.
1979–98 Neugestaltung (G. Caruso, A. Torricella).
1999 Die Museumsinsel wird UNESCO-Weltkulturerbe.

Ludwigskirche, München

Der Architektensohn *Friedrich* (seit 1840) *von Gärtner* (1791–1847) begann seine Karriere nach Studienreisen durch Europa, nachdem er 1829 vor dem Hauptkonkurrenten L. von Klenze die Gunst Ludwigs I. gewann. 1835–36 Bauten in Athen. Seit 1836 Generalinspekteur der historischen Bau- und Kunstdenkmale Bayerns; 1841–47 Direktor der Münchner Kunstakademie. Gefragter Restaurator in Bamberg, Regensburg und Speyer. WB: Staatsbibliothek (1832–43); Universität (1835–40); Feldherrnhalle (1840–44), alle München.

1816–50 Ludwig I. (reg. 1825–48) lässt die monumentale Ludwigstraße errichten; verantwortlich sind L. von Klenze, der den 1. Entwurf für die Ludwigskirche (ein Turm an der O-Seite; niedere Seitenschiffe) zeichnet, später F. von Gärtner. Ludwig nimmt als Kronprinz und nach der Abdankung als König regen Einfluss auf die Gestaltung.

1828–44 Auf Veranlassung Ludwigs entsteht die neoroman., 3-schiff. Basilika, ein nach dem hl. Ludwig (nicht dem König) benannter, unplastisch wirkender Ziegelbau. Ausgehend vom Klenze-Entwurf, plant Gärtner zunächst eine Anlage mit östl. Einzelturm, entwickelt dann den Bau mit 2 Türmen im W. Die kalksteinverblendete, vertikal gegliederte Zweiturmfassade mit Freitreppe und Vorhalle hinter 3 Arkadenbögen wird flankiert von 3-gesch., kubischen Wohngebäuden (links: Pfarrhaus, rechts: Gärtners Wohnhaus) neben 5-bogigen Arkadengalerien. Der tonnengewölbte Innenraum hat einen geraden Chorabschluss. Barockelemente sind zurückhaltend integriert: Turmstellung, Kapellen; damit reagiert der Bau auf die nahe gelegene Theatinerkirche (A. Barelli, E. Zuccalli; 1663–1768).

1835–40 Fresken des Nazareners P. Cornelius und seiner Schule in Chor und Querschiff, u. a. *Das jüngste Gericht*, eines der größten Wandfresken überhaupt (18,3 × 11,3 m).

1954 Wiederaufbau (E. Schleich) nach Kriegszerstörung.

CLIFTON-HÄNGEBRÜCKE, BRISTOL

Der engl. Ingenieur *Isambard Kingdom Brunel* (1806–59), Sohn des frz. Eisenbahnbauers M. I. Brunel, entwarf Brücken, Tunnels sowie Schiffe wie die »Great Western« (1838), die den Weg von Bristol nach New York in Rekordzeit (15 Tage) zurücklegte, oder die »Great Britain« (1843–45), erstes transatlantisches Schraubendampfschiff mit Eisenrumpf. WB: Themse-Tunnel Wapping – Rotherhithe (mit M. I. Brunel; 1824–43); Royal Albert Bridge, Saltash (1857–59).

1829–36 Brunel setzt sich nach 2 Wettbewerben mit seinem Brückenprojekt durch; sein Hauptkonkurrent ist das einflussreiche Jurymitglied Th. Telford, dessen eigener Plan einer Kettenbrücke mit neugot. Pylonen von der Öffentlichkeit gestürzt wird. Brunels (nicht angenommenes) Ursprungsprojekt sieht eine Spannweite von 270 m vor.

1833–41 Brunel verantwortet als Chefingenieur der ›Great Western Railway‹ den Bau der Strecke London – Bristol.

1836–64 Über den Avon entsteht in klaren Formen die Hängebrücke (L 400 m; H 75 m); Bauunterbrechung von den 40er Jahren bis 1860 – ein System von 3fach übereinandergelegten Flachketten, Hängestäben und Längsträgern hält die Holzfahrbahn bis heute fast schwingungsfrei. Spannweite zwischen den 2 ägypt. stilisierten Pylonen (H 26 m): 214 m. Die Eisenketten entstammen Brunels 1860 abgerissener Londoner Hungersford-Brücke. Ausführender Mitarbeiter: W. Barlow. Die Clifton Bridge bildet einen Höhepunkt in der Tradition der Kettenhängebrücke, die sich neben den Gusseisenbauten (z. B. die Severn-Brücke, Coalbrookdale, 1770–80) entwickelt: ein Prototyp führt über den Tweed (S. Brown, 1820; L 137 m); die eleganteste Brücke ist die Golden Gate Bridge in San Francisco (J. Strauß, 1937; L 1280 m; Pylon-H 227,4 m), die längste ist die japan. Akashi-Kaikyo-Brücke (1988–98, 1991 m).

2002–03 Sicherung der Sandsteinpfeiler, neue Beleuchtung.

Parlamentsgebäude, London

Der neoklassizist. Architekt und Landschaftsgestalter *Sir Charles Barry* (1795–1860) wechselte ~1834 unter dem Einfluss seines engen Mitarbeiters *Augustus Welby Northmore Pugin* (1812–52) zum ›Gothic Revival‹. WB (Barry): Travellers' Club, London (1829–31); Rathaus, Halifax (1859–62).

1835–36 Barry siegt im Wettbewerb (mit 97 Teilnehmern) für ein neues Parlamentsgebäude im elisabethanischen, renaissancehaft gefärbten got. Stil (die marode Stadtresidenz, seit 1547 Sitz des Parlaments, brennt 1834 nieder).

1839–1860 Entstehung des neugot. Baus (»New Palace of Westminster«) mit einem mittigen Haupt- und mehreren Nebentürmen. Der um eine zentrale Halle und 12 Innenhöfe gebaute gigantische Komplex (~1100 Räume) täuscht bewusst über das asymmetr. Innere hinweg. Schauseite ist die Themsefassade (L ~250 m) zwischen je 2 quadr. Ecktürmen. Einbeziehung verschiedener historischer, von Barry restaurierter Gebäude (Westminster Hall, größte got. Halle, 1087–97, Krypta, 13. Jh.; St. Stephen's Chapel). Innenausstattung (samt Schreibtischutensilien) und vielfältige gotisierende Dekorationselemente am Außenbau (Perpenticular Style) von Pugin. Einfluss auf europäische Rathäuser (München, 1867), Parlamente (Budapest, 1855).

1847 House of Lords (Oberhaus) mit Monarchenthron vor einer prunkvollen neugot. Baldachinwand von Pugin.

1852 nach Fertigstellung des House of Commons (Unterhaus; mit Speaker-Sitz in der Mitte) feierliche Eröffnung.

1858 Bau des quadr. Victoria Tower (H 102 m) im südl. Gebäudeflügel; gegenüber im nördl. Flügel steht der einem ital. Campanile nachempfundene »Big Ben« (H 97 m; benannt nach der 14 t schweren, 1859 gestifteten Glocke).

1868 Abschluss der Arbeiten durch Barrys Sohn Edward M.

1940 Zerstörung des Unterhauses; Renovierung: G. G. Scott.

1987 Ernennung zum Weltkulturerbe; Restaurierung.

KRISTALLPALAST, LONDON

Der gelernte Gärtner *Sir Joseph Paxton* (1801–65) profilierte sich als Gartenarchitekt, entwickelte Faltdachkonstruktionen für Gewächshäuser, Maschinen zur Fertigung der Teile und Bewässerungssysteme; baute 1855 eine glasüberdeckte Geschäftsstraße in London. Seiner Gusseisenarchitektur misstrauend, bemühte er sich auch um traditionelle Baumaterialien (Mauerwerk) und historische Bauformen für Landhäuser. WB: Gewächshäuser in Chatsworth (1836–49).

1850 Ein für die 1. Weltausstellung im Hyde Park (1851) gegründetes Komitee (u. a. mit Ch. Barry, I. K. Brunel) verwirft ~250 Baupläne, aus Termingründen auch den Eigenvorschlag eines Backstein-Kuppelbaus (Brunel).

1850–51 In einem halben Jahr errichtet Paxton nach seinem unaufgefordert eingereichten Plan die weltweit größte transparente Halle aus genormten Gusseisenstützen, -trägern und Glaspaneelen (L 563,3 m, B 124,4 m, H 22 m), eine epochale Leistung für die Präfabrikation (Raster der Teile von 7,32 m), auch für die später mögliche – und beabsichtigte –, kostengünstige Demontage. Ein Querschiff (H 33 m) erlaubt das Einstellen hoher Bäume. Verarbeitet werden 4500 t Gusseisen und Schweißstahl (für 3300 hohle Eisenpfeiler, 2150 Träger), 300 000 Glasscheiben (Dicke 1,5 mm; ~84 000 m^2), 170 000 m^3 Holz (für ~2200 Querbalken). Die Zeitschrift *Punch* erfindet den Namen »Kristallpalast«. Einfluss: Glaspalast, München (1854).

1852–54 Nach Ende der Weltausstellung im Herbst 1851 wird das Bauwerk gegen Paxtons Wunsch demontiert und um das anderthalbfache erweitert als Mehrzweckhalle in Sydenham bei London wiederaufgebaut (die Gelder sammelt Paxton): vergrößertes Querschiff; Konzerthalle; 2 Wassertürme von I. K. Brunel. Schausammlung mit Porträtgalerie, Kunstwerken, Botanik; Veranstaltungshalle.

1936 Der Kristallpalast wird bei einem Brand zerstört.

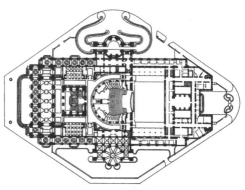

Grand' Opéra, Paris

Der Träger des begehrten frz. Rom-Preises von 1848, *Jean-Louis-Charles Garnier* (1825–98), verbrachte die Jahre zwischen 1848 und 1854 in Rom und Athen; führender Architekt des ›Zweiten Kaiserreiches‹. WB: Casino, Monte Carlo (1878–79); Observatorium, Nizza (mit G. Eiffel; 1879–88).

1860 Napoleon III. veranlasst die 1. Wettbewerbsrunde für einen Opernneubau (171 Teilnehmer; 5. Preis für Garnier).

1861 Wettbewerb der 5 Besten (Garnier siegt einstimmig).

1862–75 Bau der neobarocken Oper über verborgener Stahlkonstruktion. An der polychromen, 7-achsigen Fassade mit Eckrisaliten dominiert die Doppelsäulen-Kolonnade (korinthische Ordnung; vgl. Perraults O-Fassade des Louvre, Paris) über dem Sockelgeschoss; die Loggia korrespondiert mit den EG-Arkaden. Darüber geschlossenes, mit Masken und Festons dekoriertes Attikagesch. An beiden Seiten je ein Pavillon für gesonderte Zugänge. Über dem Baublock ragen der Tambour und die kupferbedeckte flache Eisenkuppel des hufeisenförmigen Zuschauerraumes vor dem noch höheren Dreiecksgiebel des Bühnenhauses (52 × 37 m; H 60 m) heraus. Eine Apollo-Statue (von A. Millet) krönt das Gebäude. Reicher Figurenschmuck (von J.-B. Carpeaux u. a.) mit Themen aus der Musik- und Theaterwelt lockert den Bau auf. Prunkvoll ausgestattetes Treppenhaus mit rötlichen Marmorsäule auf Höhe der äußeren Kolonnade; die Haupttreppe schwingt sich über eine Zwischenetage (dort 2 Karyatiden: ›Tragödie‹ und ›Komödie‹) zum OG mit ovalen Balkonen auf.

1878–81 Der Zusammenbruch des ›Second Empire‹ 1870 macht den Kaiser-Pavillon schon während der Bauarbeiten sinnlos: Umnutzung, Einrichtung als Museum und Bibliothek (Dokumentation der frz. Theatergeschichte).

1962–64 Ausmalung der Decke durch M. Chagall (220 m^2).

1994–2001 Restaurierung der Oper (bzw. »Palais Garnier«).

HOFTHEATER (SÄCHS. STAATSOPER), DRESDEN

Gottfried Semper (1803–79) schuf seine wichtigsten Bauten in Dresden, wo er seit 1834 Professor an der Akademie war. 1848 (Märzrevolution) Flucht nach Paris. Bedeutendster dt. Architekt um 1850. 1851–76 Aufenthalte in London, Wien, Zürich, Italien. Schriften: *Der Stil in den technischen und tektonischen Künsten* (1860–63) u. a. WB: Villa Rosa (1838–39); Synagoge (1839–40); Gemäldegalerie (1847–54), alle Dresden; ETH, Zürich (1858–63); Burgtheater, Wien (1874–88).

1835–46 vier Projekte für den städtebaulichen Abschluss; Vergrößerung des Zwingers (Forumplan mit Oper).
1837–41 Entstehung des epochalen 3-gesch. Theaterbaus im klaren, eleganten Neorenaissance-Stil (Abb. oben; erstmals Abkehr vom Klassizismus in Deutschland): 2 Hauptgesch., durch Bogen aufgebrochen (vgl. Kolosseum, Rom), mit Wandelgängen; OG mit Balustrade; halbkreisförmiger Zuschauerraum (1750 Plätze). Plastiken von E. Rietschel.
1843 Semper-Freund R. Wagner wird Kapellmeister (UA: *Rienzi, Der Fliegende Holländer, Tannhäuser* u.a.).
1869 Durch Leichtsinn brennt das Opernhaus nieder.
1870–78 modernisierter Sandstein-Neubau (Abb. unten; max. 2000 Plätze) mit neobarocken Anklängen nach geänderten Plänen Sempers, ausgeführt von seinem Sohn Manfred. 2 Arkadengesch. (EG: rustizierte Bogengalerie, 1. OG: Wandelhalle; korinthische Pilasterordnung) mit Exedramotiv und ausladend-repräsentativem Haupteingang (obenauf: Pantherquadriga von J. Schilling); zurückgesetztes 2. OG mit Dreieckgiebel über mächtigem Bühnenhaus (H 40,5 m; B 81 m). Verzicht auf Prunktreppenhaus, dafür 4 seitl. Haupt- und funktionalistische Verteilertreppen. Zentraler Kronleuchter aus poliertem Messing (1900 kg).
1937–39 Fundamente für eine rückwärtige Erweiterung.
1946–52 bauliche Sicherung nach schweren Kriegsschäden.
1977–85 Wiederaufbau; Erweiterung durch W. Hänsch.

SCHOKOLADENFABRIK MENIER, NOISIEL

Der Architekt und spätere Mitarbeiter G. Eiffels, *Jules Saulnier* (1817–81), blieb in der Baugeschichte weitgehend unbekannt. WB: Pharmacie centrale, Saint-Denis (1861).

1871–74 nach etwa zehnjähriger Planung Bau des Turbinengebäudes für die Firma Chocolat Menier in Noisiel-sur-Marne bei Paris, des ersten konsequenten und sichtbaren Eisenskelettbaus (ein Rahmengerüst aus Stahl trägt die Wände und ersetzt somit den Massivbau). Das Skelett auf 4 hohlen eisernen Kastenträgern ruht auf 4 gemauerten Pfeilern im Wasser (die Flussströmung treibt die Turbinen an). Die diagonalen Verstrebungen, die Saulnier aus dem spätmittelalterlichen Holzfachwerkbau in Frankreich abgeleitet hat, sind mit dekorativ-ornamentalen, vorfabrizierten und polychromen (emaillierten) Hohlziegeln aufgefüllt, die keine tragende Funktion mehr haben – man kann von einer vorgehängten Fassade sprechen, wie sie später für den Hochhausbau (»Curtain Wall«; am frühesten in Chicago) verwendet wird. 3 lange Fensterreihen erlauben die Nutzung von Tageslicht, das für die Produktion notwendig ist (in Ermangelung von brandsicherem und billigem elektrischem Licht). Die Paneele zeigen abwechselnd eine Kakao-Pflanze und das Menier-Monogramm, ansonsten bemüht sich Saulnier um einfache, klare Formen (zeituntypisch ist etwa die glatte Fassade).
1872 E.-E. Viollet-le-Duc rühmt die »beachtliche Konstruktion« in seinen *Entretiens sur l'architecture*. Die Stahlstreben dienen ihm als Beispiel für seine Herleitung der Ingenieurbaukunst aus der got. Skelettbauweise.
~1876–1908 Häuser, Schule und Krankenhaus für ~700 Familien; Erweiterungsbauten der Fabrik (S. Sauvestre u. a.).
1960 Schließung der Fabrik (die Firma geht 1988 an Nestlé).
1990–96 originalgetreue Restaurierung des Saulnier-Gebäudes (nun Firmenverwaltung); Kunst- und Kulturzentrum.

La Sagrada Familia, Barcelona

So bahnbrechend das Werk des Architekten und Kunsthandwerkers *Antoni Gaudí i Cornet* (1852–1926) bei der Überwindung des Historismus war, so singulär steht es als Inbegriff der Jugendstil-Architektur da, indem Gaudí die Baumassen als Ganzes durchdringt und modelliert. Der von dem Textilindustriellen E. Güell geförderte Architekt war auch als Restaurator tätig (Kathedrale, Palma de Mallorca). WB: Casa Vicens (1878–80); Palau Güell (1886–89); Parc Güell (1900–1914); Casa Milà (gen. »Steinbruch«; 1905–10), alle Barcelona.

1882 F. de Paula Villar beginnt mit dem Bau einer neugot. Votivkirche (L 130 m, B 87 m; »Kathedrale der Armen«). Gaudí arbeitet im gleichen Jahr mit Ll. Domènech i Montaner an einer Fassade für die alte Kathedrale (1298–1448), ideell beeinflusst von E.-E. Viollet-le-Duc.

1883 ff. Gaudí übernimmt Villars Bau mit geänderten Plänen (L ~95 m; Querschiff 60 m); er interpretiert got. Motive in einzigartiger organischer Sicht um (›Termitenhügel‹). Das bizarre Stützensystem folgt eher der neuromant. irrationalen Ruinenarchitektur als einer rationalen (neu-)got. Tektonik. Unter der phantasievollen Backstein-Ummantelung befindet sich ein Eisenbetonkern. ~13 000 Sitzplätze; Chorränge für 2200 Sänger; Platz für 5–6 Orgeln.

1884–91 Entstehung der Krypta (nach Entwürfen Villars).

1891 Querschifffassade mit dem überbordenden Formenreichtum der Güell-Bauten (das Querschiff erst ab 1903). Beginn der Keramikverkleidung am bestehenden Bau.

1899–1930 Hauptfassade. 4 Haupttürme (H 106 m) vertreten die Evangelisten, 12 Nebentürme (H 100 m) die Apostel.

1914 Gaudí widmet sich ausschließlich der Sagrada Familia.

1926 Gaudí findet seine letzte Ruhestätte in der Kathedrale.

1936 Im Span. Bürgerkrieg werden die Arbeiten eingestellt.

1954–~2020 Wiederaufnahme der Arbeiten (Ll. Bonet); unvollendet sind das Dach und 2 zentrale Türme (H 170 m).

Der Reichstag in einer zeitgenössischen Fotografie, um 1900

Reichstagsgebäude, Berlin

Studienreisen nach Italien 1867–68 und 1872 brachten *Paul Wallot* (1841–1912) zum Historismus in der Semper-Nachfolge; er zog 1883 nach Berlin. 1894–1911 Prof. in Dresden. WB: Wohnhäuser, Frankfurt (1868–82); Reichspräsidialgebäude, Berlin (1897–1904); Ständehaus, Dresden (1901–06).

1872 L. F. K. Bohnstedt gewinnt erste Wettbewerbsrunde.
1882 erneuter Wettbewerb: der geteilte 1. Preis geht an die Entwürfe von Wallot (zur Ausführung) und F. Thiersch.
1884–94 nach intriganten Querelen Realisierung des rechteckigen neorenaissancistischen Monumentalbaus, größter der Wilhelminischen Ära (132 × 88 m), mit 4 wuchtigen kastellartigen Ecktürmen neben 5-achsigen Flügelbauten (W-, O-Seite; Kolossalordnung), 2 Lichthöfen und zentralem Plenarsaal hinter der Eingangshalle. Rustiziertes Sockelgeschoss und 2 Hauptgeschosse. Wichtige Entwurfsänderungen: 1885–86 Fassade (grauer Granit, grauweißer Sandstein); in der Gebäudemitte Portalzone mit klassischem Dreiecksgiebel über 6 Säulen (Kompositkapitelle) und Freitreppe. 1890–91 ovale, vergoldete Eisen-Glas-Kuppel (H 75 m) mit pavillonartiger Laterne über dem Plenarsaal. Figurenschmuck von F. Schaper, R. Begas.
1916 Spruchzeile DEM DEUTSCHEN VOLKE von P. Behrens.
1928/29 Erweiterungspläne (E. Fahrenkamp u. a.) scheitern.
1933 Reichstagsbrand (27.2.) motiviert neue Nazi-Gräuel.
1945 Das Gebäude brennt aus und wird ausgeplündert.
1954 Die Kuppel wird gesprengt (zur Sicherung der Statik).
1957–61 Sicherung der Ruine; Verkürzung der Ecktürme.
1961–72 puristischer Innenausbau von P. Baumgarten.
1990 erste Bundestagssitzung (4.10.) in einem Provisorium.
1995 Reichstagsverhüllung von Christo und Jeanne-Claude.
1995–99 ›Rückbau‹ des Wallot-Gehäuses von N. Foster mit doppelt so großem ovalen Plenarsaal (1200 m²); begehbare eiförmige Glaskuppel in filigraner Stahlkonstruktion.

Eiffelturm, Paris

Der Ingenieur und Unternehmer *Gustave Eiffel* (1832–1923) realisierte ab 1855 mit kühnen, präzisen Stahlkonstruktionen die Wunschträume vieler Architekten des 19. Jh.s nach hohen Bauten und machte mit dem Pariser Turm Eisen als Gestaltungsmittel salonfähig; gefragter Brückenbauer. WB (z. T. beteiligt): Douro-Brücke, Porto (1875–77); Garabit-Viadukt über die Truyère (1880–84); Freiheitsstatue, New York (1881–86); Schleusen, Panama-Kanal (1882–1914).

1884–85 Ausarbeitung und Vorstellung des Turmprojekts.
1887–89 zur Weltausstellung in Paris 1889 baut Eiffel das für Jahrzehnte höchste Gebäude (~310 m, gesamt ~10 000 t), zusammen mit den entwickelnden Ingenieuren E. Nouguier, M. Koechlin und dem Architekten S. Sauvestre. Zur Erinnerung an die Frz. Revolution entstanden, entwickelt er sich nach anfangs heftiger Kritik (Ch. Garnier, P. Verlaine, E. Zola) zum Wahrzeichen der Stadt. Aufbau aus ~15 000 vorgefertigten, winddurchlässigen Fachwerkbindern (Oberfläche 200 000 m^2: 50 t Farbe alle 7 Jahre), dazu 2,5 Mio. Nieten, Flach- und Winkeleisen. Über 4 Betonfundamenten (~14 m tief) auf einer quadr. Basisfläche (L 125 m) ragen Eisenpfeiler (B 15 m, Neigungswinkel 54°) schräg aufwärts bis zur 1. Etage (H 57 m, 4010 m^2) mit Jugendstil-Galerie und umlaufendem Fries. Bis zur 2. Etage (H 115 m, 1300 m^2) verjüngen sich die Pfeiler auf 10,4 m; Neigungswinkel oben 80°. Darüber erhebt sich steil eine Pyramide bis zur 3. Etage (H 276 m, 270 m^2) mit Terrasse. EG-Verzierung mit nichttragenden Rundbogen.
1889 Laboratorien (Astronomie, Meteorologie) in 3. Etage.
1918 nach Funkversuchen seit 1898 eigene Funkstation.
1910 Der von Beginn an geplante Abriss wird aufgegeben.
1937 Modernisierung mit neuer Beleuchtung (A. Granet).
1957 Sender des Staatsfernsehens (H mit Antennen 321 m).
1980–83 Restaurierung; Material-Erleichterung um ~1000 t.

Monadnock Building, Chicago

Die Bürogemeinschaft (1873 ff.) von *Daniel Hudson Burnham* (1846–1912) und *John Wellborn Root* (1850–91) begründete mit den Partnern (1883 ff.) *William Holabird* (1854–1923) und *Martin Roche* (1855–1927), Pionieren des Stahlskelettbaus, die Chicago School. Ihre Nachfahren assoziierten sich 1928 zu Holabird & Root (tätig bis heute). Burnham wurde auch als Stadtplaner (Washington, San Francisco, Chicago) bekannt. WB (Burnham & Root): Rookery Building (1887); Reliance Building (mit Ch. Atwood; 1894), beide Chicago; Fuller Building, New York (»Flatiron«, 1901–03).

1871 Einem verheerenden Stadtbrand folgt – verzögert vom Börsencrash 1873 – ein Wolkenkratzerboom im schnell expandierenden Chicago (~300 000 Ew.; ~1890: über 1 Mio.); wichtige Voraussetzung: Entwicklung des Aufzugs.

1889–91 nördl. Teil des geometrisch konzipierten, 16-gesch. Monadnock Building (H 65 m) von Burnham & Root mit Fenster-Erkern. Weltweit höchster Backsteinbau (tragende Außenwände) mit gusseisernen Säulen, Stahlwinkeln und Walzträgerdecken; betont monoton-rationale, ornamentlose (nach Root: »ägyptisierende«) Architektur. Der massige Ziegelbau benötigt eine 1,8 m dicke EG-Mauer.

~1890 »Wolkenkratzer«-Begriff *(sky-scraper)* kommt auf.

1891–93 südl. Erweiterung des Monadnock Building von Holabird & Roche mit einem tragenden (versteckten) und vergleichsweise kostengünstigen Stahlskelett. Die Gestaltungslinien des N-Baus sind rein äußerlich zwar beibehalten; allerdings fügen die Architekten eine Basis, in den unteren Geschossen ein Mauerwerk aus Quaderstein und ein bekrönendes, pilastergeschmücktes Gesims hinzu. Die Innenräume sind klarer ausgeformt und heller.

1893 Weltausstellung in Chicago; Verbreitung des Baustils.

1938 Sanierung durch Skidmore, Owings and Merrill.

1973 Das Gebäude wird denkmalgeschützte ›Landmark‹.

Warenbörse, Amsterdam

Die expressive Architektur von *Hendrik Petrus Berlage* (1856–1934) gilt als Bindeglied des niederl.-europäischen Historismus (Cuypers) und der spezifisch holländischen ›Amsterdamer Schule‹ (Kramer, de Klerk). Berlage war bedeutender Stadtplaner, Gestalter (Möbel, Tapeten u. a.), radikal-liberaler Aktivist. WB: Erweiterungsplan Amsterdam-Süd (1910–17); Gemeentemuseum, Den Haag (1927–35).

1884–85 Internationaler Wettbewerb für den Börsen-Umbau; ohne Schlussentscheidung (199 Teilnehmer; L. Cordonnier ist Sieger, 3. Platz für Berlage mit Th. Sanders).
1896 Der Umbau der baufälligen Börse (J. D. Zocher, 1848) wird aufgegeben zugunsten von Berlages Neuentwurf.
1897–98 Es entsteht ein monumentaler Ziegelsteinbau (L 141 m), der an mittelalterliche toskanische Stadthäuser bzw. mit seiner Rückseite an stilisierte Grachtenhäuser erinnert und zugleich mit traditionellen Sehgewohnheiten bricht: Jegliches Dekor bleibt in der flächenhaften Mauer versenkt; Kuben, Rücksprünge und Türme stehen in sorgfältiger Gewichtung (Maßeinheit: Quadrate mit 3,5 m L). Programm: ›Einheit in der Vielfalt‹ (Ziegel = Individuum, Mauer = Nation). 2 Etagen mit Galerien umgeben die Haupthalle (45 × 23 m), umwölbt von einem gläsernen Satteldach mit Gusseisenkonstruktion. Dominierender Uhrturm (H 39 m). Für das Ausstattungsprogramm ist A. Verwey (Dichter) verantwortlich; ausführende/beteiligte Künstler sind J. Toorop, R. N. Roland Holst, L. Zijl.
1903 Eröffnung der Börse. Trotz der 4880 Pfähle unter dem Gebäude gibt es schon 1906 Schäden infolge des einsinkenden Baugrunds, der ~9 Mio. Backsteine tragen muss.
1909 Umbau: Halbsäulen, Zugstangen im UG; Maueranker.
1958 Abrisspläne für die einsturzgefährdete, veraltete Halle.
1987 ff. Ausstellungs- und Konzertkomplex (Philharmonie).
1999–2001 Fundamentsicherung und Restaurierung.

Glasgow School of Art

Der Schotte *Charles Rennie Mackintosh* (1868–1928), Hauptvertreter des britischen Jugendstils – mit Elementen der Arts-and-Crafts-Bewegung –, führte die Architektur in Glasgow dauerhaft zu Weltruhm. 1896 Gründung der Gruppe »The Four« (mit Margaret und Frances McDonald, H. McNair). Nach 1914 widmete sich Mackintosh der Malerei und dem Möbeldesign; starb verarmt in London. WB: mehrere Teesalons (1891–11); St. Matthews Church (1897–99), alle Glasgow; Hill House, Helensburgh (1902–05).

1895–96 Wettbewerb für den Neubau der Glasgow School of Art, den Honeyman, Keppie & Mackintosh gewinnt.

1897–99 Bau der 5-gesch. Schule (Hauptgebäude 25 × 28 m), das den Rationalismus (Gliederung der rechteckigen Studiofenster; klarer, im Inneren flexibler Grundriss; blockhaft kubische Erscheinung) wie auch das Art Déco (organisch-dynamische Linien an der Fassade, z. B. durch die schmiedeeisernen Fensterbügel mit keltisch anmutenden Formen; Inneneinrichtung aus Holz und Metall) beeinflussen wird. Der innovative Stil Mackintoshs mischt sich mit dem engl. Landhaus- (vgl. Ch. F. A. Voysey) und dem traditionellen schott. Schlossbau (Wahl des schweren Natursteins). An der Hauptfassade kontrastiert der asymmetr. Eingang mit den breiten Fenstern; dahinter befindet sich das Direktorenzimmer und ein Museum. Die Trennwände der Zeichensäle lassen sich versetzen. Aus finanziellen Gründen bleibt das Gebäude unvollendet.

1907–09 im 2. Bauabschnitt Anbau der überarbeiteten, stark abstrahierten 2-gesch. Bibliothek im W-Flügel. Eine besondere Herausforderung stellt das Gefälle nach S um ~10 m dar, das Mackintosh in seinem turmartigen Hinterbau mit aufragenden Erkerfenstern (H 7,5 m) auffängt. Ein Attikagesch. wird über das gesamte Gebäude gesetzt.

1994–2001 Außen- (Dach, Mauer) und Innenrestaurierung.

CARSON, PIRIE & SCOTT STORE, CHICAGO

Louis Henry Sullivan (1856–1924) erlernte beim Altmeister der Chicago School, W. Jenney, den Stahlskelettbau, trat in D. Adlers Büro ein, das er 1881–95 in fruchtbarer Assoziation mitleitete. Danach löste sich der eigenwillige Sullivan vom historisierenden Fassadenbild (1896: »Form ever follows function«). WB: Auditorium Building, Chicago (1886–89); Guaranty Building, Buffalo (1894–96), beide mit Adler; National Farmers Bank, Owatonna, Minn. (1906–08).

1898–99 In einer ersten Bauphase entsteht mit dem 9-gesch. Schlesinger & Mayer Department Store (urspr. Name) ein Hauptwerk der Chicago School. Das funktionale Lagerhaus folgt der Tradition; neu ist die Fassadengestaltung: Die strenge Stahlskelettkonstruktion tritt hinter dem Raster von Horizontalen und Vertikalen hervor. Typisch sind die markant zurückgesetzten ›Chicago-Fenster‹ – breite feststehende Mittelfenster werden flankiert von seitl. Schiebefenstern. Eingefasst von einem dünnen Metallrahmen, nehmen sie die Breite eines Rasterjochs ein. Der vom Bauherrn geforderte halbrunde Vorbau mit entschiedener Vertikalität fügt sich nur schwer in das ausgewogene Ganze. Gegen die schlichte Strenge setzt Sullivan eine reiche Ornamentik ein, die den Bau individuell belebt: Weiße Terrakotta-Streifen verbinden die Etagenfenster; die 2 Schaufenstergeschosse sind mit jugendstilartigem Filigranwerk (nach keltischen Mustern) aus rötlich-grünem Gusseisen verziert (Entwürfe z. T. von G. Elmslie).
1902–04 oberer Abschluss des Hochhauses mit 3 weiteren Gesch. Carson Pirie Scott & Co. erwirbt das Warenhaus.
1905–06 Erweiterung, verändertes OG (Burnham & Co)
1960–61 8-gesch. S-Erweiterung (Holabird & Root).
1970 Ernennung zur denkmalgeschützten ›Landmark‹.
1979 Renovierung (J. Vinci); Wiederherstellung der urspr. Ornamentik (nicht originale graue Übermalung entfernt).

Blick auf den Hochzeitsturm

Mathildenhöhe, Darmstadt

Joseph Maria Olbrich (1867–1908), Mitarbeiter O. Wagners, war Mitbegründer der Wiener Secession (1897), 1903 des Bundes Deutscher Architekten, 1907 des Deutschen Werkbunds. WB: Ausstellungsgebäude Wiener Secession, Wien (1897–98); Warenhaus Tietz, Düsseldorf (1907–08).

1899 Großherzog Ernst Ludwig beauftragt Olbrich als städtebaulichen Leiter, im Mathildenpark (1830 angelegt; 10 000 m²) eine Künstlerkolonie um die bestehende Russische Kapelle von L. N. Benois (1897–99) zu errichten.

1900–01 Zur ersten Kollektivschau entstehen das zentrale Ernst-Ludwig-Haus (Ateliergebäude mit typisch omegaförmigem Eingang), Künstlerwohnungen, Großes und Kleines Glückerthaus, provisorische Gebäude (2 Kioske, Portal, Restaurant, Theater). Sie markieren einen reformerischen Lebensentwurf für das 20. Jh. Olbrich ist verantwortlich bis hin zu Inneneinrichtung, Werbung, Geschirr, Kleidung. Weitere Koloniekünstler: P. Behrens (mit seinem architektonischen Erstlingswerk im Jugendstil), L. Habich (Kolossalfiguren vor dem Ernst-Ludwig-Haus).

1904 auf der 2. Ausstellung Abwendung vom Jugendstil hin zu historisierenden Formen wie z. B. bei der »Dreihäusergruppe« (Predigerhaus, Blaues Haus, Eckhaus).

1905–08 Olbrich erbaut den Hochzeitsturm (»Fünffingerturm«, monumental-asymmetr., dunkelroter Klinkerbau mit übereck geführten Fensterstreifen, Dachaufbau aus kupferverkleidetem Holz; H 48,5 m) und Ausstellungshallen (strenger Betonbau gelockert durch asymmetr. Treppenpavillon) über dem Wasserhochspeicher (1877–80).

1914 letzte Ausstellung; A. Müller führt die Architektur der Kolonie weiter (Schwanentempel, Wasserbecken, Miethäuser u. a.). Plastiken von B. Hoetger (Platanenhain).

1944 Die Kolonie wird zum beträchtlichen Teil zerstört.

1951–94 teilweise stark veränderter Um- und Wiederaufbau.

Postsparkassenamt, Wien

Otto Wagner (1841–1918), Vertreter des Wiener Jugendstils und Mitinitiator moderner Baukunst, begann nach dem Studium in Wien und Berlin, im zeitgemäßen Historismus (Neorenaissance, Neoklassizismus) zu bauen, bevor er 1894 als Professor an der Wiener Kunstakademie, 1899 als Mitglied der »Sezession« für eine strikt rationale Architektur eintrat. Schriften: *Moderne Architektur* (1896) u. a. WB: Synagoge, Budapest (1870–73); Stationen der Wiener Stadtbahn (1894–97); »Der Anker« (1895); Miethäuser, Linke Wienzeile (1898–1900); Marmorkirche am Steinhof, Wien (1905–07).

1903 Wagner gewinnt Wettbewerb unter insgesamt 37 Teilnehmern. Ausschreibungsforderung: massives Bauwerk.

1904–06 Bau des 8-gesch. Wiener Postsparkassenamts, ein bis zu den Lüftungsschächten und Bürostühlen von Wagner durchgestaltetes Musterbeispiel der Sezessions-Architektur: Loslösung von bzw. Spiel mit historischen Stilen; dabei Einheit von Funktionalität und Ästhetik. Die auch städtebaulich wohlinszenierte, markante Straßenfassade (L 239 m) zeigt – über konventionellem Ziegelbau – Marmorplatten mit Majolikainkrustation (Mittelbau) und ~15 000 Aluminiumnägeln (Ornamentersatz; Symbol für den ›Goldregen‹); aus Aluminium sind auch die Säulen, die den Baldachin tragen, sowie die Jugendstilplastiken von O. Schimkowitz am Mittelrisalit. Die Schalterhalle mit Tonnengewölbe (541 m^2) erinnert der Form nach an eine 3-schiff. Basilika und ist betont sachlich gehalten; die auffälligsten Materialien sind Glas (Gewölbe, Fußboden) und wiederum Aluminium (Verkleidung der Betonsäulen; funktionale und ästhetische Warmluftausbläser).

1910–13 Erweiterung zur Dominikanerbastei hin; Begradigung der Sockelquader. Kaiser Franz Josef zu dem Bau: »Merkwürdig, wie gut die Menschen hineinpassen.«

1974–75 Restaurierung des immer noch genutzten Postbaus.

Turbinenhalle

Fabrikbauten der AEG, Berlin

Der symbolistische Maler und Typograph *Peter Behrens* (1868–1940) entdeckte 1900 auf der Darmstädter Mathildenhöhe die Jugendstil-Architektur für sich. Weltgeltung erhielt er als künstlerischer Beirat der AEG, für die er 1907–14 das »Corporate design« (Architektur, Werbung, Produktgestaltung, Typographie) entwickelte. Mitbegründer des Deutschen Werkbunds (1907). Nach 1918 Hinwendung zum Expressionismus. WB: Krematorium, Hagen-Delstern (1905–1908); Dt. Botschaft, Petersburg (1911–12); Verwaltungsgebäude der Hoechst AG, Frankfurt-Hoechst (1920–25).

1908–09 Turbinenhalle als erster bedeutender Industriebau, sichtbar aus Stahl und Glas. Frontseite mit 5-fach gebrochenem Monumentalgiebel als Dachabschluss (mit AEG-Signet, Schriftzug) und unverkleideten Dreigelenkbindern; nichttragende Stahlbetonpylone (Stirnseite) neben sich verjüngenden Stahlstützen an der Seitenfassade (L 110 m; Vollwandprofile, Fensterflächen im Wechsel). B mit 2-gesch. Nebenhalle 25,6 m (Haupthalle 13,9 m). Mitarbeiter: K. Bernhard (Konstruktion), L. Mies van der Rohe.
1909–13 In Wedding entsteht die AEG-Hochspannungsfabrik: 2-schiff. Mittelteil mit 2 Giebeln, durch Pfeiler gegliedert, flankiert von 5-gesch. Flügelbauten (123 × 73 m). Die Kleinmotorenfabrik erinnert an griech. Tempelarchitektur: 5-gesch. Eisenklinkerfassade (L 196 m); Gliederung durch je 7 Halbsäulen zwischen eckigen Pfeilern. Montagehalle: Stahlkonstruktion mit verglastem Hallendach.
1910 Bootshaus für die AEG-Rudergesellschaft »Elektra«.
1914–15 AEG-Reihenhaus-Kleinsiedlung Oberschöneweide (An der Wuhlheide); Putzbauten mit Zwerchgiebel.
1938 AEG-Bauaufträge an den politisch isolierten Behrens.
1939 J. Schallenberger verlängert die Turbinenhalle (247 m).
1945 AEG-Gebäude durch Bombenangriff z. T. zerstört.
1983 ff. Nutzung der Bauten durch Kleinfirmen und die TU.

Jahrhunderthalle (Volkshalle), Breslau

Nach dem Studium in Berlin war *Max Berg* (1870–1947) 1909–25 Stadtbaurat in Breslau (Wroclaw), dessen Umgestaltung er ~1920 plante. In diesen Jahren beteiligte sich Berg an der Hochhausdiskussion in Deutschland, auch wenn der Architekt mit Hang zum Okkultismus nur wenige Bauten realisieren konnte. Für die Breslauer Jahrhundertausstellung arbeitete er mit dem hauptverantwortlichen Erbauer Hans Poelzig (in Breslau 1900–16) zusammen. WB: 2 Wasserkraftwerke (1920; 1925); Messehof (1925), alle Breslau.

1910–13 Bau der Jahrhunderthalle, des bis dahin größten überkuppelten Innenraums ohne Stützpfeiler (Dm. 67 m; H 42 m; für über 6000 Zuschauer), anlässlich der Säkularfeier der Befreiung von der napoleonischen Herrschaft. Die Stahlbetonkuppel (schalungsrauer Sichtbeton) zeigt in dieser Dimension erstmals unverhüllt ihre offene Rippenkonstruktion von 32 radialen Rippen und 4 Druckringen – bekrönt von einer kleineren Kuppel. Der Unterbau mit kreisförmigem Grundriss öffnet sich durch gewaltige Bögen zu 4 Apsiden, deren Strebebögen die Schubkräfte seitl. ableiten; die aufrechten Seitenlichtbänder und waagerechten Ringdecken geben dem Gebäude eine ausdrucksstarke Silhouette. Die Treppenkuppel wiegt weniger als die viel kleineren Steinkuppeln des Petersdoms und des Pantheon. Mitarbeiter: W. Gehler, R. Konwiarz, G. Trauer.

1913 Einweihung der Mehrzweckhalle (für Fest-, Sportveranstaltungen, Versammlungen) mit G. Hauptmanns *Festspiel in deutschen Reimen*, inszeniert von M. Reinhardt: Trotz Rückzugsplänen des besorgten Autors wegen der riesenhaften Größe der Halle wird das Stück aufgeführt, was den Zorn Wilhelms II. nach sich zieht – nach 11 (von 15 geplanten) Vorstellungen wird das Festspiel abgesetzt.

1997 Renovierung bzw. Sanierung der baufälligen Festhalle.

2006 Die Jahrhunderthalle wird Weltkulturerbe.

FAGUSWERKE, ALFELD A. D. LEINE

Unter dem direkten Einfluss von P. Behrens entwickelte sich *Walter Gropius* (1883–1969), seit 1910 selbständiger Architekt, zum führenden Vertreter des Neuen Bauens. Zwischen 1911 und 1925 enge Zusammenarbeit mit dem gelernten Tischler und Architekten *Adolf Meyer* (1881–1929). 1919–28 war Gropius Leiter der Weimarer Kunstgewerbeschule, die er reorganisierte und in »Bauhaus« umbenannte, wo auch Meyer unterrichtete. 1934 Emigration nach London; seit 1937 in Harvard, Mass. Designer für Keramik, Möbel, Eisenbahnwaggons, Autos. WB (Gropius): Bürohaus, Musterbau für die Werkausstellung Köln (1914, mit Meyer); Bauhaus, Dessau (1925 f.); US-Botschaft, Athen (1957–61).

1911 Carl Benscheidt lässt durch Gropius und Meyer die Fabrikgebäude der Fagus GmbH (Herstellung von Leisten und Stanzmessern zur Schuhfabrikation) nach ersten Plänen und unter Bauleitung von E. Werner errichten, nahe der Konkurrenzfirma C. Behrens (neoroman. Fabrikneubau, 1897, von E. Werner). Ziel: Gesamtkunstwerk im Verein mit Ästhetik, Funktion und orthopädischer Forschung. Das Hauptgebäude ist ein 3-gesch. Stahlskelettbau: vertikale Fensterfelder mit geschossübergreifender Verglasung (vgl. »daylight factories« in den USA) und stützenlose Gebäudeecken kontrastieren zur traditionellen achsensymmetr. Fassadengliederung; dunkle Klinker-Sockel.
1912–25 Anspruchsvolle Werbung (M. Hertwig, J. Molzahn) und Fotografie (E. Lill) gehört zur Firmenstrategie. – Ab 1913 wird die Firma auf die doppelte Größe erweitert; Fertigstellung kleinerer Gebäude; nach 1918 Ausgestaltung (Lampen, Türklinken usw.) sowie Möblierung.
1928 Foto-Serie über das Werk von A. Renger-Patzsch.
1938 Erst jetzt wird der endgültige Bauzustand erreicht.
1946 Die Faguswerke werden als Baudenkmal eingetragen.
1982–2000 Renovierung; Instandsetzung von Provisorien.

GRUNDTVIG-KIRCHE, KOPENHAGEN

Der dän. Landschaftsmaler *Peder Vilhelm Jensen Klint* (1853–1930) fand erst 1897 zur Architektur zwischen Historismus und Expressionismus, in der Tradition des skandinavischen Backsteinbaus. Zusammenarbeit mit seinem Sohn, dem Möbeldesigner *Kaare Klint* (1888–1954), der viele Projekte des Vaters vollendete. WB: Bethlehems-Kirche, Kopenhagen (1935–37); Christianskirche, Sønderborg (1957–66).

1900 Kopenhagen will ein Denkmal für den ev. Bischof, geistlichen Dichter und nationalromant. Volkserzieher Dänemarks, N. F. S. Grundtvig (1783–1872), errichten.

1913 Nach mehreren Wettbewerben entscheidet sich die Jury für eine Gedenkhalle von P. V. J. Klint, allerdings in abgewandelter Form einer Kirche in erhöhter Stadtlage.

1921 kriegsbedingt später Baubeginn am W-Turm. Als kleinste Maßeinheit wählt Klint den rechteckigen Ziegel, der innen wie außen bis in die Großform erkennbar sein sollte (Vorbild ist die Universitätsbibliothek, Kopenhagen, 1851–61; J. D. Herholt). Verwendung findet der gelbe Backstein, der den Innenraum optisch nicht einengt.

1924–26 Der Wohnbezirk um die Gedächtniskirche, ebenfalls in gelbem Backstein errichtet, vermittelt den geschlossenen Eindruck eines vormodernen Stadtbildes.

1927 Bau einer provisorischen Kirche um den W-Turm, dessen wuchtige Form alten dän. Bauernkirchen entlehnt, aber auch von got. Kathedralen (vgl. Notre Dame, Paris) inspiriert ist. Die in extremer Stilisierung neugot. Turmfassade mit ihren spitzwinkligen Dreiecksmotiven ist expressiv übersteigert, erinnert an kolossale Orgelpfeifen.

1940 Weihe der von K. Klint vollendeten 3-schiff. Kirche. Überhöhtes Mittelschiff doppelt so groß wie die Seitenschiffe, deren Licht indirekt zwischen den hohen Pfeilern einfällt. Schmale Seitenkapellen mit Treppengiebeln.

1965 Einweihung einer der größten Orgeln Skandinaviens.

Einsteinturm, Potsdam

Erich Mendelsohn (1887–1953) begann mit expressionist. Bauten und entwickelte unter dem Einfluss von Gropius und Mies eine zusehends rationale Bauweise – als »Aussöhnung« zwischen Oud und Berlage. Nach der Emigration 1933 über Brüssel nach London und Israel zog Mendelsohn 1941 in die USA, die er bereits 1924 besucht hatte. WB: Hutfabrik, Luckenwalde (1919–23); Verlagshaus »Berliner Tageblatt«, Berlin (1921–23); Kaufhaus Schocken, Stuttgart (1926–28) und Chemnitz (1928); UFA-Filmtheater, Berlin (1928); Wohnhaus für Chaim Weitzmann, Tel Aviv (1948–52).

1876–98 Auf dem Potsdamer Telegrafenberg baut P. Spieker die Gebäude des Astrophysikalischen Instituts zur Erforschung von Sonne und Erde (1878 eröffnet).
1919 A. Einsteins Mitarbeiter E. Finlay-Freundlich beauftragt seinen Freund Mendelsohn mit dem Bau des neuen Sonnenobservatoriums und des unterirdischen Laboratoriums. Zeichnungen entstehen bereits im Krieg (1917).
1920–22 Mendelsohn errichtet den Einsteinturm (H 16,6 m) als Hauptwerk des gebauten symbolist. Expressionismus, dessen kühne Formlosigkeit nur wenige realisierte Gebäude zulässt. Die 2-gesch., stromlinienförmige Basis ist in Stahlbeton, der markante, vorbildlose Turm mit rundbogigen Fensterhöhlen dagegen aufgrund bautechnischer (Verschalungsprobleme) und finanzieller Schwierigkeiten (Inflation) nur noch in grau verputztem Ziegelmauerwerk ausgeführt. Details erinnern an Gaudìs Architektur, greifen aber auch Formen der Amsterdamer Schule auf.
1921–24 Inneneinrichtung. Installation des Turmteleskops.
1945 Der Turm wird während des Krieges beschädigt.
1949 Die Akademie der Wissenschaften (DDR) übernimmt die Gebäude des Telegrafenbergs. Nutzung ab 1952.
1965–78 Restaurierung des ruinösen Baus (Risse, Pilzbefall).
1997–99 weitere Restaurierung; Neuanstrich: helles Ocker.

Eglise Notre-Dame, Le Raincy

Zusammen mit seinem Bruder *Gustave* (1876–1952) lotete *Auguste Perret* (1874–1954) die Nutzungsmöglichkeiten für den unverputzten Stahlbeton aus, den sie erstmals 1898 und vorwiegend im Industriebau verwendeten. In radikaler Umdeutung klass. Formelemente schuf er Künstlerateliers, Miethäuser, Villen und dann auch Kirchen als Ausdruck des Renouveau catholique. 1945–54 leitete A. Perret den Wiederaufbau der 1944 zerstörten Stadt Le Havre, die 2005 zum Weltkulturerbe ernannt wurde. WB: Wohnhaus Rue Franklin 25 (1903/04); Garage, Rue Ponthieu (1906/07); Théatre des Champs-Elysées (1911–14); Konfektionsschneiderei Esder (1919), alle Paris; St-Joseph, Le Havre (1951–56).

1922/23 Bau der an Ste-Chapelle, Paris, orientierten basilikalen Kirche aus Stahlbeton in nur 13 Monaten und mit bescheidenen finanziellen Mitteln. Über das 4-jochige Mittelschiff erstreckt sich ein Flachgewölbe, das auf 11 m hohen Betonpfeilern mit nur 43 cm Durchmesser ruht und so eine Leichtigkeit vermittelt, die vom lichterfüllten Raum und der unverstellten Transparenz verstärkt wird. Die 28 tragenden Stützen markieren zudem die quer zum Langhaus überwölbten Nischen in den Seitenschiffen (Grundriss des gesamten Innenraums 20 × 56 m). Der aus Bündelpfeilern bestehende Glockenturm (Höhe 43 m) greift auf die got. Kathedralen zurück, wirkt zugleich in seiner konstruktivist. Ästhetik, der kühnen Materialbehandlung und der modernen Lichtregie bis in die Gegenwart (vgl. bereits K. Mosers Kirche St. Anton, Basel, 1925–31).
1923 M. Denis gestaltet die farbig und geometrisch durchkomponierten Glasfüllungen in den gitterartig aufgelösten Mauern (»Klaustras«) der nichttragenden Betonwände.
1988–96 Der völlig marode Beton macht eine Totalsanierung notwendig. Die Glasfüllungen werden ersetzt.
1999 Tympanonrelief von E.-A. Bourdelle (*Pietà*, um 1920).

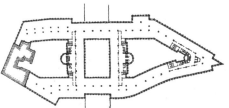

Chilehaus, Hamburg

Gerne wäre der Werkbund-Architekt *Fritz Höger* (1877–1949) Hitlers erster Baumeister geworden. Obwohl die Nazis mit dem Wiederentdecker des norddt. Backsteinbaus nichts anzufangen wussten, verspielte sich Höger so den fälligen Nachruhm als einer der bedeutendsten Expressionisten. WB: Zigarettenfabrik Reemtsma, Hamburg (erweitert, 1926–29); Verlagshochhaus »Hannoverscher Anzeiger«, Hannover (1927–28); Rathaus, Wilhelmshaven-Rüstringen (1927–29); Sprinkenhof-Kontorhaus, Hamburg (1927–43); Ev. Kirche am Hohenzollernplatz, Berlin (1930–33).

1914 Zur Sanierung der Altstadt (Kontorhausviertel) wird ein Wettbewerb unter Hamburger Architekten ausgeschrieben (Höger ist anfangs noch nicht eingeladen). Den Zuschlag für ein Kontorhaus des Reeders H. Sloman, der in Chile mit Salpeter handelt, erhält Höger erst 1919.

1922–24 Als kühne Umsetzung des Hamburger Weltgeistes und inspiriert von H. Poelzig entsteht das bewegt-expressive, got.-monumentale Chilehaus (Grundfläche 5950 m^2; Nutzfläche 36 000 m^2), dessen schiffsbugartige SO-Spitze durch 2 zusammenführende Straßenzüge bedingt ist. Die Arkaden der EG-Sockelzone geben dem ansonsten massig wirkenden norddt. Backsteinbau mit 3 abschließenden Staffelgeschossen und auskragenden Balkongesimsen eine südliche Leichtigkeit. 4,8 Mio. dunkle Ziegel umgeben die Eisenbetonkonstruktion. Mit einem überbauten Verkehrshof und 2 Innenhöfen öffnet sich der Komplex nach innen. In den Planungsphasen treten die historisierenden Reminiszenzen und der reicher geplante Figurenschmuck (R. Kuöhl) zurück, der Bau erhöht sich auf 9, an der s-förmig geschwungenen Hauptschauseite auf 10 Geschosse; das signifikante, aufwendige Klinkersteindekor kontrastiert zu den 2800 gleichförmigen Fenstern.

1998 Sanierung des denkmalgeschützten Hauses.

Haus Schröder-Schräder, Utrecht

Der Möbeltischler *Gerrit Thomas Rietveld* (1888–1964) kam 1919 zur niederl. Künstlergruppe De Stijl (J. J. P. Oud, C. van Eesteren, Th. van Doesburg, P. Mondrian); vom Begriff her geprägt und in der Architektur beeinflusst wurde diese Richtung von H. P. Berlage. 1927 wurde Rietveld Mitbegründer des CIAM (Congrès Internationaux d'Architecture Moderne). Für das Utrechter Haus arbeitete er mit der Innenarchitektin *Truus Schröder-Schräder* (1889–1985) zusammen. WB (Rietveld): Werkbundsiedlung, Wien (beteiligt, 1929–32); Rijksmuseum Vincent van Gogh, Amsterdam (1963–73).

1920–23 El Lissitzkys Konstruktionszeichnungen (»Prounen«) finden in van Doesburgs und van Eesterens neoplastizistischen Wohnbauplänen Einzug in die Architektur.
1923–24 Rietveld realisiert diese Ideen konsequent in seinem paradigmatischen De-Stijl-Haus, das eine Häuserzeile aus dem 19. Jh. abschließt und an Bilder P. Mondrians erinnert. Der kleine 2-gesch. Bau folgt einem einfachen funktionalen Ordnungsprinzip: Reduktion auf elementare geradlinige Formen und Primärfarben (mit Schwarz, Weiß und Grau); der herkömmliche Kubus ist dynamisch zum umgebenden Raum hin geöffnet. Im OG mit gläserner Dachluke ist – gegen die Bauvorschriften und deshalb als ›Dachboden‹ deklariert – eine an sich festgelegte Raumeinteilung aufgegeben zugunsten verschiebbarer Wandelemente (ausgenommen in der Toilette). Die Fenster lassen sich nach außen schwenken. In der Konstruktion wechseln sich tragende Wandflächen und Stahlgerüst ab; Geometrisierung durch senkrechte Tragbalken gegenüber horizontalen Fensterbalken und Balkonebenen. Rietveld zieht 1924 im Schröder-Haus ein, wo er auch 1964 stirbt.
1974 Das Gebäude wird umfassend saniert (B. Mulder).
1985–87 Restaurierung; danach Öffnung für das Publikum.
2000 Das Rietveld Schröderhaus wird Weltkulturerbe.

Reihenhäuser von Jacobus Johannes Pieter Oud

WEISSENHOFSIEDLUNG, STUTTGART

Beteiligte Architekten: *Peter Behrens* (1868–1940), *Victor Bourgeois* (1897–1962), *Richard Döcker* (1894–1968), *Josef Frank* (1885–1967), *Walter Gropius* (1883–1969), *Ludwig Hilberseimer* (1885–1967), *Pierre Jeanneret* (1896–1967), *Le Corbusier* (1887–1965), *Ludwig Mies van der Rohe* (1886–1969), *Jacobus Johannes Pieter Oud* (1890–1963), *Hans Poelzig* (1869–1936), *Adolf Rading* (1888–1957), *Hans Scharoun* (1893–1972), *Adolf Gustav Schneck* (1883–1971), *Mart[inus Adrianus] Stam* (1899–1986), *Bruno Taut* (1880–1938), *Max Taut* (1884–1967); meist Mitglieder der »Ring«-Gruppe.

1925 L. Mies van der Rohe wird künstlerischer Leiter der Stuttgarter Werkbundausstellung »Die Wohnung« (Idee 1924); erste Lageplanskizze für das terrassierte Gelände.
1926 Die Teilnehmerliste steht fest: 17 eingeladene Architekten bauen 21 Häuser mit über 60 Wohnungen für den gehobenen Mittelstand, die bedeutendste Wohnsiedlung des Internationalen Stils: urspr. gedacht als Vorläufer der Berliner »Weltbauausstellung« (geplant für 1930, in dieser Form nicht ausgeführt). Döcker wird örtlicher Bauleiter. Bauaufgabe: die Wohnung für den Großstadtmenschen.
1927 Bau der Mustersiedlung. Eröffnung der Ausstellung über Baumaterialien und Konstruktionsmethoden sowie einer Modellausstellung zeitgenössischer Architektur, von Haushaltsgeräten u. a., die ~500 000 Besucher anzieht.
1928 Nach der Präsentation werden die Häuser vermietet.
1938 Verkauf an die Nazis, die die »Phantasie-Pfusch-Bauten«, den Stuttgarter »Schandfleck«, abreißen wollen.
1944 Einige Häuser werden im Krieg zerstört (von Döcker, Gropius, Hilberseimer, Poelzig, Rading, B. und M. Taut).
1956 Die Weißenhofsiedlung steht unter Denkmalschutz.
1977 Vereinsgründung »Freunde der Weißenhofsiedlung«.
1979–87 Restaurierung der z. T. entstellten Wohnungen.
2006 Weißenhofmuseum im Corbusier-Haus.

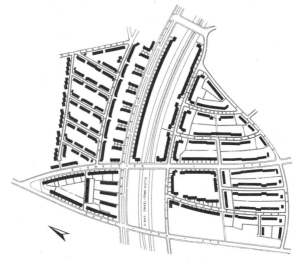

»Peitschenknall«; Gesamtplan der Siedlung

»Onkel Toms Hütte«, Berlin-Zehlendorf

Bevor *Bruno Taut* (1880–1938) zum bahnbrechenden Vertreter des Massenwohnungsbaus in Berlin wurde (Programm für ~12 000 Wohnungen), lenkte er als Theoretiker und Gründer verschiedener Architektengruppen (»Gläserne Kette«, »Der Ring«) den Übergang vom Expressionismus zum Rationalismus. 1933 Emigration nach Japan; 1936 Prof. in Istanbul. Die Siedlung »Onkel Toms Hütte« entstand mit *Hugo Häring* (1882–1958) und *Otto Rudolf Salvisberg* (1882–1940). WB (Taut): Gartenvorstädte Reform, Magdeburg (1913–14, 1921), und Falkenberg, Berlin (1913–14); »Hufeisensiedlung« Britz, Berlin (mit M. Wagner; 1925–30).

1924–32 Taut ist beratender Architekt der Gehag (Gemeinnützige Heimstätten-, Spar- und Bau-Aktiengesellschaft).
1926–28 zwischen Wilski-, Riemeister- und Onkel-Tom-Straße (»Onkel Tom« hieß dort ein Ausflugslokal) entstehen 391 Einfamilienhäuser (Reihen-, Doppelhäuser) und 354 andere Wohnungen als Weiterentwicklung der Gartenstadtbewegung. Farbkonzept: grüne Stirnflächen bei roten, rote bei grünen Hausreihen; weiße und hellgelbe Dachzonen (volkstümlicher Name »Papageien-Siedlung«).
1927–29 U-Bahnhof Onkel Toms Hütte (A. Grenander) als verkehrstechnisches Siedlungszentrum (1930 erweitert).
1929–32 weitere Einfamilien- und Geschosswohnungen im N (rechtwinklig zur Argentinischen Allee). Das längste Gebäude (31 Einheiten, L ~400 m; sog. »Peitschenknall«) folgt der leicht gekrümmten Straßenführung; rhythmisiert durch vor- und zurücktretende Wandschichten und wechselnde Farbigkeit. Die Siedlung (insges. 344 555 m^2, 1915 Einheiten) bietet rund 15 000 Mittelstandsbürgern Raum.
1930 Die konservative Konkurrenzsiedlung Fischtalgrund (H. Tessenow) provoziert »Zehlendorfer Dächerkrieg«.
1931 Bau der Ladenstraße mit Kino (O. R. Salvisberg).
1976–87 Die übermalte Farbgebung wird wiederhergestellt.

Fronleichnamskirche, Aachen-Rothe Erde

Rudolf Schwarz (1897–1961) kam aus der kath. Jugendbewegung, blieb seinem Glauben als Kirchenbauer treu. Mitarbeiter von H. Poelzig (1923–24) und D. Böhm (1925–27); 1927 Mithrsg. von R. Guardinis Zeitschrift *Die Schildgenossen*. In der NS-Zeit Planungsarchitekt. 1946–52 Generalplaner der Stadt Köln. WB: Haus der Jugend, Aachen (1928); Wiederaufbau der Paulskirche, Frankfurt a. M. (mit J. Krahn, G. Schaupp u. a., 1946–48); St. Maria Königin, Frechen (1952–54); Pfarrkirche Heilig Kreuz, Bottrop (1953–57).

1929 Auftrag für den Bau der Pfarrkirche im Aachener Arbeitervorort, gegen den Widerstand von Stadt und Vikariat. Erstentwürfe zeigen schon den dominierenden rechteckigen, schmuck-losen Hauptraum mit variierenden hohen Fensterformen. Mitarbeit: H. Schwippert, J. Krahn.

1929–30 Ausführung des betont leeren, einfachen und kompromisslos strengen ›Einraums‹ mit Nebenschiff aus Stahlbetonfachwerk. Weiß verputztes Hauptschiff 47 × 13 m, H 21 m, 2000 Plätze; im oberen Viertel Fenstereinschnitte (Stahl mit hellem Industrieglas) mit je 3 × 3 m, im linken Altarbereich 2 Reihen mit 3 übereinander liegenden Fenstern. Beleuchtung: Soffittenlampen, die an Seilen hängen. Sparsame Ausstattung (silberner Tabernakel mit Kruzifixus; schwarzer Taufstein). Das Seitenschiff (B 6 m) ist zum Hauptschiff offen bis auf einen 4 m langen Pfeiler mit Kanzel, wie der erhöhte Altar und der Fußboden auch aus schwarzem belgischem Marmor (kontrastiert mit den schwarzen Bänken zum leichten Weiß von Wänden und Decke). Taufkapelle schließt im W an. Glockenturm (H 40 m) auf quadr. Grundriss, freistehend vor dem Seitenschiff (Sakristei). Dach mit flach geneigten Stahlbindern.

1931 R. Guardini: »Das ist keine Leere; das ist Stille!«

1970–80 Renovierung; die Fenster und Portale werden in abgewandelter Form erneuert, der Tabernakel ersetzt.

CHRYSLER BUILDING, NEW YORK

Ohne sein Hauptwerk in New York wäre *William Van Alen* (1882–1954) in der Architekturgeschichte kaum vertreten. Durch ein Stipendium konnte er 1908–11 an der Pariser École des Beaux-Arts studieren, wo er den Art déco kennenlernte. WB: Child's Restaurant Building, New York (1925).

1927 Bauauftrag des Grundstücksmaklers W. H. Reynolds an Van Alen, der ein 67-gesch. Haus mit Kuppel plant.
1928–29 Neuer Bauherr wird der Autogigant W. P. Chrysler. Im Konkurrenzkampf mit seinem ehemaligen Partner H. C. Severence um das höchste Gebäude der Welt baut Van Alen über 4 zentralen Pfeilern den 319 m hohen Wolkenkratzer (Ausschachtung: 21 m) mit 71 Stockwerken – bei 16-gesch. Backsteinbasis und markanter mehrgesch., rostfreier Stahlkuppel mit Dreispitzfenstern. Unter dem Einfluss des Art déco entsteht ein eigenwilliger Beitrag zu einer historistisch-modernen ›Jazz-Gotik‹. Die Stahlnadel (H 55 m; 28 t) wird heimlich im Feuerschacht zusammengebaut und in die Rekordhöhe geschoben. Im 112 000 t schweren Bau sind (21 000 t Baustahl enthalten; verkleidet ist er mit ~4 Mio. weißen, schwarzen und grauen Ziegeln sowie Marmorplatten (1128 m²). Es gibt 3862 Fenster, 2783 Türen, 200 Treppen sowie 30 Fahrstühle. Extravagante 3-gesch. Art-déco-Portalzone mit Zickzack-Ornamentik; dekorative Bezüge zum Auftraggeber: stilisierter Backsteinfries mit Automotiven (Reifen, Radkappen); Kühlerfiguren als ›Wasserspeier‹. Ingenieur: R. Square.
1929 Der Bau wird Fanal gegen die Weltwirtschaftskrise.
1931 Das Empire State Building (Shreve, Lamb & Harmon) ›überholt‹ mit 381 m das Chrysler Building in der Höhe.
1950 Anbau eines 32-gesch. Flügelbaus (Kent Building).
1978 Der denkmalgeschützte Bau muss renoviert werden.
1986 Das Büro Murphy/Jahn zitiert den Wolkenkratzer im postmodernen One Liberty Place, Philadelphia (1984–87).

Vorder- und Rückseite des Doppelhauses

DOPPELHAUS IN DER WERKBUNDSIEDLUNG, WIEN

Mit ihrer österr. ›Landsmännin‹ L. Zimbler gehörte *Margarete Schütte-Lihotzky* (1897–2000) zu den ersten Architektinnen überhaupt. Unter O. Strnad und H. Tessenow ausgebildet, engagierte sie sich 1921 mit A. Loos im Wiener Wohnungsbau, bevor sie von E. May 1926 nach Frankfurt, 1930–1937 nach Moskau geholt wurde. Ihre sozialistische Gesinnung zeigte sich in der Entwicklung der ersten seriellen Einbauküche (»Frankfurter Küche«, 1927–28), im Bau sozialer Einrichtungen sowie in ihrem aktiven Widerstand gegen die Nationalsozialisten, deren Schergen sie knapp entkam. Tätig in der Türkei, in Bulgarien, China, nach 1947 wieder in Österreich. WB: Typenentwürfe für Kinderkrippen und -gärten in der Sowjetunion (1930–36); Wohnhaus Barthgasse, Wien (mit W. Schütte; 1949–50); Druckerei und Verlag Globus, Wien (mit W. Schütte, F. Weber, K. Eder; 1953–56).

1929 Nach Vorbild der Stuttgarter Weißenhofsiedlung plant J. Frank für die Werkbundausstellung in Wien 1932 eine formalistischer angelegte Mustersiedlung. Eingeladene Teilnehmer sind: H. Häring, J. Hoffmann, A. Loos, R. J. Neutra, G. Rietveld, M. Schütte-Lihotzky, O. Strnad u. a.

1930–32 Unter den (70 gebauten Typenhäusern sind Schütte-Lihotzkys 2-gesch. Doppelhaushälften (quadr. Grundriss; 6 × 6 m) die kleinsten, preiswertesten; deutliche Referenz an die Loos-Häuser. Die Architektin will mit den 2-fach würfelförmigen Einfamilienhäusern mit Wendeltreppe menschenwürdiges Wohnen auf engstem Raum demonstrieren. Auf der schlichteren Straßenseite zeigen sich im OG (2 Schlafzimmer, Bad) je eine Fensterreihe mit 3 quadr. Fenstern, im EG (Wohnzimmer, Küche, WC) führt neben einem quadr. und einem kleinen runden Fenster die Tür zum Vorhof; die Gartenfassade mit größeren Fensterflächen wird durch einen Balkon aufgelockert.

1983–85 Teilrenovierung der Siedlung (A. Krischanitz).

HAUS KAUFMANN, BEAR RUN / PENNSYLVANIA

Frank Lloyd Wright (1867–1959), als einer der schöpferischsten Künstler der Moderne ein (spät erkannter) ›Picasso‹ unter den Architekten, war zunächst im Chicagoer Büro von L. H. Sullivan und D. Adler für den Bau von Wohnhäusern zuständig (1888–93), bevor er um die Jahrhundertwende den Typ des in sich verschachtelten, flachen ›Prärie-Hauses‹ entwickelte. Es folgten Arbeiten mit Betonfertigteilen, aber auch mit Natursteinen, die gleichermaßen die rationale wie die organische Architektur beeinflussten. Als Guru und Visionär scharte Wright seit den 20er Jahren eine Jüngergemeinde um sich. WB: Haus Robie, Chicago (1908–10); Wohnhaus Taliesin, Spring Green, Wisc. (1911; neu 1914, 1925); Imperial Hotel, Tokio (1912–23; 1968 abgebrochen).

1935–38 Mit dem Wochenendhaus für die Kaufmannsfamilie Kaufmann, das einen glatten, rosaroten und graubraunen Sichtbetonbau in einer betont natürlichen Umgebung integriert – über einem Bach gelegen, der in einen Wasserfall mündet (deshalb auch »Fallingwater« genannt) –, gelingt Wright ein Meilenstein in der Architekturgeschichte. Organische Architektur (»Leben im Grünen«) mischt sich mit rationalistischen und kubistischen Formen – bei fließenden Grenzen: Im Haus ist der zentrale, hoch aufragende Kamin auf einen Fels gebaut und mit rauem Naturstein verkleidet, was sich bei den vertikalen Stützelementen wiederholt. Horizontale Stahlbetonquader in 3 abgetreppten Ebenen ragen dagegen scheinbar leicht in den Naturraum hinein. Der Innenraum mit Natursteinfußboden (Bruchplatten) findet seine Entsprechung in den weiten Terrassen mit massiven Brüstungen, über die das Licht einfällt. Wright entwirft auch das Haus-Mobiliar.
1939 Anbau des Gästeflügels aus Zement und Ortsgestein.
1964 Das Haus wird als Museum öffentlich zugänglich.
1999 Der geringe Stahlbetonanteil macht das Haus baufällig.

Casa Barragán, Tacubaya

Der Mexikaner *Luis Barragán* (1902–1988) kam als Ingenieur zur Architektur. Während zweier Europaaufenthalte (1924–26, 1931/32) prägten ihn die Alhambra (Granada), die Landschaftsarchitektur von Ferdinand Bac, die Mittelmeerarchitektur insgesamt sowie die Begegnung mit Le Corbusier und dem Bauhaus. Seit 1940 vermehrt Gartenarchitektur. 1980 Pritzkerpreis. WB: Studio für vier Maler (1939, mit M. Cetto); Kapelle der Madres Capuchinas Sacramentarias del Purísmo Corazón de María (1952–55); Torres de Satélite (1957, mit M. Goeritz), alle Mexiko-City.

1947/48 In einem Vorort von Mexiko-City (Tacubaya) baute L. Barragán, der 1935 dorthin übergesiedelt war, sein Studiohaus, einen 3-gesch. geometrischen Betonbau (insgesamt rund 1160 qm Fläche) mit einem rückwärtigen wilden Garten. Die Casa Barragán gehört zu einer Reihe von Wohnhäusern, für die der Architekt eine minimalistische Form gefunden hat, die den Bauhausidealen wie der populären mexikanischen Bautradition gerecht wird. Demgegenüber bekannte sich Barragán zum privaten Charakter seines Bauens (»Meine Architektur ist autobiographisch«), zu dem auch die subjektive Farbigkeit (Blau, Weiß, Gelb, Rosa) und eine fast surreale Raumgestalt gehört. Das Gebäude übte einen großen Einfluss auf die naturbezogene und zugleich puristische Architektur aus (T. Ando, E. Souto de Moura, R. Legorretta). Barragáns Bauten folgen Leitbegriffen, die der ›gesellige Asket‹ 1980 – anlässlich der Pritzkerpreis-Verleihung – formuliert hat: Schönheit, Stille, Ernst, Freude, Nostalgie, Gelassenheit.
2002 Barragáns Privathaus wird zum Museum ausgebaut.
2004 Exemplarisch fürs Gesamtwerk wird die Casa Barragán zum Weltkulturerbe ernannt aufgrund seiner traditionellen und philosophisch-ästhetischen Aspekten sowie der Einheit aus europäisch-modernen und regionalen Stilen.

Unité d'Habitation, Marseille

Der Schweizer Kubist *Le Corbusier* (d. i. Charles-Édouard Jeanneret; 1887–1965), einer der einflussreichsten Architekten des 20. Jahrhunderts, sammelte Erfahrungen in Deutschland (P. Behrens), bevor er 1917 nach Paris zog. 1922 Zusammenarbeit mit P. Jeanneret. 1942–48 Entwicklung des menschenbezogenen Proportionssystems ›Modulor‹. Zeitgleich mit den Perret-Brüdern Interesse für kollektives Wohnen. Schrift: *Fünf Punkte zu einer neuen Architektur* (1927). WB: Weißenhofsiedlung, 2 Wohnhäuser (1927); Villa Savoye, Poissy (1929–31); Regierungsviertel Chandigarh, Indien (1951–63); Kloster La Tourette bei Lyon (1957–60).

1945 Das 1944 gegründete Ministerium für Wiederaufbau und Stadtplanung beauftragt Le Corbusier, in Marseille einen Wohnblock zur Behebung der Wohnungsnot zu bauen; die eigentliche Idee geht ins Jahr 1907 zurück.
1947–52 Entstehung der auf Betonpiloten aufragenden, 18-gesch. Unité d'habitation mit 337 ein- und 2-gesch., ineinander verschachtelten Maisonette-Wohneinheiten – für ein bis 10 Personen (insgesamt 1600 Menschen) –, die wie Schubladen in einen Betonskelettbau (165 × 56 m) eingefügt sind. 23 Wohnungstypen mit Balkonen sind in Primärfarben gestaltet; die N-Seite ist (wegen des Mistral) fensterlos. Die Integration von Ladenstraßen mit Gemeinschaftseinrichtungen (7., 8. Stock; nicht fertiggestellt), Wäschereien, phantasievollem Dachgarten mit Kindergarten, 300-m-Bahn, Schwimmbad u. a. m. sollen ein autarkes kollektives Wohnen ermöglichen (als lebensfremder Versuch letztlich gescheitert). Die Proportionen basieren auf Le Corbusiers ›Modulor‹: berechnet nach dem Goldenen Schnitt und einer Körpergröße von 1,83 m, ergibt sich eine Raum-H von 2,26 m; B 3,66 m. Bauleitung: G. Candilis.
1952–58 abgewandelte, ›entidealisierte‹ Nachfolgebauten in Nantes, Berlin (Raum-H 2,5 m), Meaux, Briey-en-Forêt.

860 und 880 Lake Shore Drive, Chicago

Der Maurermeistersohn *Ludwig Mies van der Rohe* (1886–1969) aus Aachen begann seine Architektenlaufbahn als Schinkel-Bewunderer, Mitarbeiter von P. Behrens und Anhänger H. P. Berlages. Mit der Bauleitung für die Stuttgarter Weißenhofsiedlung (1927) wurde er zum Haupt des Rationalismus. 1930–33 Bauhaus-Leiter; 1938 Emigration des Nazi-Mitläufers in die USA. WB: Villa Tugendhat, Brünn (1928–30); Dt. Pavillon, Internat. Ausstellung, Barcelona (1928–29); Neubau Illinois Institute of Technology, Chicago (1940–41); Seagram Building, New York (mit Ph. Johnson; 1954–58); Neue Nationalgalerie, Berlin (1962–68).

1948–51 Bau der 2 gegeneinander versetzten, rechteckigen Apartmenthäuser im Stahlskelettbau, mit denen Mies die in Europa nicht ausführbaren Hochhaus-Entwürfe der 20er Jahre verwirklicht – vorbereitet in den Promontory Apartments (Chicago; 1947–50), weiterentwickelt im bronzefarbenen, 38-gesch. Seagram Building eines Whiskyherstellers. Bestimmend sind dafür: Stahlskelett anstatt tragender Mauern, Reduktion auf wenige Stützen. Beide 26-gesch. Häuser sind durch ein niedriges Fußgängerdach verbunden und stehen auf Betonstelzen; die zurückgesetzte, verglaste Eingangshalle (H 4,3 m) gibt sich scheinbar leicht. Baumaterial: schwarz bemalter Stahl und wechselnd helles und dunkles Glas; stählerne Doppel-T-Träger, die die Fassade stützen und reliefartig auflockern, betonen die Senkrechte. Das zufällige Formspiel der Gardinen belebt die vorgehängte, rhythmisierte Glashaut. Mies hebt den Satz »Form follows function« auf, negiert mit dem betont unbestimmten, schlicht-eleganten Apartment-Zwillingsbau die Funktion (»Less is more«); Mies strebt eine »Haut- und Knochenkonstruktion« an. Anders als Le Corbusier folgt er keinem streng-ideologischen Maßstab.
1996 Die Wohntürme werden zu ›Landmarks‹ ernannt.

Rathaus, Säynätsalo

Der Finne *Alvar Aalto* (1898–1976) gehört neben Le Corbusier, Gropius, Mies und Wright zu den wichtigsten Architekten des 20. Jahrhunderts. In den 20er Jahren entstanden rationalist. Bauten im Stil des deutschen Bauhaus. Durch regionale Einflüsse fand Aalto darüber hinaus zu außerordentlichem Materialreichtum (roter Ziegel, Holz, Granit, Marmor). In der Nachkriegszeit, die in Skandinavien beachtliche Bauten hervorbrachte, wurde Aalto auch als Stadtplaner berühmt. Nach dem Tod führte seine Frau das Büro weiter. WB: Mietshaus, Turku (1927–29); Sanatorium, Paimio (1929–33); Zellulosefabrik mit Wohnsiedlung, Sunila (1936–39); Kulturhaus, Helsinki (1955–58); Oper, Essen (geplant 1959; 1981–88); Kongresshaus Finlandia, Helsinki (1962–71).

1949 Wettbewerb für die Gestaltung der Ortsmitte von Säynätsalo, entstanden neben einer Sperrholzfabrik (Aalto wirkt 1942–46 an der Stadtplanung für die Säynätsalo-Insel mit; sein Verdienst für den Industriezweig besteht in der Entwicklung von gebogenen Sperrholzmöbeln).
1950–52 Beim Rathausbau für den 3000-Seelen-Ort verwendet Aalto erstmals roten Backstein, der später zu seinem wichtigsten Baumaterial und – kombiniert mit Holz – zu seinem Markenzeichen wird; die Ratssaaldecke unter einem kupfernen Pultdach besteht aus einer offenen Stützkonstruktion aus Holz. Die S-Seite bildet die Gemeindebibliothek. Die kleineren Backsteinbauten sind zwanglos um einen rechteckigen, grasbewachsenen Innenhof gruppiert und über eine breite, unregelmäßig gestaltete Granittreppe zum Marktplatz hin geöffnet. Hier drückt sich Aaltos sozial-humanistisches Verständnis für das Wechselspiel von Kommune und organischer Architektur aus, das den Naturraum nicht beeinträchtigen will. Vorbilder: mittelalterliche ital. Bergstädte (z. B. San Gimignano).
1998 Renovierung des Baus zum 100. Geburtstag Aaltos.

Notre-Dame du Haut, Ronchamp

Mit der Wallfahrtskirche in Ronchamp setzte *Le Corbusier*, vorbereitet durch Bauten von R. Schwarz u. a., eine weltweit beachtete, wegweisende Marke im modernen Kirchenbau.

1950 Gipsmodell-Entwurf für die neue Wallfahrtskirche anstelle des spätmittelalterlichen, 1913 abgebrannten, 1923–1936 völlig neu errichteten und 1944 zerbombten Baus.
1953–55 Bau der Kirche auf einem Hochplateau. Ihre raumplastisch erlebbaren, dynamisch geschwungenen Formen reagieren auf die umgebende Vogesen-Landschaft. Le Corbusier kehrt hier zum subjektivistischen Frühwerk zurück, profitiert jedoch vom mathematischen Kalkül. Die auf 16 Eisenbetonpfeilern ruhende Kirche bietet von jeder Seite einen neuen Eindruck: Die N-Seite wird dominiert von den Zwillingstürmen, einer Fensterseite, deren kleine, querformatige und quadr. Öffnungen unregelmäßig, aber durchkomponiert in die Betonwand geschnitten sind, sowie dem gegenüberstehenden Glockenturm; Doppel- und Hauptturm sind über die fensterlose, geschwungene W-Seite (wie S- und O-Seite Spritzbeton über Bruchstein) verbunden. Von S aus öffnet sich die Architektur expressiv nach außen, gehalten von dem weit auskragenden braunen, einer Muschel nachempfundenen Dach (Beton-Hängekonstruktion; H 4,8–10 m; Dicke der 2 Gewölbeschalen 6 cm, Abstand max. 2,3 m); es lässt die weißen Türme in seiner Wucht zierlich erscheinen, scheint über den Mauern zu schweben. Auflockerungen bieten im N die Freitreppe zur Sakristei, schräge bzw. konkave Wände und der südl. Außenchor mit Altar, der das im mystischen Lichterspiel stimmungsvolle Innere formal wieder aufgreift. Der trapezoide Innenraum (13 × 25 m) fasst ~200 Menschen, der Platz 12 000. Das eimailbeschichtete Hauptportal ist aus Metall (2,5 t); (abstrakt bemalt von Le Corbusier).
1999–2000 Betonsanierung und Renovierung.

Fernsehturm, Stuttgart-Degerloch

Der Stuttgarter Ingenieur und Konstrukteur *Fritz Leonhardt* (1909–99) wurde berühmt als Brückenbauer (z. T. mit P. Bonatz); beteiligt war er am Ausbau der nationalsozialistischen Reichsautobahn. 1967–69 Rektor der Uni Stuttgart. Mitarbeiter beim Bau des Fernsehturms war der Architekt *Erwin Heinle* (1917–2002). WB (Leonhardt): Teufelstalbrücke, Mörsdorf (1936–39); Hängebrücke über den Rhein, Köln-Rodenkirchen (1938–41); Deutscher Pavillon, Weltausstellung Montreal (mit F. Otto, R. Gutbrod, 1967). WB (Heinle u. a.): Landtag von Baden-Württemberg, Stuttgart (1959–61).

1954 Grundsteinlegung dieses Ur-Modells für den Fernsehturmbau (mit ~70 Nachfolgern), weltweit auch des ersten Turms aus Spannbeton und zudem des damals zehnthöchsten Bauwerks der Erde (H mit Stahlgitterantenne 217 m; urspr. 211 m). Vorbildlich war die Entscheidung, Technik, Ästhetik und touristische Attraktion (2 Aussichtsplattformen, Restaurant) zu kombinieren. Die 3000 t schwere »Betonnadel« steht auf einem kegelstumpfförmigen Fundament von 1500 t (Dm. Fundamentring 27 m, T 8 m, mit Spannbetonplatte: Stahldrähte halten den Ring zusammen; Erdmassen über dem Fundament: 3000 t). Die vollendet ästhetische Form entsteht durch den sich in leichter Parabellinie verjüngenden Schaft (vgl. antike Säulen) bis zur H von 136 m (Dm. unten 10,8 m, oben 5 m; Wanddicke: 0,80/ 0,19 m); darüber der sich verbreiternde 4-gesch. zylindrische Korb (unten 12,5 m, ab 2. Restaurant-OG 14,8 m) mit Aussichtsplattform. Außenwand des Korbs (Faraday-Käfig): Aluminium und Glas. Schwankungen bei extremem Wind: Korbhöhe max. um 0,6 m, Antenne um 1,6 m; bei Sonnenhitze ›verbiegt‹ sich der Turm minimal.

1956 Eröffnung mit traditionellem Hexentanz in 150 m H.
1983–87 notwendige Reparaturarbeiten am Turmkorb.
1990 Der Turmkorb wird innen und außen renoviert.

Solomon R. Guggenheim Museum, New York

Frank Lloyd Wrights Werk ist geprägt von Individualismus, amerikanischem Pioniergeist und verblüffender Vielfalt. Seit den 20er Jahren arbeitete er mit Kreis- und Spiralmotiven, beschränkt auf dekorative Formen, oder als selbständige Baukörper (etwa beim nicht ausgeführten Gordon Strong Automobile Objective and Planetarium, Sugaloaf Mountain, Maryland, oder dem Geschäftshaus Morris, San Francisco).

1943–46 Wright entwirft für die Sammlung abstrakter Kunst des Industriellen S. R. Guggenheim einen »Tempel des Geistes« (so die Auftraggeberin, Baronin H. Rebay).
1951 Entwurf eines 11-gesch. Anbaus (1990 umgesetzt).
1956–59 Nach kriegsbedingten Verzögerungen und nach dem Tod des Unternehmers (1949) wird das Museum realisiert. In der Hochhausumgebung der 5th Avenue widersetzt sich der in Rundformen gestaltete kleine Bau provokativ dem Rechteckmuster Manhattans. Schwere weiße und nahezu fensterlose Betonbänder geben dem plastischen Baukörper eine nur vordergründig schlichte Erscheinung: Vom bautechnischen Anspruch her weit über seine Zeit hinaus, schraubt sich fast ohne Stützen der Spiralbau 4-gesch. (innen 7 Ebenen) aufwärts. Die tellerförmigen Etagen werden trichterartig immer ausladender (Wright: »optimistische Zikkurat«), so dass der Blick auf die flache Glaskuppel von außen verwehrt bleibt; sie wird erst im Inneren des Hauptraums sichtbar. Der Besucher gelangt über einen Fahrstuhl oder das Treppenhaus nach oben, von wo aus er die nach innen offene Rampe – entlang der ausgestellten Bilder – abwärts flanieren (bei der Neigung allerdings kaum verweilen) kann. Bauliche Veränderungen (Beleuchtung) bereits kurz nach Wrights Tod.
1990–92 Umbau, Erweiterung (weitere Ausstellungsflächen; Skulpturenterrasse; neue Oberlichter; Cafeteria nach Plänen Wrights) und Anbau (10-gesch. Turm) von G. Siegel.

Parlament (links) und Abgeordnetenhaus (rechts)

Brasília

Lúcio Costa (1902–98) vertrat in Brasilien einen extravaganten Rationalismus, die Ideen Le Corbusiers und der ›Charta von Athen‹ zur funktionellen Stadt (1933); Partner seit den 30er Jahren war der Pritzkerpreisträger von 1988, *Oscar Niemeyer* (* 1907). WB (Costa, Niemeyer): Erziehungs- und Gesundheitsministerium, Rio de Janeiro (1936–1943); (Niemeyer:) Kasino (1942) und Kirche São Francisco (1943), Pampúlha; Verlagshaus Mondadori, Mailand (1968).

1891 Die brasilian. Verfassung ruft zur Planung einer neuen Hauptstadt auf (frühere Forderungen gibt es seit 1822).
1946–53 Suche nach einem Baugelände; Platzvermessung.
1956–57 Wettbewerb für die Retortenstadt aus Beton (Plan für 500 000 Ew.). Sieger wird L. Costa mit einem monumentalen, kreuz-/flugzeugförmigen Generalplan (mit gebogenen Seitenarmen); für die Anlagen sind O. Niemeyer (Chefarchitekt; Juror), I. Pinheiro da Silva (Ingenieur) sowie R. Burle Marx (Gartenarchitekt) verantwortlich.
1956–81 wichtigste Bauten: marmorverkleideter ›Palast der Morgenröte‹ (Präsidentensitz) vor einem künstlichen See; ›Platz der drei Gewalten‹ (über eine Rampe erreichbares Kongressgebäude, überkuppeltes Senatsgebäude, Parlament mit einer umgedrehten Kuppel), daneben zwei 38-gesch. Verwaltungshochhäuser; unterirdisch zugängliche Kathedrale mit rundem Grundriss (für 4000 Menschen; geweiht 1970); Außenministerium (Plan, Bau 1960–70); Theater und Opernhaus (fertig 1981); Palace Hotel. Kopfseitig befinden sich die Regierungsgebäude, gegenüber das Bahnhofs- und Industrieviertel; dazwischen: Hotels, Banken, Kaufhäuser, 90 quadr. angelegte, 5- und 6-gesch. Wohnsiedlungen mit Schulen, Kirchen usw. Stilformen: Kurvaturen, Rampen, rahmende Stützen, Spiegeleffekte.
1960 Brasília wird offiziell zur Hauptstadt Brasiliens.
1987 Die UNESCO erklärt die Stadt zum Weltkulturerbe.

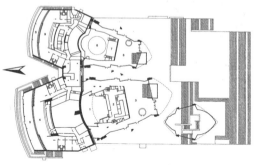

Opernhaus, Sydney

Der Däne *Jørn Utzon* (1918–2008) wurde 1945/46 Mitarbeiter A. Aaltos, 1949 von F. Ll. Wright. Reisen in die USA, nach Mexiko (Mayakultur) und Marokko. 2003 Pritzkerpreis. Der geniale Konstrukteur *Ove Arup* (1895–1988) hat Stararchitekten wie N. Foster, R. Piano, R. Rogers und J. Stirling in Sachen Tiefbau und Tragwerk beraten. WB (Utzon): Gartenhofsiedlung Kingo, Helsingør (1956–60); Bagsvaerdkirche, Kopenhagen (1969–75); Parlament, Kuwait (1972–87).

1956–57 Utzon wird unter 234 Teilnehmern durch einen glücklichen Umstand Wettbewerbssieger für das Opernhaus: Der Jury-Vorsitzende E. Saarinen entdeckt dessen Unterlagen unter den bereits abgelehnten Entwürfen.
1957–66 Entstehung des Gebäudes auf einer Landzunge im Hafen von Sydney. Wahrzeichen der Stadt werden die aus vorfabrizierten, gleich gekrümmten Betonrippen bestehenden, mit ~1 Mio. Majolikaplatten gefliesten Dachschalen (H 40–60 m; 27 000 t), deren Konstruktion unter Computereinsatz von Arup stammt (1962 überarbeitet). Den Abschluss für die Schalen bilden 6000 m² Fensterfläche. Die Symbolkraft des pfeilerlosen Daches auf Naturstein-Unterbau (Teile einer imaginären Kugel, Schiffssegel, turmhohe Wellen, Wolkenberge, Muschelbank) macht die Oper zum Vorläufer der Postmoderne; der Gesamtbau (Nutzfläche 44 000 m²) gehört der organischen Architektur in der Nachfolge Aaltos an. Das multifunktionelle Haus umfasst neben 5 Hallen auch Ausstellungsbereiche, Restaurants und Nebenräume. Fundamenttiefe: ~12 m.
1965 Kostenexplosion führt die Regierung in eine Krise.
1966–73 Nach Utzons Ausstieg aus dem Projekt unter Protest (Misstrauen der neuen Regierung; fragwürdige Innenraumgestaltung) wird der Bau von austral. Architekten (P. Hall, D. Littlemore, L. Todd) als Kompromiss fertiggestellt – weniger geeignet für Opern als für Konzerte.

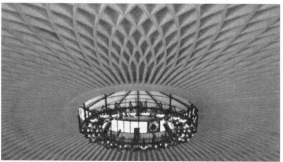

Palazzetto dello Sport, Außen- und Innenansicht

Palazzetto und Palazzo dello Sport, Rom

Wie Frei Otto gehörte *Pier Luigi Nervi* (1891–1979) zu den Ingenieuren, die für ihre wegweisenden Dachkonstruktionen mehr Beachtung fanden als die dahinter – im Schatten – stehenden Architekten: für die beiden Sportpaläste waren dies zum einen *Annibale Vitellozzi* (1902–90), zum anderen *Marcello Piacentini* (1881–1960), der seine besten Jahre im faschistischen Italien hatte. 1935 entwickelte Nervi Betongewölbe mit diagonal sich kreuzenden Trägern, in den 40er Jahren gerippte Gewölbe. WB: Stadion, Florenz (1929–32); Flugzeughallen, Orbetello (1939–42); Messehalle, Turin (1947–49); Pirelli-Hochhaus, Mailand (mit G. Ponti; 1955–58); Palazzo del Lavoro, Turin (mit A. Nervi; 1960–61).

1956–58 Für die Olympischen Spiele in Rom (1960) baut Nervi den Palazzetto dello Sport. Das flache, muschelförmig gewellte Dach (Dm. 78 m; H 21 m) und die 36 stark geneigten Y-förmigen Träger machen die Halle zu einer der elegantesten und technisch beeindruckendsten Sportstätten: Hinter dem auf der Innenseite rautenweise kassettierten Dach verbirgt sich eine dünne Hülle (mit der Isolierschicht 12 cm: im Verhältnis 6mal dünner als eine Eierschale) aus 1620 vorgefertigten Betonelementen unterschiedlicher Größe. Die vertiefte Halle (Dm. 60 m) bietet für 4000–5000 Menschen Platz; sie wird von einer Wand aus Backstein und Glas umfangen, die der Stahl- und Spannbetonschale den Anschein von Leichtigkeit verleiht. Die tatsächlichen Lasten werden über die Stützen an einen Fundamentring (B 2,5 m; Dm. 81,5 m) abgegeben.

1957–59 Bau des Flaminio-Stadions neben dem Palazzetto.

1958–59 Dem kleineren Palazzetto folgt, ästhetisch weniger eindringlich, der Palazzo dello Sport mit 48 schrägen Stützen für 16 000 Zuschauer, mit Zugängen über 12 Treppen. Das Rundbau-Dach aus leichtem, radial geripptem Beton (Eisenzement, Stahlbeton) überspannt 100 m.

Jonas Salk Institute, La Jolla / Kalifornien

Der Architekt und Maler *Louis I[sadore] Kahn* (1901–74), gebürtiger Este, gehörte zu den einflussreichen amerikanischen Künstlern. Ausgehend von der École des Beaux-Arts, fand Kahn zu einer rationalist. Sprache in der Nachfolge Mies van der Rohes und wurde in den 50er Jahren einer der Hauptvertreter eines neuhumanistischen Brutalismus (Monumentalisierung der Form; offener Umgang mit dem Material). In seinem Spätwerk in Asien Wegbereiter der Postmoderne. WB: Yale University Art Gallery, New Haven (1951–1954); Alfred Newton Richards Medical Research Building, University of Pennsylvania, Philadelphia (1957–60); Regierungsviertel von Dakka, Bangladesh (1962; 1973–76).

1959 Pläne zu einem antiklassisch-kubistischen Laboratoriumsgebäude für Jonas Salk (Entdecker eines Impfstoffes gegen Kinderlähmung) bei San Diego, an einer Steilküste gelegen, sowie ein nicht ausgeführter Entwurf für ein Begegnungszentrum, das die Idee des »Hauses-im-Haus« formuliert (von O. M. Ungers später wieder aufgegriffen).

1962–65 Bau des Forschungszentrums aus Beton und Teakholz, zweier symmetr., um einen Hof angelegter 3-gesch. Laborflügel (mit Zwischengesch.); der Gesamtplan folgt einem Quadrat. Zwischen stützenlosen Laborräumen und Hofseite isolierte 4-gesch. ›Denkzellen‹ für die Forscher.

1967 mit dem Landschaftsarchitekten L. Barragán Gestaltung des zentralen längsrechteckigen, nach 2 Seiten offenen Hofes: Travertin-Plattform und Wasserrinne in der Anlagenmitte, die sich vom Platzende her gesehen opt. mit dem Himmel und dem Meer verbindet als inszenierter, transzendental-lebenssymbolischer Außenraum (vgl. arab. Harmonie-Idee von Wasser, Raum und Licht).

1994 Erweiterung des Laboratoriums (durch J. MacAllister) um ein Gebäude, das den von Kahn vorgesehenen Eukalyptusgarten als ›ruhenden‹ Zugang unmöglich macht.

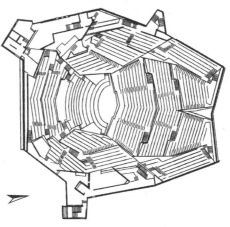

Philharmonie, Berlin

Hans Scharoun (1893–1972) suchte seine Wurzeln in den expressiven Jahren vor 1920, war als Vertreter des Neuen Bauens Mitglied von B. Tauts »Gläserner Kette« und vom »Ring«. Seinen Weltruf begründete er nach 1945 als verantwortlicher Architekt des Berliner Wiederaufbaus und als Leiter des dortigen Deutschen Werkbundes. WB: Wohnhaus in der Weißenhofsiedlung, Stuttgart (1927); Großsiedlung Siemensstadt (Leitung), Berlin (1929–31); Hochhausgruppe »Romeo und Julia«, Stuttgart (1954–59); Dt. Botschaft, Brasilia (1963–71); Stadttheater, Wolfsburg (1965–73).

1956 Scharouns Wettbewerbsentwurf wird ausgezeichnet.

1960–63 auf nicht realisierte Entwürfe für Theaterbauten in Kassel und Mannheim (1953–52) zurückgehender Bau der Philharmonie; entwickelt aus 3 auf verschiedenen Ebenen zueinander verdrehten terrassierten Fünfeckarenen um ein zentrales Orchesterpodium (60 × 55 m; H 21 m). Dadurch erstmals Überwindung der starren Ausrichtung zwischen Zuschauer und Bühne; 2205 Plätze. Asymmetr. Unterbau (Foyer). Bewegung bestimmt den Orchesterraum, gesteigert durch die Schallsegel und -reflektoren, und das zeltartig sich aufschwingende, vielfach gegliederte Dach. Ausstattung: A. Camaro (Farbglasfenster), B. Heiliger (Plastik), E. F. Reuter (Fußboden) u. a. Nebentrakte ein- bis 3-gesch., z. T. verglast. Mitarbeiter: E. Wisniewski.

1978–81 Verkleidung des Außenbaus mit elektrisch oxydierten, gelblich-goldschimmernden Aluminiumblechen.

1978–84 Neben der Philharmonie entstehen das Staatliche Institut für Musikforschung (E. Wisniewski, 1970 Vorentwurf Scharoun) und das Musikinstrumentenmuseum.

1984–88 nach einer Idee von Scharoun (1971) gebauter, aus einem Sechseck entwickelter Kammermusiksaal (»Kleine Philharmonie«; 1022 Plätze) von E. Wisniewski.

1991–92 Renovierung der Philharmonie (Hauptsaal, Decke).

Rathaus, Bergisch Gladbach-Bensberg

Gottfried Böhm (* 1920) gehört einer Architektendynastie an, deren Bedeutung fürs 20. Jh. fast an die der Parler-Familie im Mittelalter heranreicht. Sein Vater D. Böhm gab dem Kirchenbau neue expressive Impulse, die der Sohn aufgriff und auf andere Bauaufgaben übertrug. Über den Rationalismus gelangte er ~1980 – mit wachsender Beteiligung seiner Söhne – zu einem postmodernen Stil, von der Beton- zur Glasarchitektur. Pritzker-Preis 1986. WB: Pfarrkirche St. Gertrud, Köln (1960–66); Wallfahrtskirche, Velbert-Neviges (1963–72); Diözesanmuseum, Paderborn (1968–75); Sanierung Saarbrücker Schloss, Neubau Mittelrisalit (1977–89).

1962 eingeschränkter Wettbewerb für das Rathaus.
1962–68 Unterhalb Bensberg entsteht Böhms Kinder- und Jugenddorf, formal ein kleiner ›Ableger‹ des Rathauses.
1964–72 Böhm errichtet über den Grundmauern der mittelalterlichen städtischen Ringburg das monumental-plastische Rathaus, dessen rhythmisch aufwärtsstrebender Treppenturm mit dem expressiv prismatisch sich gebenden Helm auf die Kirch- und barocken Schlosstürme von Bensberg reagiert; der bestimmende rohe Sichtbeton fügt sich zu den groben Mauerresten der Burg (Palas, Bergfried, Turmfragmente), die hofseitig jedoch durch Glaswände ihrer Schwere enthoben sind. Als moderne Stadtkrone soll das Rathaus eher den demokratischen Bürgerstolz als Wehrhaftigkeit demonstrieren. Entlang dem annähernd kreisförmigen, geöffneten Grundriss staffelt sich der durch Erkerformen aufgelockerte Komplex vom 2- zum 8-gesch. Bürobau und gipfelt im Turm. Der Besucher gelangt über den leicht ansteigenden, gepflasterten Hof zum Haupteingang. Mitarbeit: D. Basilius, W. Finke, M. Jäger, G. Kaintoch, F. Kilian, H. Schmalscheidt, G. Wagner.
1965 Restaurierung des Palas (Rundbogen u. a. Fenster).
1975 Bensberg wird zu Bergisch-Gladbach eingemeindet.

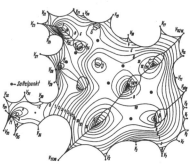

Dachkonstruktion, Grundriss mit Höhenlinien

Deutscher Pavillon, Montreal

Seine Hängedachkonstruktionen machten *Frei Otto* (* 1925) zu einem der wichtigsten Architekten Deutschlands, dessen rationalist. Maßstäbe ungeachtet postmoderner Entwicklungen bis heute gültig sind. Promoviert in Berlin über *Das hängende Dach* (1954), baute er 1964 in Stuttgart das Institut für Flächentragwerke auf. Mitbegründer des Ökologischen Bauens. Seit den 60er Jahren Zusammenarbeit mit dem anthroposophisch geschulten *Rolf Gutbrod* (1910–99). WB (Otto/Gutbrod): Hotel- und Konferenzzentrum, Mekka (1974); Ministerratsgebäude, Riad (1978–82). WB (Gutbrod): Liederhalle, Stuttgart (mit A. Abel; 1955–56); WB (Otto): Olympiadächer, München (mit G. Behnisch; 1967–72).

1965–67 Nach ausgedehnter Planung wird in wenigen Wochen das asymmetr., an 8 Masten (H 14–38 m) und verzinkten Stahlseilen aufgehängte Dach (8000 m²; max. 130 × 105 m) gebaut, das sich an der klassischen Zeltform orientiert und Ottos frühe Textilpavillons weiterentwickelt. Das lichtdurchlässige Gewebe aus Spezial-Polyester legt sich über ein Stahlnetz (Maschenweite 50 cm), dessen gebirgsähnliche Konstruktion in der Aufsicht eine poetisch-glitzernde Wirkung erzielt. Die Pionierarbeit liegt in der Leichtbauweise, der weitestgehenden Materialreduzierung; der natürliche Aspekt wird deutlich im Vergleich mit Spinnennetzen, Insektenflügeln. Ing.: F. Leonhardt, H. Egger; Mitarbeiter: H. Kendel, H. Kies, L. Medlin.
1967 Kanada findet im EXPO-Jahr Anschluss an die internationale Baukunst v. a. durch Otto und Gutbrod, R. B. Fuller (Kuppel-Pavillon) sowie M. Safdie (›Habitat flats‹).
1973 Das urspr. nur für einen Winter konstruierte Dach bricht unter der Schneelast zusammen und weicht den Bauten für die Olympiade 1976 – erhalten bleibt nur der nach Stuttgart-Vaihingen translozierte und umgebaute Versuchspavillon von 1966–68 (heute Institutsgebäude).

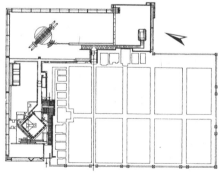

Grabstätte Brion, San Vito di Altivole

Der Venezianer *Carlo Scarpa* (1906–78) inszenierte seine Architektur so sensibel wie akzentuiert, ausgehend von De Stijl, Jugendstil bis hin zu F. Ll. Wright. Einen Namen machte er sich zunächst als Glaskünstler und Innenraumgestalter, dann als detailverliebter, bahnbrechender Ausstellungsarchitekt – 1941–72 war er als kreativer Berater für die Biennale in Venedig tätig. Zahlreiche modernisierende Museumsrestaurierungen. WB: Museo Castelvecchio, Verona (Umgestaltung; 1956–64); Venedig-Pavillon im Giardino di Castello (1957–58); Banca Popolare, Verona (1973–80).

1969–75 Nahe Treviso entsteht für die Industriellenfamilie Brion – winkelförmig um den öffentlichen Friedhof angelegt – ein erhöht liegendes und von einer einwärts geneigten Mauer begrenztes monumental-plastisches, parkähnliches Mausoleum (~2200 m²). Mit historisierenden, metaphern- und symbolreichen Formen zelebriert Scarpa, der »Betonpoet« (G. Peichl), den Tod: die kubische Kapelle in rohem Schalbeton, von expressiven, dekorativ zusammengehaltenen Einzelformen belebt, ist von Wasser umgeben, während ein künstlicher Wasserlauf bewusst Kies führt; den Eingang zum Friedhof bilden 2 ineinanderlaufende, mit grünen und blauen Mosaiksteinen eingefasste Bronzeringe in der Wand – Symbol für Mann und Frau –; die 2 marmornen Sarkophage des Hauptgrabmals stehen auf einer kreisrunden Fläche schräg einander zugewandt, überspannt von einem flachen, pflanzenüberwucherten Stahlbeton-Bogen. Gegenüber der Kapelle baut Scarpa einen holzüberdachten Meditationspavillon. Zugrunde gelegte Maßzahl: 5,5 × 5,5 cm. Exklusive Ausstattung: Leuchter (H 3 m) u.a. Mitarbeiter sind C. Maschietto, G. Pietropoli.
1978 Scarpa wird im Areal des Brion-Friedhofs beigesetzt.
1984 L. Nono widmet dem Architekten sein kleines Orchesterwerk *A Carlo Scarpa, architetto, ai suoi infiniti possibili*.

Beinhaus

Friedhof von S. Cataldo, Modena

Als Begründer des Neorationalismus gehörte der Architekt, Theoretiker und Zeichner *Aldo Rossi* (1931–97) zu den vielseitigsten Architekten in der 2. Hälfte des 20. Jh.s. Prof. in Mailand (1971 wegen prokommunistischer Gesinnung entlassen), Zürich und Venedig. 1990 Pritzkerpreis. Ausgehend von rationalen und monumentalen Stilen (Revolutionsarchitektur, Klassizismus, Rationalismus, Faschismus), fand Rossi zu einer kompromisslos reduzierten Sprache. Schrift: *L'architettura della città* (1966; dt. 1973). Wichtigster Mitarbeiter seit 1971 war *Gianni Braghieri* (* 1945). WB (Rossi): Wohnquartier Gallaterese, Mailand (1969–70); Teatro del Mondo, Venedig (1979–80); Bonnefanten-Museum, Maastricht (1990–94); Quartier Schützenstraße, Berlin (1995–97).

1967 Modena beschließt eine stufenweise Erweiterung des neopalladianischen Friedhofs (A. Costa, 1858–76).

1971–72 Rossi und Braghieri gewinnen mit ihrem nüchterndüsteren, von etruskischen Grabhäusern inspirierten Projekt »L'azzuro del cielo« den anonymen Wettbewerb.

1974 Baubeginn nach einer 2. Wettbewerbsrunde (1973).

1978 Umfriedung der symmetr. Anlage mit gleichförmigen Säulengängen in grauem Beton; Bau des Kolumbariums.

1980–84 Bau des dach- und etagenlosen Beinhauses, eines rosa getönten Betonwürfels mit 7 Reihen von je 9 quadr. Fensterauslassungen sowie 9 offenen Toren auf jeder Seite. Der schlicht-monumentale, formallogische Bau (vgl. Werke von G. de Chirico) symbolisiert nicht nur den Tod, das Verlassensein, sondern ist auch konkret als Gefallenen- und Partisanendenkmal gedacht – in der Region befindet sich ein faschistisches Todeslager. Unfertig bzw. vorgesehen sind Grabhausreihen hinter dem Beinhaus, die in steter Verkürzung an Höhe zunehmen und so von oben und von vorne ein Dreieck bilden, sowie an der Spitze ein Backsteinkegel (Gemeinschaftsgrab; Kapelle).

Centre Georges Pompidou, Paris

Richard Rogers (* 1933) bildete 1963–67 mit N. Foster und beider Gefährtinnen das ›Team 4‹, bevor er 1971 mit *Renzo Piano* (* 1937) ein Büro gründete. Sein Markenzeichen wurden die schonungslos präsentierten Konstruktionselemente, die jegliche Fassadengestaltung negieren. Piano fand über die Mitarbeit bei L. Kahn zur High-Tech-Architektur und nach der Trennung von Rogers (1977) zu selbständigen, ruhigeren Formen. WB (Rogers): Lloyd's Building, London (1978–86). WB (Piano): Hafen von Genua, Neugestaltung (1988–92); Passagierterminal des Kansai Flughafens, Osaka (1988–94).

1970–71 Wettbewerb für das ›Centre National d'Art et de Culture Georges Pompidou‹ (681 Teilnehmer). Jury: u. a. J. Prouvé (Vors.), E. Aillaud, Ph. Johnson, O. Niemeyer.
1972–77 Bau des öffentlich heftig umstrittenen 6-gesch., multifunktionalen Hauses (H 40 m): Museum, Bibliothek und Veranstaltungsräume mit gemeinsamem Zugang. Spektakulär sind die Platzierung im historischen Zentrum von Paris, die Dominanz der grellbunten Installationsleitungen, Versorgungselemente und das Gussstahl-Tragwerk vor der gläsernen Hülle. Diagonal zur Vorderfront verläuft die markant abgestufte Rolltreppe im Plexiglasschlauch. Die Räume (170 × 48 m) sind dank der 13 Stahlrahmen stützenfrei. Deutlicher Einfluss durch die 1974 aufgelöste Pop-Art-Gruppe ›Archigram‹, die für Rogers & Piano die Planung der »Raffinierie« mitträgt. Die technische Verantwortung für den High-Tech-Bau liegt beim Büro von O. Arup. Schräg gegenüber der »Piazza« entsteht das Institut de Recherche et de Coordination Acoustique/Musique (IRCAM; Leitung 1976–91: P. Boulez).
1983 Brunnenanlage von N. de Saint-Phalle und J. Tinguely.
1997–99 Renovierung und nüchterner Umbau (R. Piano, J.-F. Bodin): getrennte Zugänge, größere Ausstellungsfläche (14 000 m²), neue Farben (blau, schwarz, weiß u. a.).

Le Viaduc

Wohnanlagen, Saint-Quentin-en-Yvelines

Der Katalane *Ricardo Bofill* (* 1939) gelangte über den Brutalismus und Rationalismus zu einem umstrittenen monumentalistischen Klassizismus. 1963 gründete Bofill die ›Architektur-Denkfabrik‹ Taller de Arquitectura, in der er auch Kunsthistoriker, Philosophen, Soziologen und Wirtschaftsleute zusammenführte. Mit der zunehmenden Verwendung historistischer Formen Mitte der 70er Jahre und der zeitgleichen Verlagerung der Tätigkeit nach Frankreich wurde Bofill zu einem Hauptmeister der Postmoderne. WB: Barrio Gaudí, Reus (1964–67); Les Espaces d'Abraxas, Marne-la-Vallée (1978–83); Flughafenterminal, Barcelona (1988–2009).

1972–75 Als Pariser Satellitenstadt entsteht der gigantisch-kitschige und streng geometrische Wohnkomplex Les Arcades du Lac aus vorgefertigten Bauteilen – nach relativer Nähe, Grundriss und Gartenanlagen ein »Versailles für den kleinen Mann« (P. Hodgkinson) –: In dem 4-gesch. Mietpalast, der entfernt in der Tradition des engl. Orts Bath (18. Jh.) und der frz. Revolutionsarchitektur steht, befinden sich ~600 kleine, aber solide gebaute, ›real-utopische‹ Sozialwohnungen, was die Kritiker nicht davon abhält, die Proportion als »napoleonisch-faschistisch« (B. Zevi) zu charakterisieren. Die Betonelemente verbergen sich hinter ansprechenden, in gelbliches Rosa getauchten Kulissenwänden und hinter Säulen – Ziel ist ein kollektives Wohngefühl. Mitarbeit: R. Collado, B. Torchinsky u. a.

1978–80 Die in einen künstlichen See hineingebaute bizarre Anlage Le Viaduc mit 6 über Arkaden verbundenen mächtigen Wohntürmen bei jeweils 8-eckigen Grundrissen ähnelt röm. Aquädukten. Komplex für 74 Wohnungen.

1981–86 Im letzten Bauabschnitt entstehen auf der anderen Seite des Sees kolonnadengesäumte, antik-griech. anmutende Temples du Lac mit 200 Wohnungen; selbst der zentrale Tempel ist nichts anderes als ein Wohnblock.

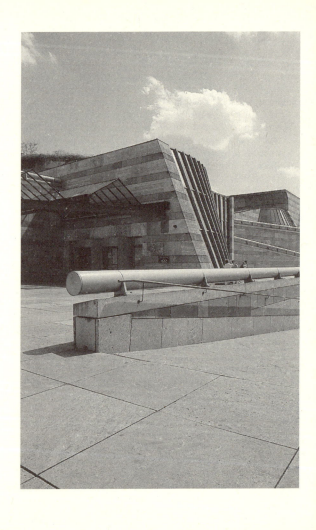

STAATSGALERIE, STUTTGART

Der Schotte *James Frazer Stirling* (1926–92) gründete 1956 nach dem Studium in Liverpool und London ein Büro, in dem er sich über den Brutalismus hinweg zum Rationalisten entwickelte. Seit 1971 Zusammenarbeit mit *Michael Wilford* (* 1938); Stirling vertrat eine spielerische Postmoderne. 1981 Pritzker-Preis. WB: Histor. Fakultät, Cambridge (1964–67); Studentenwohnheim und Kunstzentrum der Universität St. Andrews (1964–68, 1971); Tate Gallery, Clore-Flügel, London (1982–87); Brit. Botschaft, Berlin (Wilford; 1997–2000).

1974 Ideenwettbewerb zur Erweiterung der Staatsgalerie.

1977 J. Stirling, M. Wilford & Ass. gewinnen, nicht unumstritten, den Einladungswettbewerb (u. a. gegen G. Behnisch mit Kammerer & Belz sowie J. Bo & V. Wohlert).

1979–84 Bau des Museums, das sich mit der über eine Brücke im OG verbundenen neoklassizist. ›Alten Staatsgalerie‹ (G. G. Barth, 1938–42) sowie mit dem Typ des Museumsbaus in der Tradition K. F. Schinkels (›Altes Museum‹) auseinandersetzt. Monumentalismus und Tradition (Repräsentanz des öffentlichen Bauwerks, Wandverkleidung aus Travertin und Sandstein, achsialer Grundriss, Ausstellungsräume) mischen sich spielerisch mit Antimonumentalismus (gewundener Fußweg als Querverbindung, leere Gebäudemitte/Rotunde als »non-space«, geschwungene Glasfassade, offener Grundriss, historisierend-ironische Bauzitate, grelle Farbigkeit). Das Gebäude korrespondiert mit der (urspr.) U-Form der alten Galerie, tritt aber gegenüber der verkehrsreichen Straße gestaffelt zurück. Das angebaute Kammertheater nimmt den Südflügel des Altbaus nach vorne, ein betont zweckfreier Pavillon das Reiterstandbild im alten Ehrenhof wieder auf. Die technische Beratung liegt bei Ove Arup & Partners.

1992–96 In der benachbarten, von Stirling/Wilford geplanten Musikhochschule setzt sich die Bauidee fort.

Hongkong und Shanghai Bank, Hongkong

Einer der renommiertesten Gegenwartsarchitekten ist *Sir* (seit 1997) *Norman Robert Foster* (* 1935), der mit dem Ex-Partner R. Rogers (›Team 4‹) zu den Hauptvertretern des High Tech gehört, beeinflusst von dem Tragwerkspezialisten R. B. Fuller. 1967 firmiert sein Büro unter Foster Associates (heute Foster and Partners); 1999 Pritzkerpreis. WB: Kulturzentrum, Nîmes (1984–1992); Fernmeldeturm, Barcelona (1988–92); Millennium Tower, Tokio (1991); Commerzbank, Frankfurt (1991–97); Swiss-Re-Tower, London (2001–04).

1978 Die Hongkong und Shanghai Bank (ehemalige Hongkong Bank, eine engl. Gründung von 1865) plant einen Neubau ihres Hauptgebäudes (1933–35; G. L. Wilson). Als Ingenieurbüro liegt bereits Ove Arup & Partners fest.

1979 In einem zügig durchgeführten Wettbewerb erringt das bei Hochhäusern unerfahrene Büro Fosters den Sieg (bei 7 Teilnehmern: u. a. die Erbauer des 443 m hohen Sears Tower in Chicago, Skidmore Owings & Merrill).

1981–86 Konstruktion des 47-gesch. High-Tech-Baus (»The [Oil-]Rig«; H 179 m; überbaute Fläche: 99 171 m²), dem ~120 000 Zeichnungen zugrunde liegen. Das offen sichtbare Gerüst besteht aus 8 Stahlfachwerktürmen mit je 4 stählernen Säulen, an denen die doppelgesch. Tragwerke mit 3 Geschossgruppen hängen; riesige Stahlkreuze geben dem Gebäude festen Halt. Durch die zum Innenhof offene Form – ein Novum bei Wolkenkratzern – entstehen flexible Büroetagen für ~5000 Angestellte. Oberhalb des EG 10-gesch. Atrium (Hohlkern; H 52 m); über ein Spiegelsystem im 11./12. Geschoss gelangt Tageslicht bis in die Schalterhalle. Der Transparenz entspricht die Bevorzugung von Rolltreppen vor Aufzügen. Mit I. M. Peis Bank of China (1982–90; H 315 m) zählt Fosters Bau zu den kommerziellen und (bis zum Anschluss der Stadt an China 1997) symbolischen Wahrzeichen Hongkongs.

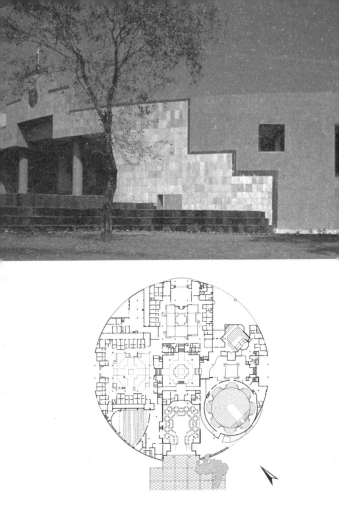

Regierungs- und Parlamentsgebäude, Bhopal

Die moderne ind. Architektur ist von Le Corbusier und L. Kahn beeinflusst. Zu den eigenständigsten, international bekannten und tätigen Baumeistern und Stadtplanern gehört *Charles Mark Correa* (* 1930). Studium in Bombay und den USA; seit 1958 eigenes Architekturbüro. Seit 1992 Jury-Mitglied für die Pritzker-Preisverleihung. 1994 Praemium Imperiale. In seinen öffentlichen Bauten vereint Correa östl. und westl. Bauformen; er beschäftigt sich mit natürlichen Belüftungssystemen und der Durchdringung von Innen- und Außenraum. WB: Gandhi-Gedenkstätte, Ahmedabad (1958–1963); Previ Projekt, Lima, Peru (1969–73); Kulturzentrum, Jaipur (1986–92); British Council, Delhi (1987–92).

1980–97 Bau des oberhalb der Stadt (im Bundesstaat Madhya Pradesh) gelegenen Parlamentsgebäudes, angelehnt an regionale islam. und buddhist. Bauten (vgl. eine Stupa in Sanchi), in stilistischer Abgrenzung zu L. Kahns rationalistischem Parlament in Dakka (Bangladesh), 1962–76. Innerhalb einer dem Mandala nachempfundenen, kreisförmigen Gesamtanlage mit Gartenanlagen befinden sich 5 quadr., schattige Höfe, um die sich die Büros gruppieren, sowie z. T. gerundete Parlamentsgebäude in 4 wiederum kreisförmigen Segmenten. Über dem Plenarsaal wölbt sich eine Kuppel. Der Hof ist wichtiger Bestandteil der Architektur – unter freiem Himmel, wo sich vor und nach der Tageshitze das Alltagsleben abspielt, und im natürlichen Licht, das Correa auch kosmisch-symbolhaft versteht. Monumentales verbindet sich mit Flüchtigem, gebaute Wirklichkeit mit religiösem Leben. Enge Zusammenarbeit mit ind. Künstlern und Kunsthandwerkern, die von Anfang an in die Planungen einbezogen werden. Wie viele Bauten in tropischen Regionen ist das Gebäude klimabedingt bereits in sanierungsbedürftigem Zustand.
1998 Correa erhält für den Bau den Aga-Kahn-Preis.

Feuerwehrhaus von Zaha Hadid

Vitra-Gelände, Weil am Rhein

Dem Engagement des Vitra-Chefs R. Fehlbaum ist das bedeutendste Architektur-Ensemble in Deutschland am Ende des 20. Jh.s zu verdanken. Zunächst geplant von *Nicholas Grimshaw* (* 1939) als einheitlicher Industriebau, entschied sich die Vitra-Führung für spektakuläre Einzelbauten: einerseits von den barocken Dekonstruktivisten *Frank O. Gehry* (* 1929) und *Zaha Hadid* (* 1950), der wichtigsten Architektin der Gegenwart, andrerseits neben Grimshaw die symbolistisch Rationalen *Alvaro Siza Vieira* (* 1933) und *Tadao Ando* (* 1941). WB (Ando): Kirche des Lichts, Osaka (1987–1989); WB (Hadid): Gartenschaupavillon, Weil a. Rh. (1996–1999); WB (Siza): Portugals EXPO-Pavillon, Lissabon (1998).

- 1981–87 Vom urspr. Masterplan Grimshaws werden 3 stahlverkleidete Werkhallen für die Möbelfabrik errichtet.
- 1987–89 Gehry baut das weiß verputzte, abstrakt-skulptural verschachtelte Vitra Design Museum (Sammlung von Sitzmöbeln); die Dächer sind mit Titanzink gedeckt.
- 1989–93 Ando verbindet in dem zur Meditation einladenden schlichten, gut belichteten 2-gesch. Konferenzzentrum mit Zugang zu einem abgesenkten quadr. Innenhof westl. Material (Sichtbeton) mit östl. Ästhetik: Schaltafeln in der Größe japan. Strohmatten (91 × 182 cm); Kirschbäume.
- 1991–93 Mit Hadids spitzwinklig in den Raum stechendem Feuerwehrhaus, mittlerweile Teil des Design-Museums, entsteht der erste realisierte Bau der Irakerin, der an den russ. Konstruktivismus anknüpft, aber als Musterbeispiel des Dekonstruktivismus gilt. Die stützenlose Halle ist dynamisch-spielerisch durchflochten von geschlossenen (Sichtbeton) und offenen Formen (Glas). Das expressive Vordach wird von teils schiefen Stahlstäben gehalten.
- 1991–94 Siza baut eine sensibel-zurückhaltende, sichtziegelverschalte Produktionshalle sowie ein bewegliches Verbindungsdach zur gegenüberliegenden Werkhalle.

HYSOLAR-INSTITUT DER UNIVERSITÄT STUTTGART

Der Gutbrod-Schüler *Günter Behnisch* (1922–2010) war einer der führenden deutschen Architekten. Sein Stuttgarter Büro – 1952 mit B. Lambert auch als Ort demokratischen Austausches gegründet – firmierte seit 1966 unter dem Namen Behnisch & Partner, mit wechselnden Assoziationen (seit 1989 unter der Leitung von S. Behnisch). 1967–87 Prof. in Darmstadt. WB: Olympiagelände, München (mit F. Otto; 1967–72); Plenarsaal des Deutschen Bundestages, Bonn (1981–92); Museum für Post und Kommunikation, Frankfurt (1984–90); Kindergarten Luginsland, Stuttgart (1989–1990); Norddeutsche Landesbank, Hannover (1999–2002).

1986–88 Das zunächst als Kurzzeiteinrichtung geplante Hysolar-Institut wird zum Initialbau des Dekonstruktivismus in S-Deutschland (wobei Behnisch diese Einordnung ablehnt). Der Name leitet sich her von »HYdrogen from SOLAR energy«: in einem deutsch-saudiarabischen Projekt soll solarer Wasserstoff erforscht, erzeugt und genutzt werden; angeschlossen sind Einrichtungen der Luft- und Raumfahrttechnik und der Physikalischen Elektrotechnik. Dieser ›Inhalt‹ bildet den Hintergrund für die anarchisch-experimentelle Architektur, die schräg versetzte 2-gesch. Blechcontainer einer zentralen Halle zuordnet – Ausdruck für demokratischen Individualismus, abgebaute Zwänge und infragegestellte Normen. Der lichtdurchflutete kleine Bau (Geschossfläche: 770 m²; umbauter Raum: 5200 m³) bildet eine Collage aus Glas, Metall und Kunststoff, aus ›sinntragenden‹ Bauteilen, exzentrisch sich herausstellenden Stahlträgern und wie zufällig ins Gelände gestellten Sonnenkollektoren. Farben: ein rotes kräfteableitendes Stahlrohr durchzieht den ganzen Bau und führt ins Gelände; ein gelber Anstrich unter dem Oberlicht signalisiert ›Sonne‹; Treppenbalken und Galerien sind türkis. Projektgruppe: A. Ehrhardt, F. Stepper.

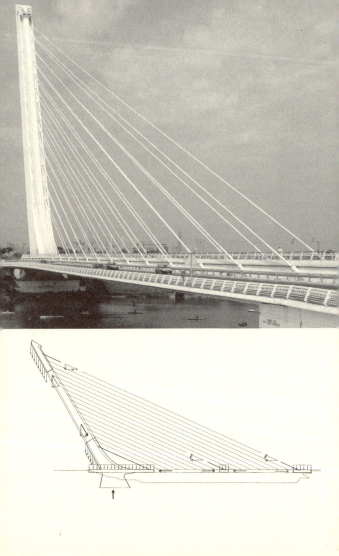

Alamillo-Brücke, Sevilla

Santiago Calatrava Valls (* 1951) studierte Kunst, Architektur und Bauingenieurwissenschaft in Valencia und Zürich; eröffnete nach der Promotion ein Büro in Zürich, 1989 auch in Paris. Über 50 Brücken (einschließlich Fußgängerüberwegen, Drehbrücken, Projekten) in der Nachfolge von R. Maillart. WB: Bahnhof Stadelhofen, Erweiterung, Zürich (1983–1990, mit A. Amsler und W. Rüeger), Brücke »Felipe II. / Bach de Roda«, Barcelona (1984–87), 2 Fernsehtürme, Barcelona (1988; 1989–92), Brücke Lusitania, Mérida (1988–91), TGV-Bahnhof, Lyon (1989–94), Wohnanlage PCW, Würenlingen (1989–96), Expo-Pavillon von Kuwait, Sevilla (1991–1992), Plaza España, Alcoy (1991–95), Bahnhof Oriente, Lissabon (1993–98); Turning Torso, Malmö (2001–05).

1987 Calatrava plant neben einem Viadukt (L 526,5 m) über die Halbinsel La Cartuja 2 spiegelbildlich angeordnete Hängebrücken (Schrägseilbrücken) über den Guadalquivir und den gegenüberliegenden Meandro de San Jerónimo, die zusammen ein gedachtes Tor ergeben sollen. Das Projekt entsteht anlässlich der EXPO 1992 in Sevilla als Symbol für die Symbiose von Ästhetik und Technik.

1992 Realisiert wird aus politischen Gründen nur eine der beiden Brücken (L 250 m, Spannweite 200 m) über den Meandro – einzige Schrägseilbrücke ohne Rückverankerung – sowie der Cartuja-Viadukt. Auf einer Seite erhebt sich im Winkel von 58° der 142 m hohe, fragil wirkende Pylon, ein mit Stahlbeton ausgegossener Hohlkörper, dessen Neigung und Gewicht die sonst übliche Spannseilverankerung ersetzen. Als Fußgängerweg dient ein stählerner Kastenträger (B ~4 m). Die Asymmetrie und dynamische Spannung von Pylon, Fahrbahnplatte (Stahlbeton) und 2 × 13 Zugseilen erinnern mit Bedacht an ein harfenähnliches Musikinstrument oder an organische Formen (etwa einen Vogel mit vorgerecktem Hals und erhobenen Schwingen).

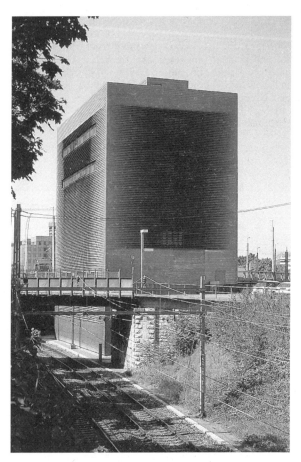

Zentralstellwerk

STELLWERK-ANLAGEN, BASEL

Jacques Herzog (* 1950) und *Pierre de Meuron* (* 1950) gründeten 1978 nach ihrem Studium an der TH Zürich in Basel ein Büro. Partner seit 1991 ist u.a. *Harry Gugger* (* 1956). In ihrem Werk verbinden sie kühne Entwürfe im konzeptionellen Austausch mit anderen zeitgenössischen Künsten, modernste Technologie mit traditionellen Materialien und Architekturverständnis. Ihr besonderes Augenmerk gehört den Gebäudehüllen mit einer starken Tendenz zu formaler Reduktion. 2001 Pritzkerpreis. WB: Lagerhaus Ricola, Laufen (1986–87); Tate Modern, London (Umbau eines Ölkraftwerks; 1994–2000, mit D. Kienast); »Allianz Arena«, München (2002–05); Elbphilharmonie, Hamburg (2003–12).

1988–89 Projekt für das Stellwerk Auf dem Wolf.
1992–95 Bau des 6-gesch. kubisch-monolithischen Stellwerks (286 m²). Die schlichte Betonschale wird von Kupferbändern (B ~20 cm) eingekleidet und erzielt einen für Nutzbauten seltenen nüchtern-poetischen Reiz: Bei Tag sind die Fenster hinter der flirrenden Fassade kaum sichtbar, wodurch der Eindruck einer riesigen minimalistischen Plastik entsteht; bei Beleuchtung tritt der Baucharakter zutage. Architektur und Raum sollen über die Oberfläche sinnlich wahrnehmbar werden, Material und Form miteinander verschmelzen. Der vor den Fensterzonen aufgebogene Kupfermantel, dessen Material symbolisch für die Elektronik im Inneren steht, wirkt wie ein Faraday-Käfig, der ebendiese Elektronik abschirmt. Die Struktur ähnelt äußerlich der Umgitterung von Lokmotoren-Aggregaten.
1992–95 Auf demselben Gelände entstehen 5 geschlossene, verschieden große Bauten des Lokomotivdepots (16 310 m²), das den Purismus des Stellwerks aufnimmt.
1995–99 Projekt und Entstehung des Zentralstellwerks (H 26 m), das in der Fassadengestalt dem ersten Bau folgt, durch den trapezoiden Grundriss jedoch expressiver wirkt.

STA. MARIA DEGLI ANGELI, MONTE TAMARO

Die Schweiz gehört neben Italien zu den momentan regsten Architekturregionen Europas; das Tessin fand sogar überregionale Bedeutung. Hauptvertreter dieser von A. Rossi und C. Scarpa inspirierten Tessiner Schule (A. Galfetti, B. Reichlin, L. Snozzi) ist *Mario Botta* (* 1943), der bereits vor dem Studium baute und früh für Le Corbusier und L. I. Kahn arbeitete. WB: Wohnhaus, Riva San Vitale (1972–73); Banca del Gottardo, Lugano (1982–88); Bergkapelle S. Giovanni Battista, Mogno (1986–96); Kathedrale, Evry (1988–95); Museum of Contemporary Art, San Francisco (1989–95); Fr. Dürrenmatt Centre, Neuchâtel (1997–2000).

1990 Projekt für die Bergkapelle oberhalb des Luganer Sees.
1992–96 In 1567 m Höhe entsteht Bottas zylindrische Votivkirche in Anklang an die geologische Formation des Berghangs, eine »gewaltsame« (Botta) wie künstliche Antwort auf die natürliche Umgebung – schon der Bau wird von langen Wintern unterbrochen. Die rohe Porphyrsteinverkleidung reflektiert die urwüchsige Bergwelt, die 22 Stahlfensterrahmen und eisernen Türzargen ein geometrisch ordnendes Prinzip. Über eine weit gespannte, viaduktförmige Rampe (L 65 m) gelangt der Besucher, sich dadurch symbolisch vom Boden lösend, auf das Kapellendach (Dm. 15,3 m; H 11 m), von dem sich der Ausblick auf die Landschaft öffnet; davon ausgehend führt eine doppelläufige Freitreppe nach unten ins EG mit dem Gebetsraum. Das Innere (184 m^2; umbauter Raum 2820 m^3) wird an der Decke von 2 Hängebalken sowie 2 Säulen am Eingang betont und dadurch als 3-schiff. markiert; die Mauern sind mit schwarzem Löschkalk verputzt. Die Fensterreihe verläuft auf Fußbodenhöhe. Mitarbeit: M. Moreni.
1995 Die Freskomalerei von E. Cucchi zeigt Mariendarstellungen (Seitenfenster), Hände (vom Tageslicht beleuchtete Apsis) und Bäume (Gang); Eichenholzausstattung.

»Ginger and Fred«, Prag

Der Kanadier *Frank O. Gehry* (* 1929) gründete 1962 sein Büro in Kalifornien. Nach dekonstruktivist. Initialarchitektur entstehen seit den 80er Jahren skulpturale Bauten, deren Realisation ohne spezielle Computerprogramme (für den Flugzeugbau) unmöglich wäre. 1989 Pritzker-Preis. Der Co-Architekt in Prag, *Vlado Milunic* (* 1941), stammt aus Kroatien. WB: Wohnhaus Gehry, Santa Monica, Kalif. (1977–78); California Aerospace Museum, Los Angeles (1982–84); Vitra Design Museum, Weil am Rhein (1987–89); Walt Disney Verwaltungsgebäude, Anaheim, Kalif. (1987–95); American Center, Paris (1988–94); Guggenheim Museum, Bilbao (1991–97); Neuer Zollhof, Düsseldorf (1997–99).

1990 Vorgängerprojekt von Milunic, initiiert von V. Havel.
1992–96 Eine niederl. Versicherungsgruppe beauftragt Gehry und Milunic, an der Moldau einen 7-gesch. Bürokomplex mit Konferenzsälen, Café und Geschäften im EG sowie einem Restaurant im obersten Gesch. zu errichten (Gesamtfläche: 5400 m²). Er schließt die Baulücke in einem Gründerzeitviertel, dessen Volumen fortgeführt, aber im fiktiv heiteren Tanzschritt des namengebenden Turmpaars und der wellenförmig gestalteten Fensterfassade ins graziös Beschwingte gesteigert wird – Symbol eines osteuropäischen Amerikanismus (Kritiker sehen gar eine zerdrückte Cola-Dose). Der Eckturm aus Beton mit barock stilisierter Haube (»Fred Astaire«) steht stabil auf einem Bein, während der stahlgestützte Glasturm daneben (»Ginger Rogers«), kess tailliert, scheinbar auf 8 kühn geschrägten Pfeilern um den Partner herumtanzt. Die Fenster an Betonturm und Seitenfassade wirken wie zufällig aufgeklebt, im Eindruck noch verstärkt durch die den ebenen Geschossflächen gegenläufig rhythmisierten Gesimsbändern der Außenverkleidung; tatsächlich handelt es sich um eine Präzisionsarbeit mit Betonfertigteilen.

Petronas-Türme, Kuala Lumpur / Malaysia

Der argentin. Architekt *Cesar Pelli* (*1926) lernte sein Handwerk bei E. Saarinen. Inspiriert vom High-Tech-Stil, gründete er 1977 ein eigenes Büro. WB: Pacific Design Center, Los Angeles (1971–75); US-Botschaft, Tokio (1972–75); Museum of Modern Art, Erweiterung und Wohnturm, New York (1977–83); Canary Wharf Tower, London (1986–91); Nationalmuseum für Kunst, Osaka (2003/04).

1991 Cesar Pelli and Associates gewinnt den Wettbewerb der staatlichen malaysischen Erdöl- und Gasgesellschaft Petronas (Petroliam Nasional Berhad). Geplante H: 427 m.
1992–97 Bau der 88-gesch. Zwillingstürme (H 452 m; überbaute Fläche: 696 000 m^2; 32 000 Fenster) für ~20 000 Arbeitsplätze. Die beiden identischen Türme zeigen im Grundriss islam.-geometrische bzw. buddhist. Muster (vorkragende, dreieckige und halbrunde Geschossdeckenteile); die sich nach oben verjüngende Form erinnert bewusst an Minarette und an den größten buddhist. Tempel Malaysias (Kek Lok Si; 1890). Auch den Fußböden und den Fenstergittern liegen traditionelle Muster und Farben zugrunde. In der 41. und 42. Etage (H 170 m) verbindet eine 2-gesch. Stahlbrücke (»Skybridge«; L 58,4 m, Gewicht 325 t) beide Baukörper: sie enthält eine Moschee, Aufenthalts- und Konferenzräume. Die Lasten werden über einen Betonkern und äußere schräggestellte Betonstützen über einem Stahl-/Glasskelett verteilt. Den Türmen angegliedert sind ein Konzerthaus, ein Erdölmuseum, Unterhaltungs- und Einkaufszentrum (~250 Läden). Das Fundament besteht aus 208 Spangenpfählen (L 60–115 m). Mitarbeiter sind F. W. Clarke, L. S. Ng und J. Pickard.
2000–08 Chicago versucht, mit einem Büro-/Wohnturm die Petronas-Türme an Höhe zu überbieten (Plan: 610 m) und Asien insgesamt zu überflügeln; seit 2004 führt Taiwan (Taipei 101: 508 m), 2008 soll Dubai folgen (über 705 m).

Gesamtansicht auf die Projekte von Sony (oben),
Daimler-Benz mit debis (Mitte) und von A&T (Vordergrund)

Potsdamer Platz, Berlin

Obwohl der Gesamtbebauungsplan für den prestigeträchtigen Potsdamer Platz von *Heinz Hilmer* (* 1936) und *Christoph Sattler* (* 1938) stammt, prägen die von Großkonzernen ausgelobten Masterpläne der Stararchitekten *Giorgio Grassi* (* 1935) und *Helmut Jahn* (* 1940) mit jeweiligen Partnern sowie *Renzo Piano* (* 1937) mit dem ›Building Workshop‹ (Mitarbeit: A. Isozaki, Chr. Kohlbecker, H. Kollhoff, R. Moneo, B. Plattner, R. Rogers u. a.) das Büro-Gesicht des Platzes. WB (Grassi): Stadtbibliothek, Groningen (1989–92). WB (Jahn): State of Illinois Center, Chicago (1979–85); Messeturm, Frankfurt (1984–91). WB (Piano): s. Centre Georges Pompidou, Paris (mit R. Rogers; 1971–77).

1991 Ideenwettbewerb zur Neubelebung des früheren europäischen Zentrums: Sieger ist das Büro Hilmer & Sattler.

1992–93 Die Bauherren Daimler(-Benz), Sony und A&T schreiben jeweils eigene Wettbewerbe aus, die den Gesamtbebauungsplan modifizieren sollen. Ein Fünftel der Grundfläche soll aus Wohnungen/Apartments bestehen.

1994–99 Das Daimler-Projekt (68 000 m²; Koordination Piano, Kohlbecker) ist ein Arbeits-, Wohn- und Unterhaltungsareal mit Musicaltheater (1800 Plätze; seit 2007 Disneys *Die Schöne und das Biest*), 3-D-Kino u. a. Kollhoffs 23-gesch. Daimler-Chrysler-Turm (H 85 m) mit Klinkerfassade zitiert in der Feingliederung F. Högers Chilehaus.

1995–2000 Das Sony-Projekt (~26 500 m²; Jahn) gruppiert, vom urspr. Plan abweichend, auf dreieckiger Fläche einen 26-gesch. Büroturm (H 103 m) und ein Medienzentrum um das ovale Forum, das die Grenzen von Außen und Innen verwischt (beschirmter Außenraum). Das neubarocke Hotel Esplanade (1908) wird – teils versetzt – integriert.

1996–2001 Das A&T-Projekt (16 500 m²; Grassi, Diener & Diener, Sawade, Schweger; 1997 differenzierte Neuplanung) besteht aus rot verklinkerten Kolonnadenbauten.

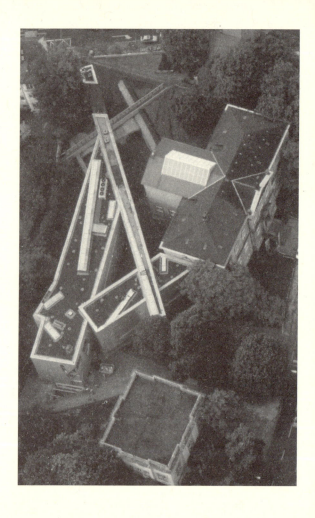

Felix Nussbaum-Museum, Osnabrück

Der aus Polen stammende amerikanische Architekt *Daniel Libeskind* (* 1946) hat sich in den 90er Jahren zu einem Hauptmeister des Dekonstruktivismus entwickelt, wobei er weniger auf das reine Zufallsprinzip und die exzentrische Disharmonie baut, sondern seinen introvertierten Bauten eine tiefergehende Symbolik unterlegt. Realisiert wurden bisher v. a. Museumsgebäude. WB: Bürohaus, Wiesbaden (1992); Jüdisches Museum, Berlin (1989–99); Erweiterung Victoria & Albert Museum, London (2004); Freedom Tower, »Ground Zero«-Gelände New York (2004 ff.).

1994–95 Wettbewerb für einen Museumsneubau zur Unterbringung der Gemälde des Malers Felix Nussbaum, der 1944 verhaftet und im KZ Auschwitz ermordet wurde (Osnabrück besitzt seit 1970 die mit ~160 Bildern größte Sammlung des jüd. Künstlers, v. a. dessen in Angst, Isolation und Orientierungslosigkeit entstandenes Spätwerk). Der Neubau soll das Kulturgeschichtliche Museum der Stadt (Haupt- und Nebengebäude, 1888–89 bzw. 1817, 1900–01) erweitern. Sieger wird Libeskind vor G. Grassi.

1996 Die Ausgrabung einer 3-bogigen Steinbrücke (erbaut 1672) führt zur Modifizierung des Museumsensembles.

1996–98 Bau des »Museums ohne Ausgang« (Libeskind), das – so die Jury (unter Leitung von J. P. Kleihues) – Leben und Werk des Malers »verräumlicht«; syntheselose Balance zwischen ›Geschichtsspuren‹ (Bezug auf die 1938 zerstörte Synagoge, eine NSDAP-Villa u. a.) und ›Gedankenlinien‹ (virtuelle, nur im Bauplan ersichtliche Gebäudeteile; Leerflächen: Parallelen zu Nussbaums unvollendetem Leben). Entsprechend überschneiden und durchkreuzen sich Haupttrakt (Eichenholzverkleidung), Gang (H 13 m, L ~50 m; Sichtbeton), Nussbaum-Brücke (Zinkplattenverschalung) und Altbau. Fenster asymmetr. in die Fassade geschnitten; unregelmäßige Räume. Nutzfläche 1890 m².

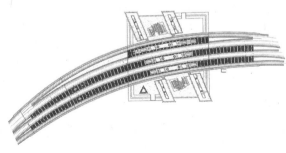

Hauptbahnhof (Lehrter Bahnhof), Berlin

1965 gründeten *Meinhard von Gerkan* (* 1935) und *Volkwin Marg* (* 1936) in Hamburg eine Architektensocietät, die heute mit 8 Büros in Deutschland und Asien tätig ist. Das Spektrum ihrer über 200 realisierten Bauten reicht vom Einfamilienhaus, Konzertbau bis zum Flughafen und zum Städtebau (z.B. die chines. Hafenstadt Luchao, bis 2020). WB: Flughafen Stuttgart, Passagierterminal (1981–91); Neue Messe Leipzig (1991–95; mit I. Ritchie); Bahnhof Spandau, Berlin (1998); Olympiastadion Berlin, Umbau (2000–04).

1993 Den Wettbewerb für den Neubau gewinnt das Büro Gerkan, Marg und Partner (gmp); Mitarbeiter des Projekts ist J. Hillmer (* 1959). Außer gmp war 1992 auch noch J. P. Kleihues mit einer Projektstudie beauftragt worden. Der alte Lehrter Bahnhof (1871) war 1952 stillgelegt und 1959 gesprengt worden, den Namen übertrug man der 1929 in unmittelbarer Nähe erbauten Stadtbahnstation.

1996–2006 Bau des größten europäischen Kreuzungsbahnhofs mit augenfälligem, dem Schienenverlauf folgendem, filigranen Dach in einer Glas-Stahl-Konstruktion (B 59–68 m, L 321 m [Plan: 450 m], H 15–17 m): bebaute Gesamtfläche 175000 m^2 bei 5 leicht wirkenden, lichterfüllten Verkehrsebenen – die tiefste mit der N-S-Trasse liegt 15 m unter der Erde – über einem Grundstück von 100000 m^2. 80 Geschäfte verteilen sich auf 3 Zwischengeschossen. Die Bahnhofshalle (H 27 m) wird flankiert von 2 Bürogebäuden (»Bügelbauten«, je 183 × 22 m, H 46 m).

2002 Das Glasdach wird aus Termingründen verkürzt; die unterste Etage erhält ohne Absprache mit Van Gerkan eine simple Flachdecke anstatt der eleganteren Rundbogenkonstruktion, die die Raumwirkung gesteigert hätte. Der alte denkmalgeschützte Stadtbahnhof wird abgerissen.

2006 Von Gerkan klagt in erster Instanz erfolgreich für den Umbau der Decke nach den urspr. Plänen (Urheberrecht).

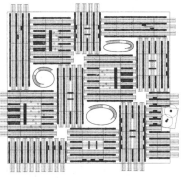

Klangkörper Schweiz, Hannover (abgebaut)

Der Basler *Peter Zumthor* (* 1943) war als Möbelschreiner und Denkmalpfleger tätig, bevor er 1979 freier Architekt wurde. Seine Bauwerke vereinen formale Konzentration und sinnlichen Zugang zum Material. 1996 Professur an der Architekturakademie in Mendrisio. WB: Kapelle Sogn Benedetg (1987–89); Thermalbad Vals (1994–96); Kunsthaus Bregenz (1994–97); Kolumba, Diözesanmuseum, Köln (2003–2007); Feldkapelle, Hof Scheidtweiler, Mechernich (2007).

1998–2000 Entwurf und Bau des Schweizer Pavillons für die EXPO in Hannover (Motto: »Mensch – Natur – Technik: Eine Welt entsteht«; unter den Architekten sind Th. Herzog, J. Nouvel, A. Siza, A. Speer sowie von Gerkan, Marg & Partner). Zumthor nimmt das Leitmotiv wörtlich und stellt zugleich die sensationsorientierte Länderpräsentation in Frage. 12 Stapel von handelsüblichem und unbehandeltem quergestapeltem Lärchen- und längsgestapeltem Föhrenholz (unterschiedliches Verhalten in der Witterung) ergeben ein nach allen Seiten symbolhaft (welt-)offenes Labyrinth (50 × 60 m; H 9 m) mit 70 Gassen, 3 Höfen und 8 überdachten Räumen; sie werden nur durch Stahlfedern, ohne Nägel, zusammengehalten und so für eine Zweitverwertung nach der Ausstellung bewahrt. Balkenstärke der ~37 000 gehobelten Balken: 20 × 10 cm; eine fachgerechte Trocknung ermöglichen die zwischengelegten Stapelhölzer (L 54,4 m). Die sinnliche Erfahrung des Holzes wird begleitet von Klängen (Akkordeon, Hackbrett), Düften (Holz, Käse, Wein u. a.) und Worten (Leuchtschrift). Mitkuratoren: P. Bachmann (zuständig für Texte aller Schweizer Landessprachen), K. Gruber (Regie), I. Gut (wetterfeste Kleidung des Personals), D. Ott (Klänge), M. Rigendinger (gastronomisches Konzept).

2000 Zumthors lexikalisches *Klangkörperbuch* begleitet und dokumentiert das temporäre Gesamtkunstwerk.

Neue Synagoge, Dresden

Das in Saarbrücken und Frankfurt a. M. ansässige Büro *Wandel Hoefer Lorch und Hirsch* (Andrea Wandel, * 1963; Andreas Helfer, * 1955; Wolfgang Lorch, * 1960; Nikolaus Hirsch, * 1964) gilt neben Z. Hecker (Duisburg, 1999) als Erneuerer des Synagogenbaus (u.a. 2. Preis Mainzer Synagogenwettbewerb). Erinnerungsprojekte mit Bezug auf die dt.-jüd. Geschichte (»Gleis 17«, Berlin, 1998). WB: Mahnmal Börneplatz, Frankfurt a. M. (2004/05); KZ-Gedenkstätte, Hinzert (2004/05); Neue Synagoge München (2001–06).

1938 in der Pogromnacht am 9. November Zerstörung der alten Synagoge (Gottfried Semper; 1838–40). Die jüdische Gemeinde (einst über 5000 Mitglieder) in Dresden, von der nur 70 Menschen den Holocaust überlebten, wächst erst seit 1989 wieder an (heute knapp 600 Mitglieder).

1997 Internationaler Wettbewerb (mit 57 teilnehmenden Büros), den L. Vacchini und H. Tesar gewinnen; den Zuschlag bekommt jedoch das drittplatzierte Saarbrücker Architektenbüro. Es wurde bewusst darauf verzichtet, Sempers neuromanisch-byzantinischen Stil zu übernehmen.

1998–2001 Planung und Bau der ersten neuen Synagoge in den neuen Ländern; Ersatz für ein Provisorium von 1950.

2001 Einweihung am 9. November. Als Kubus erheben sich sowohl der nach oben um 1,8 m gedrehte – und dadurch nach Vorschrift geostete – Sakralbau (H 24 m; Formsteinlagen) wie auch das 3-gesch. Gemeindehaus für jeweils 300 Personen. Die unversöhnlich-verschlossene, fensterlose Synagoge, deren Minimalismus ohne Symbolik auskommt (vgl. dagegen Z. Hecker, D. Libeskind), findet im gläsernextrovertierten Partnerbau ihre einladende Entsprechung. Der Hof dazwischen enthält dezente Hinweise auf den alten Semperbau (eingelassene Glaspartikel, Grundrisslinien); dessen erhaltener Davidstern ziert den Eingang.

2002 Auszeichnung: »Beste Europäische Architektur«.

Torre Agbar, Barcelona

Jean Nouvel (* 1945), einer der wichtigsten und vielseitigsten frz. Architekten, gründete 1970 sein eigenes Büro, mit wechselnden Partnern. Sein Werk zeichnet sich durch die Einbeziehung auffallender Elemente wie Licht und Farbe aus. 1989 Aga Khan Award, 2000 Goldener Löwe auf der Biennale in Venedig, 2001 Praemium Imperiale. WB: Institut du Monde Arabe, Paris (1981–87); Umbau der Oper Lyon (1986–93); Fondation Cartier, Paris (1991–95); Galeries Lafayette, Berlin (1991–96); Musée du quai Branly, Paris (2006).

2000–04 Inspiriert von einem Geysir, einer aus dem Boden sprudelnden heißen vulkanischen Quelle, wohl auch unter dem Eindruck des »Swiss-Re-Tower« (30 St. Mary Axe, London; K. Shuttleworth, N. Forster, 2001–04) baut J. Nouvel zusammen mit C. Benzoni, J.-P. Bouanha und dem Büro ›B720‹ das 34-gesch. Hochhaus über ovalem Grundriss (H 142 m, Bruttogrundfläche 50500 m²) mit einer mehrschichtigen, formal reduzierten, in der Licht- und Farbregie hochkomplexen Gebäudehülle. Die massive Betonschale mit seiner 25-farbigen, flexiblen Glaslamellenschicht (56619 Lamellen, 4500 Fensteröffnungen) soll wie ein Hitzeschild wirken (natürliche Belüftung). Die Flexibilität wird innen fortgeführt. Nouvel setzt dem rekordorientierten Höhendrang der USA ein auf die Wirkung ausgerichtetes, plastisches Hochhaus entgegen. Bekrönt wird der »Reptil« genannte Turm von einer 3-gesch. Glas-Stahlkuppel. Zur Stabilität ist er 30 m tief in der Erde verankert; im Inneren kommt der Bau ohne Stützen aus (die 6 Fahrstühle verlaufen entlang der Mauern).

2006 Nouvel erhält für den Torre Agbar den renommierten Frankfurter »Internationalen Hochhaus Preis« – als neues Wahrzeichen von Barcelona markiere der expressive Bau, so die Jury (Vorsitz: W. Sobek), die »pulsierende Dynamik einer städtebaulichen Revitalisierung«.

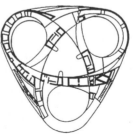

MERCEDES-BENZ MUSEUM, STUTTGART

Hinter dem niederl. Architektenbüro UN Studio (»UN« = United Net) stehen *Ben van Berkel* (* 1957), die Kunsthistorikerin *Caroline Bos* (* 1959) sowie seit 2005 *Tobias Wallisser* (* 1970, Kreativdirektor seit 2001) und *Harm Wassink* (* 1963, Strategiedirektor seit 2001). Sein Markenzeichen sind flexible, fließende Formen. WB: Erasmusbrücke, Rotterdam (1990– 1996); Möbius-Haus, Het Gooi (1993–98); Bahnhof Arnhem, Umstrukturierung (1996–2008); Musiktheater, Graz (1998–2007); Ponte Parodi, Genua (2000–09).

2001/02 digital voll entwickelter Wettbewerbsentwurf.
2002–06 Auf einer um 6 m erhöhten – da mineralwasserhaltigen – Gesamtfläche von 285 500 m^2 entsteht im Auftrag von DaimlerChrysler das Automuseum mit einer Bruttofläche von 35 000 m^2 (H 47,5 m). Dem Trend vieler Museumsbauten zum Glaskubus (Kunsthaus Bregenz, Zumthor, 1994–97; Kunstmuseum Stuttgart, Hascher/Jehle, 2002–04) setzen van Berkel und Wallisser eine Doppelhelix aus Beton, Aluminium und Glas entgegen, deren Rundumfassade mit 1800 ungleich großen Einzelscheiben absolute Dynamik vermittelt. Im Gegensatz zu den expressiv-dekonstruktivistischen Architekturskulpturen von Gehry, Hadid oder Libeskind setzt das Büro auf die Präsenz der Mathematik (Möbius-Schleife). Um das dachhohe Atrium schlingen sich 2 stützenfreie Ausstellungsebenen (»Sammlung«, »Mythos«) geschosslos abwärts. Außer den 12 000 Leuchten bleibt die Gebäudetechnik unsichtbar, wie auch die Elektro- und Datenkabel (630 km) sowie das Rohrwerk (100 km) für Kühl- bzw. Heizwasser hinter 120 000 t Beton verschwinden. Museumskonzeption: HG Merz (wie auch für das Porsche-Museum, Stuttgart, 2005–08); Statik: W. Sobek.
2006 Eröffnung des Museums als »Tempel des Computerzeitalters« (*Neue Zürcher Zeitung*).

Literaturhinweise

Es ist kaum möglich, alle Literatur zu nennen, die zur Zusammenstellung des vorliegenden Bandes herangezogen wurde. Wichtige Quellen waren *Reclams Kunstführer* sowie die *Dehio-Handbücher der Kunstdenkmäler*. Die folgenden Literaturhinweise berücksichtigen vorwiegend neuere Publikationen.

Almanach der Architektur. Hrsg. von Boris Podrecca. Salzburg 2007.
Architektur! Das 20. Jahrhundert. Hrsg. von Sabine Thiel-Siling. München 1998.
Architektur. Von den Pyramiden zur Postmoderne. Text von Mareile Stein. Köln 2001.
Architektur im 20. Jahrhundert: Deutschland. Hrsg. von Romana Schneider, Winfried Nerdinger und Wilfried Wang. München 2000.
Architektur im 20. Jahrhundert: Österreich. Hrsg. von Annette Becker, Dietmar Steiner und Wilfried Wang. München 1995.
Architektur im 20. Jahrhundert: Schweiz. Hrsg. von Anna Meseure, Martin Tschanz und Wilfried Wang. München 1998.
At the End of the Century. Hundert Jahre gebaute Vision. Hrsg. von Russell Ferguson. Ostfildern-Ruit 1999.
Atlas der Weltwunder. Faszinierende Bauwerke und Monumente vom Kolosseum zum Tadsch Mahal. Wien 1992.
Atlas der zeitgenössischen Architektur. Hrsg. von Alex Sánchez Vidiella. Köln 2007.
Bergeijk, Herman van / Mácel, Otakar: Birkhäuser Architekturführer Belgien, Niederlande, Luxemburg. 20. Jahrhundert. Basel [u. a.] 1998.
Die berühmtesten Sehenswürdigkeiten der Welt. Hrsg. von Hans Joachim Völse [u.a.]. Starnberg 2004.
Binding, Günther: Architektonische Formenlehre. 4., überarb. und erg. Aufl. Darmstadt 1998.
Cattaneo, Marco / Trifoni, Jasmina: UNESCO Weltkulturerbe. Die Kulturmonumente. Köln 2003.
Ching, Francis D. K.: Bildlexikon der Architektur. Frankfurt a. M. 1996.
Christoffel, Ulrich: Höhepunkte abendländischer Architektur. München 1960.

[Constantinopoulos, Vivian:] 10 × 10. 10 Kritiker, 100 Architekten. London 2001. – Bd. 2: London 2006.

Daguerre, Mercedes: Birkhäuser Architekturführer Schweiz. 20. Jahrhundert. Basel [u. a.] 1997.

Field, D. M.: Meisterwerke der Architektur. Übers. von Vivien Werner und Peter Albrecht. Fränkisch-Crumbach, 2006.

French, Hilary: Architektur. München 1999.

[Fischer, Joachim / Uffelen, Chris van:] 1000 × European Architecture. Berlin 2007.

Glancey, Jonathan: Twentieth-Century Architecture. London 1998.
– Geschichte der Architektur. München/Starnberg 2001.

Gössel, Peter / Leuthäuser, Gabriele: Architektur des 20 Jahrhunderts. Köln 2001.

Der große Bildatlas der Architektur. Hrsg. von Christine Flon [u. a.]. Mit einem Vorwort von John Julius Norwich. München 1994.

Die großen Bauwerke der Menschheit. Hrsg. von Trevor Howells. Übers. von Berthold Bartel. Erfstadt 2006.

Gympel, Jan: Geschichte der Architektur von der Antike bis heute. Köln 1996.

Haberlik, Christina: 50 Klassiker Architektur des 20. Jahrhunderts. Die wichtigsten Bauwerke der Moderne. Hildesheim 2001.

Hawkes, Nigel: Wunderwerke. Die großen Konstruktionen. Vom Amun-Tempel zum Astro-Dome. Augsburg 1998.

Hitchcock, Henry-Russell: Die Architektur des 19. und 20. Jahrhunderts. München 1994.

Höcker, Christoph: Schnellkurs Architektur. Köln 2000.

Höhepunkte der Weltarchitektur. Hrsg. von Hubertus Adam und Jochen Paul. Köln 2001.

Howarth, Eva: Architektur. Von der griechischen Antike bis zur Postmoderne. Köln 1992. – Neuauflage Köln 2000.

Jodidio, Philip: Architecture Now! Architektur heute. L'Architecture d'aujourdhui. Bd. 1–4. Köln 2001–06.

Kidder Smith, G. E.: Moderne Architektur in Europa. 230 Beispiele in Bild und Text. München 1964.

Klassizismus und Romantik. Architektur, Skulptur, Malerei, Zeichnung. Hrsg. von Rolf Toman. Köln 2000.

Kleines Wörterbuch der Architektur. Stuttgart 1995 [u. ö.].

Klotz, Heinrich: Geschichte der Architektur. Von der Urhütte zum Wolkenkratzer. München ²1995.

Koch, Wilfried: Baustilkunde. Das große Standardwerk zur europäischen Baukunst von der Antike bis zur Gegenwart. Erw. und völlig neubearb. Sonderausg. München 1994.

Köpf, Hans: Baukunst in fünf Jahrtausenden. Stuttgart ¹¹1997.

– Bildwörterbuch der Architektur. 3. Aufl. überarb. von Günther Binding. Stuttgart 1999.

Kostof, Spiro: Geschichte der Architektur. 3 Bde. Stuttgart 1992–93.

Kuhn, Albert: Geschichte der Baukunst. 2 Bde. Einsiedeln [u. a.] 1909.

Die Kunst des Barock. Architektur, Skulptur, Malerei. Hrsg. von Rolf Toman. Köln 1997.

Die Kunst der Gotik. Architektur, Skulptur, Malerei. Hrsg. von Rolf Toman. Köln 1998.

Die Kunst der italienischen Renaissance. Architektur, Skulptur, Malerei, Zeichnung. Hrsg. von Rolf Toman. Köln 1994.

Die Kunst der Romanik. Architektur, Skulptur, Malerei. Hrsg. von Rolf Toman. Köln 1996.

Lexikon der Architektur des 20. Jahrhunderts. Hrsg. von Vittorio Magnago Lampugnani. Ostfildern-Ruit 1998.

Lexikon der Bautypen. Funktionen und Formen der Architektur. Stuttgart 2006.

Lexikon der Kunst. Hrsg. von Harald Olbrich [u. a.]. 7 Bde. Leipzig 1987–94. – München 1996.

Lexikon der Weltarchitektur. Hrsg. von Nikolaus Pevsner [u. a.]. 3. aktualisierte und erw. Aufl. München 1992. – München 1999.

Major, Máté: Geschichte der Architektur. 3 Bde. Berlin 1974–84.

Markschies, Alexander: Ikonen der Renaissance-Architektur. München 2003.

Meisterwerke der Kunst – Architektur. 2 Bildmappen. Hrsg. vom Landesinstitut für Erziehung und Unterricht Stuttgart. Villingen-Schwenningen 1999.

Monumente der Menschheit. Architektur aus fünf Jahrtausenden. Hrsg. von Alessandra Capodiferro. Köln 2004.

Nerdinger, Winfried / Tafel, Cornelius: Architekturführer Deutschland. 20. Jahrhundert. Basel [u. a.] 1996.

Nuttgens, Patrick: Die Geschichte der Architektur. Berlin 2002.

Pevsner, Nikolaus: Europäische Architektur von den Anfängen bis zur Gegenwart. Mit einem Beitrag zur Architektur seit 1960 von Winfried Nerdinger. 8., erw. und neugestaltete Ausg. München 1994.

The Phaidon Atlas of Contemporary World Architecture. Travel Edition. London / New York 2005.

Philipp, Klaus Jan: Das Reclam Buch der Architektur. Stuttgart 2006.
Pothorn, Herbert [u. a.]: Das große Buch der Baustile. Die Epochen der abendländischen Baukunst und die Baustile der außereuropäischen Kulturkreise. München 1997.
Prina, Francesca / Demartini, Elena: Atlas Architektur. Geschichte der Baukunst. Übers. von Ulrike Stopfel. München 2005.
Reichold, Klaus / Graf, Bernhard: Bauwerke, die die Welt bewegten. München 1999.
Richter, Klaus: Architektur des 20. Jahrhunderts. München 2000.
Sánchez Vidiella, Alex: Atlas der zeitgenössischen Architektur. Köln 2007.
Schätze der Welt. Erbe der Menschheit. Die Denkmäler der UNESCO-Liste des Welterbes. Hrsg. von Ferdinand Dupuis-Panther [u. a.]. München/Gütersloh 1999.
Seidler, Harry: The Grand Tour. Reise um die Welt mit dem Blick des Architekten. Köln 2003.
Die Siebzig Weltwunder. Die geheimnisvollsten Bauwerke der Menschheit und wie sie errichtet wurden. Hrsg. von Chris Scarre. Frankfurt a. M. 2000.
Siebzig Wunderwerke der Architektur. Die kühnsten Werke der Baugeschichte und wie sie realisiert wurden. Hrsg. von Neil Parkyn. Übers. von Michael und Ulrike Bischoff. Frankfurt a. M. 2002.
Stevenson, Neil: Meisterwerke der Architektur. Übers. von Simone Schultze. Köln 1998. Münster 2006.
Taschens Weltarchitektur. 40 Bde. Hrsg. von Philip Jodidio und Henri Stierlin. Köln 1997 ff.
Tietz, Jürgen: Geschichte der Architektur des 20. Jahrhunderts. Köln 1998.
Vogt, Matthias: Schnellkurs Weltwunder. Köln 2007.
Wasmuths Lexikon der Baukunst. 5 Bde. Hrsg. von Günther Wasmuth [u. a.]. Berlin 1929–37.
Watkin, David: Geschichte der abendländischen Architektur. Köln 1999.
Weltatlas der Archäologie. Hrsg. von Chris Scarre. München 1990.
Werner, Heike / Wallner, Mathias: Architektur und Geschichte in Deutschland. München 2006.
World Architecture 1900–2000. A Critical Mosaic. Hrsg. von Kenneth Frampton und Zhang Qinnan. Wien 1999 ff.

Abbildungsnachweis

Archiv für Kunst und Geschichte, Berlin: S. 138. – Bauhaus-Archiv, Berlin: S. 240. – Gerhard Baumann, Gerlingen: S. 100. – Günter Baumann, Gerlingen: S. 28, 30, 32, 42, 54, 58, 62, 68, 72, 76, 90, 92, 110, 112, 116, 118, 120, 124, 140, 152, 156, 176, 196, 198, 204, 208, 212, 226, 228, 232, 234, 248, 252, 256, 274, 296, 300, 306, 308, 310, 312, 314, 332. – Jürgen Baumann, Gerlingen: S. 136, 326. – Josef Beck: S. 218. – Achim Bednorz, Köln: S. 130, 148. – Architekturbüro Gottfried Böhm, Köln: S. 288. – Martin Butschek, Schorndorf: S. 34, 222, 272. – Philippe Fortin, Paris: S. 216. – Klaus Frahm, Hamburg: S. 292. – Klaus Peter Gast, Berlin: S. 284. – gmp (Foto: Marcus Bredt, Berlin): S. 324. – Walter Hahn, Dresden: S. 94. – Roland Halbe / artur: S. 328. – Robert Harding Picture Library, London: S. 20. – Heebphoto/ Look, München: S. 258. – Hirmer Verlag, München: S. 88. – Klaus Kinold, München: S. 298. – Knudsen Nordis: S. 74. – Könemann Verlag, Köln (Foto: Achim Bednorz): S. 64, 66, 78, 170, 174, 192, 194. – Jan Lambot, London: S. 302. – Philipp Meuser, Berlin: S. 320. – Paolo Robino: S. 48. – Paul Rocheleau, Richmond: S. 262. – Giovanni Simeone / Archivio Sime: S. 132. – Thomas Spier, Berlin / Apollovision: S. 330. – Süddeutscher Verlag, Bilderdienst, München (Foto: Max Prugger): S. 182. – Julius Shulman, Los Angeles: S. 278. – Frank Lloyd Wright Foundation, Scottsdale: S. 276.

Der Verlag Philipp Reclam jun. dankt den Rechteinhabern für die Reproduktionsgenehmigung. Nicht nachgewiesene Abbildungen entstammen dem Archiv des Verlags. In einigen Fällen konnten die Rechteinhaber nicht ermittelt werden. Hier ist der Verlag bereit, nach Anforderung rechtmäßige Ansprüche abzugelten.

Personenregister

Aalto, Alvar 271, 281
Abel, Adolf 291
Adam, Robert 201
Adelheid I. 81
Adelheid II. 81
Adler, Dankmar 231, 263
Agostino, Domenico d' 93
Agostino, Giovanni d' 93
Aillaud, Emile 297
Albanese, Giovanni Battista 145
Alberti, Leon Battista 127, 129, 131, 147
Almerico, Paolo 145
Altomonte, Martin 173
Amadeo, Giovanni Antonio 119
Ammanati, Bartolomeo 129
Amsler, Arnold 311
Ando, Tadao 265, 307
Andreu, Paul 197
Anguier, Michel 165
Anthemios von Tralles 51
Antiochos IV. Epiphanes 33
Antonius 27
Appiani, Giuseppe 185
Arjumand Banu 159
Arndt, Ernst Moritz 107
Arras, Matthias von 115
Arsenios (Patriarch) 51
Arup, Ove 281, 297, 301, 303
Atatürk, Kemal 51
Atwood, Charles 225
August der Starke 175

Bac, Ferdinand 265
Bachmann, Plinio 327

Bähr, Georg[e] 181
Bandel, Ernst von 199
Barelli, Agostino 205
Barlach, Ernst 105
Barlow, William Henry 205
Barma 139
Barozzi, Serafino Lodovico 49
Barragán, Luis 265, 285
Barry, Charles 209, 211
Barry, Edward Middleton 209
Barth, Gottlob Georg 301
Basilios I. 51
Basilius, Dieter 289
Bassi, Martino 119
Baumgarten, Paul 221
Beatrix I. 81
Beda Venerabilis 39
Beer von Bleichten, Johann Michael 193
Beer, Franz 183
Begas, Reinhold 221
Behnisch, Günter 291, 301, 309
Behrens, Carl 241
Behrens, Peter 221, 233, 237, 241, 253, 267, 269
Belz, Walter 301
Belzoni, Giovanni B. 23
Benedikt IX. 43
Benedikt XIV. 39
Benois, Leontij Nikolavič 233
Benscheidt, Carl 241
Bentheim, Lüder von 123
Benzoni, Cristiano 331
Berg, Max 239
Berkel, Ben van 333

339

Berlage, Hendrik Petrus   227, 245, 251
Bernhard von Clairvaux   73, 91
Bernhard, Karl   237
Bernini, Giovanni Lorenzo   41, 133, 177
Bernoulli, Gustav   53
Bernward   67
Berrettini, Luca   147
Beuys, Joseph   107
Bjerknes, Kristian   75
Blouet, Guillaume-Abel   197
Bo, Jørgen   301
Boccaccio, Giovanni   127
Bodin, Jean-François   297
Böblinger, Matthäus   117
Böhm, Dominikus   257, 289
Böhm, Gottfried   71, 289
Boffrand, Gabriel Germain   179
Bofill, Ricardo   299
Bohnstedt, Ludwig F. K.   221
Boisserée, Sulpiz   107
Bonanus von Pisa   79
Bonatz, Paul   275
Bonaventura, Nicolas de   119
Bonet, Lluís   219
Bonifaz IV.   41
Bos, Caroline   333
Botta, Mario   315
Boulez, Pierre   297
Bouanha, Jean-Pierre   331
Boullée, Etienne-Louis   195, 197
Boumann, Johan   189
Bourdelle, Emile-Antoine   247
Bourgeois, Victor   253
Braghieri, Gianni   295

Bramante, Donato   119, 131, 133
Bredius, Abraham   161
Brentano, Giuseppe   119
Brion (Familie)   293
Brown, Samuel   207
Bruant, Libéral   171
Brunel, Isambard Kingdom   207, 211
Brunel, Marc. I.   207
Brunelleschi, Filippo   111, 129
Büring, Johann Gottfried   189
Buon, Bartolomeo   113, 125
Buon, Giovanni   113, 125
Buonarroti, Michelangelo   129, 133, 135, 147
Buontalenti, Bernardo   129
Burckhardt, Johann Ludwig   23
Burle Marx, Roberto   279
Burnham, Daniel Hudson   225, 231
Buscheto   79
Buzzi, Carlo   119

Calatrava Valls, Santiago   311
Camaro, Alexander   287
Cambio, Arnolfo di   111
Camesina, Alberto   177
Campen, Jacob Pietersz. van   161
Campione, Giacomo da   119
Canaletto (d. i. Bernardo Belletto)   180
Candilis, Georges   267
Canova, Antonio   147
Cantian, Christian Gottlob   203
Capra, Oderico   145
Carilef (Bischof)   83

Carl Eugen (Herzog) 193
Carlín 121
Carlone, Carlo 173
Carpeaux, Jean-Baptiste 213
Caruso, Giuseppe 203
Carracci, Annibale 135
Cecco, Giovanno dei 93
Cetto, Max 265
Chagall, Marc 101, 213
Chalgrin, Jean-François 197
Charles I. 155
Charles II. 155
Cheeseman, Wendy 303
Chefren 17
Cheops 17
Chirico, Giorgio de 295
Christo & Jeanne-Claude 221
Chrysler, Walter P. 259
Churchill, Winston 169
Clarke, Fred W. 319
Codussi, Mauro 113
Collado, Ramón 299
Colonia, Simon de 121
Compenius, Jesaias 151
Contarini, Marino 125
Contin, Antonio 113
Cordonnier, Louis Marie 227
Cormont, Regnault de 103
Cormont, Thomas de 103
Cornelius, Peter 199, 205
Corot, Jean-Pierre 197
Correa, Charles Mark 305
Cortona, Domenico da 137
Cossutius 33
Costa, Andrea 295
Costa, Lúcio 279
Cotte, Robert de 89, 171, 179
Court, Justus de 157
Crescentino, Camaino di 93
Croce, Baldassare 47

Croce, Francesco 119
Cromwell, Oliver 155
Cucchi, Enzo 315
Curtius, Ernst 25
Cuthbert (hl.) 83
Cuypers, Petrus Josephus
  Hubertus 69, 227

Dagobert I. 89
Dahl, Johan Christian Clausen
  75
Dancaert, Pierre 121
Davenant, William 155
Denis, Maurice 247
Destailleur, Hyppolyte-Alex-
  andre 165
Diener, Marcus 321
Diener, Roger 321
Dientzenhofer, Johann 179
Diokletian 45, 143
Diterichs, Friedrich Wilhelm
  189
Döcker, Richard 253
Doesburg, Theo van 251
Dollmann, Georg von 199
Domènech i Montaner, Lluis
  219
Domitian 41
Donne, John 169
Duchêne, Achille 165

Eder, Karl 261
Eesteren, Cornelius van 251
Effner, Joseph 183
Egger, H. 291
Ehrhardt, Arnold 309
Eiffel, Alexandre-Gustave
  213, 217, 223
Einhard (Gelehrter) 61
Einstein, Albert 245

Elgin, Thomas 27, 29
Elisabeth von Thüringen 95, 105
Elmslie, George 231
Ensingen, Ulrich von 117, 119
Erdmannsdorff, Friedrich Wilhelm von 191
Erechtheus (myth. König) 29
Ermisch, Hubert 175
Ernst Ludwig (Großherzog) 233
Ernst von Schaumburg 151
Etex, Antoine 197
Eugen von Savoyen 173
Eyserbeck, Johann Friedrich 191

Fabris, Emilio de 111
Fahrenkamp, Emil 221
Fancelli, Luca 129
Fanti, Gaetano 173
Farnese, Alessandro d. Ä. (Paul III.) 135, 147
Farnese, Alessandro d. J. (Kardinal) 147
Fehlbaum, Rolf 307
Ferdinand II. 131
Ferdinand III. 57
Feuchtmayr, Johann Michael 183, 185
Finke, Werner 289
Finlay-Freundlich, Erwin 245
Fischer von Erlach, Johann Bernhard 173, 177
Fischer, Johann Michael 183
Fischer, Joseph Emanuel 177
Fischer, Karl von 199
Fischer, Kaspar 141
Fontana, Carlo 173

Fontana, Domenico 47, 133
Foscari, Francesco 113
Fossati, Gaspare 51
Foster, Norman Robert 221, 281, 297, 303, 331
Fouquet, Nicolas 165
Franchetti, Giorgio 125
Frangipani (Familie) 39
Frank, Josef 253, 261
Franz Ferdinand 173
Franz I. 137
Franz Josef (Kaiser) 235
Friedrich I. Barbarossa 59, 107
Friedrich II. d. Gr. 189
Friedrich II. 105
Friedrich von der Pfalz 141
Friedrich Wilhelm II. 75, 189
Friedrich Wilhelm IV. 189
Fuga, Ferdinando 47
Fugger (Familie) 153
Fuller, Richard Buckminster 291, 303

Gabriel, Jacques-Ange 89, 167, 195
Gärtner, Friedrich von 99, 199, 205
Gaínza, Martín 121
Galfetti, Aurelio 315
Galilei, Galileo 79
Galli-Bibiena, Ferdinando 177
Gandolfi, Ubaldo 49
García, Pedro 121
Garnier, Jean-Louis-Charles 213, 223
Gaudí i Cornet, Antoni 12, 219, 245
Gaulle, Charles de 197

Gaulli, Giovanni Battista (»Baciccia«) 147
Gehler, Willi 239
Gehry, Frank O. 13, 307, 317, 333
George IV. 201
Georgi, Walter 193
Gerardus 107
Gerkan, Meinhard von 325, 327
Gil de Hontanón, Juan 121
Gilly, Friedrich 109, 199, 203
Giotto 111
Girard, Dominique 173
Goeritz, Mathias 265
Görres, Joseph 107
Goethe, Johann Wolfgang 95, 145, 191
Götz, Sebastian 141
Goltzius, Hendrik 123
Good, Joseph 201
Goust, L. 197
Granet, André 223
Grassi, Giorgio 321, 323
Gregor VII. 65
Grenander, Alfred Frederik Elias 255
Grimshaw, Nicholas 307
Gropius, Walter 11, 241, 245, 253, 271
Gruber, Karoline 327
Guarana, Jacopo 49
Guardini, Romano 257
Güell, Eusebio 219
Guerquin, Bohdan 109
Guggenheim, Solomon R. 277
Gugger, Harry 313
Gumbert (Mönch) 73
Gut, Ida 327
Gutbrod, Rolf 275, 291

Habich, Ludwig 233
Hadid, Zaha 307, 333
Hadrian 33, 41, 45
Hänsch, Wolfgang 215
Häring, Hugo 255, 261
Hall, Peter 281
Haller von Hallerstein, Karl 199
Hardouin-Mansart, Jules 167, 171
Harmon, Arthur Loomis 259
Hascher, Rainer 333
Hauptmann, Gerhart 239
Haussmann, Georges-Eugène 197
Havel, Václav 317
Hecker, Zvi 329
Heideloff, Carl Alexander 99
Heiliger, Bernhard 287
Heine, Heinrich 107
Heinle, Erwin 275
Heinrich I. 81
Heinrich II. 71, 85, 99
Heinrich IV. 65, 69, 73, 97
Helfer, Andreas 329
Hemiun 17
Herder, Johann Gottfried 151
Herholt, Johan Daniel 243
Herkommer, Johann Jakob 183
Hermann I. 95
Hermann, Carl A. 203
Hermann, Franz Anton 69
Herrera, Juan de 143
Hertwig, Max 241
Herzog, Jacques 13, 313
Herzog, Thomas 327
Hesekiel, Georg Christoph 191
Hesse, Hermann 91

Hidalgo, Juán 57
Hilberseimer, Ludwig 253
Hildebrandt, Johann Lucas von 173, 177, 179
Hilmer, Heinz 321
Himmler, Heinrich 81
Hirsch, Nikolaus 329
Hirt, Aloys Ludwig 203
Hitler, Adolf 199, 249
Hittorf, Jacques-Ignace 197
Hoces, Juan 121
Hodgkinson, Peter 299
Höger, Fritz 249, 321
Hölderlin, Friedrich 91
Hoetger, Bernhard 233
Hofmann, Josef 261
Holabird, William 225
Holl, Elias 153
Holland, Henry 191, 201
Honorius 39
Hübsch, Heinrich 73
Hugo (Abt) 65
Hugo von St. Viktor 89
Hundertossen, Johann 149
Huyot, Jean-Nicolas 197

Ignatius von Loyola 147
Iktinos 27
Isa, Ustad Muhammad 159
Isabella (Königin) 131
Isidoros von Milet 51
Isozaki, Arata 321
Iwan IV. 139
Ixnard, Pierre Michel d' 193

Jäger, Manfred 289
Jahan (Moghulkaiser) 159
Jahn, Helmut 259, 321
Jayavarman VII. 87
Jean d'Orbais 101

Jeanne d'Arc 101
Jeanneret, Charles-Édouard s. Le Corbusier
Jeanneret, Pierre 253, 267
Jehle, Sebastian 333
Jenney, William Le Baron 231
Johan Maurits van Nassau-Siegen 161
Johannes IV. 45
Johnson, Philipp 269, 297
Jones, Inigo 141, 155, 169
Julius II. 133
Justinian I. 49, 51

Kager, Matthias 153
Kahn, Louis I. 285, 297, 305, 315
Kaintoch, Günter 289
Kallikrates 27
Kammerer, Hans 301
Karl Boromäus (hl.) 177
Karl d. Gr. 59, 61
Karl IV. 115
Karl VI. 177
Karl VIII. 101
Kaufmann, Edgar 263
Kekrops 29
Kendel, Herrmann 291
Kepler, Johannes 91
Kies, Hermann 291
Kilian, Franz 289
Kiss, August 203
Kleihues, Josef Paul 323, 325
Klencke, Jürgen von 149
Klenze, Leo von 73, 199, 203, 205
Klerk, Michel de 227
Klint, Kaare 243
Klint, Peder Vilhelm Jensen 243

Knobelsdorff, Georg Wenzeslaus von 189
Knöffel, Johann Christoph 181
Koechlin, Maurice 223
Kohlbecker, Christoph 321
Kollhoff, Hans 321
Kolumbus, Christoph 121
Konrad II. 71, 73
Konrad IV. 69
Konstans II. 41
Konwiarz, Richard 239
Krahn, Johannes 257
Kramer von Edelstetten, Simpert 183
Kramer, Piet 227
Kranner, Josef Andreas 115
Krischanitz, Adolf 261
Krohne, Gottfried Heinrich 185
Küchel, Johann Jakob Michael 185
Kugler, Franz Theodor 81
Kunigunde (Kaiserin) 99
Kuöhl, Richard Emil 249

La Fosse, Charles de 171
Laîné, Edme 165
Lake, Gerald 159
Lamb, William Frederick 259
Lambert, Bruno 309
Lamberti, Niccolò di Piero 77
Laurentius (hl.) 143
Le Brun, Charles 165, 167
Le Corbusier 253, 265, 267, 269, 271, 273, 305, 315
Le Nôtre, André 165, 167
Le Roy, Philibert 167
Le Vau, Louis 165, 167
Ledoux, Claude-Nicolas 195

Leeb, Johann 199
Legorretta, Ricardo 265
Legros, Pierre 147
Lenné, Peter Joseph 189
Leo III. 59
Leonardo da Vinci 131
Leonhardt, Fritz 275, 291
Leopold III. Friedrich Franz 191
Libeskind, Daniel 323, 329, 333
Libon von Elis 25
Lill, Edmund 241
Lissitzky, El 251
Littlemore, David 281
Lochner, Stephan 107
Longhena, Baldassare 157
Loos, Adolf 13, 261
Lorch, Wolfgang 329
Lorrain, Claude 191
Ludwig I. 199, 205
Ludwig III. 95
Ludwig VI. 89
Ludwig VII. 89
Ludwig XIII. 167
Ludwig XIV. 137, 165, 167, 171
Ludwig XVI. 167, 195
Luther, Martin 95
Luzarches, Robert de 103

MacAllister, Jack 285
Machietto, Carlo 293
Mackintosh, Charles Rennie 229
Mader, Johann Christoph 177
Maderno, Carlo 133
Maeda, Asensio de 121
Maeda, Juan de 121
Maillart, Robert 311

Maini, Andrea 183
Maler, Teobert 53
Mansart, François 137
Marcellinus (hl.) 61
Marcus Agrippa 35, 41
Marg, Volkwin 325, 327
Maria Theresia 173
Mariette, Auguste 17
Marot, Michel 197
Martines, Giangiacomo 39
Masaccio 127
Masegne, Jacobello dalle 113
Masegne, Pierpaolo dalle 113
Mataré, Ewald 107
Maximian 45
May, Ernst 261
Mazarin, Jules 165
McDonald, Frances 229
McDonald, Margaret 229
McNair, Herbert J. 229
Medici (Familie) 129
Medlin, Larry 291
Meduna, Giovanni Battista 125
Meier, Richard 117
Meinwerk (Bischof) 71
Mélida, Arturo 121
Menander 31
Mendelsohn, Erich 245
Mengs, Anton Raphael 191
Merrill, John O. 225, 303
Merz, HG 333
Meuron, Pierre de 13, 313
Meyer, Adolf 241
Mies van der Rohe, Ludwig 11, 237, 245, 253, 269, 271, 285
Millet, Aimé 213
Milunic, Vlado 317
Mocker, Josef 115

Molière 137, 165
Molzahn, Johannes 241
Mondrian, Piet 251
Moneo, Rafael 321
Morel, Bartolomé 121
Moreni, Massimo 315
Moretti, Joseph 59
Moser, Karl 247
Müller, Albin 233
Mulder, Bertus 251
Multscher, Hans 117
Murphy, Charles F. 259
Mykerinos 17

Nahl d. Ä., Johann August 189
Nanni di Baccio Bigio 147
Napoleon I. 17, 21, 35, 43, 59, 77, 89, 119, 139, 171, 197
Napoleon III. 213
Nash, John 201
Nefertari 23
Nelson, Horatio 169
Nepveu, Pierre 137
Nero 39, 45
Nervi, Antonio 283
Nervi, Pier Luigi 283
Neumann, Balthasar 99
Neumann, Franz Ignaz Michael 69, 73
Neumann, Johann Balthasar 179, 185
Neumark, Johann Christian 191
Neutra, Richard J. 261
Ng, Larry S. 319
Niemeyer, Oscar 279, 297
Niketa (Patriarch) 51
Nikolaus von Verdun 107
Nißler, Johann Thomas 185

Nono, Luigi 293
Norman, Juan 121
Nosseni, Giovanni Maria 151
Nouguier, Emile 223
Nouvel, Jean 327, 331
Nussbaum, Felix 323

Odo von Metz 59
Olbrich, Joseph Maria 233
Orsenigo, Simone da 119
Ott, Daniel 327
Otto I. 59
Otto III. 67, 71
Otto, Frei 275, 283, 291, 309
Oud, Jacobus Johannes Pieter 245, 251, 253
Owings, Nathaniel A. 225, 303

Palladio 131, 145, 155, 157, 161, 169
Parigi d. J., Alfonso 129
Parigi, Giulio 129
Parler, Heinrich d. Ä. 117
Parler, Heinrich III. 119
Parler, Johann 115
Parler, Peter 115
Parler, Wenzel 115
Paula Villar, Francisco de 219
Paxton, Joseph 211
Pei, Ieoh Ming 17, 303
Peichl, Gustav 293
Pelli, Cesar 319
Perikles 27
Permoser, Balthasar 175
Perrault, Claude 213
Perret, Auguste 247
Perret, Gustave 247
Persius, Ludwig 189
Petrini, Antonio 179

Petrus (hl.) 61, 131
Phidias 25, 27
Philipp II. 143
Philokles 29
Piacentini, Marcello 283
Piano, Renzo 281, 297, 321
Picasso, Pablo 263
Pickard, Jon 319
Pietro, Lando di 93
Pietropoli, Guido 293
Pigage, Nocolas de 193
Pinheiro da Silva, Israel 279
Piranesi, Giovanni Battista 191
Pisano, Giovanni 79, 93
Pisano, Niccolò 93
Pitti, Luca 129
Plattner, Bernard 321
Poelzig, Hans 239, 249, 253, 257
Pöppelmann, Matthäus Daniel 175
Pollak, Leopoldo 119
Polykleitos d. J. 31
Ponti, Gio 283
Porden, William 201
Porta, Giacomo della 47, 133, 135, 147
Post, Pieter 161
Postnik 139
Pozzo, Andrea 147
Přemysl Ottokar I. 115
Prouvé, Jean 297
Pseudo-Dionysius 89
Pugin, Augustus Welby Northmore 209

Quast, Alexander Ferdinand von 81, 95

Rading, Adolf 253
Raffael 41, 133
Rainaldi, Carlo 47
Rainaldi, Girolamo 147
Rainaldo 79
Ramses II. 21, 23
Ratgeb, Jerg 91
Raverti, Mattes 125
Rebay, Hilla 277
Reichlin, Bruno 315
Reinhardt, Max 239
Rembrandt 161
Renger-Patzsch, Albert 241
Reuter, Erich F 287
Reynolds, William H. 259
Riano Diego de 121
Ricci, Giovan Battista 47
Richmond, William Blake 169
Riemenschneider, Tilman 99
Rietschel, Ernst 215
Rietveld, Gerrit Thomas 251, 261
Rigendinger, Max 327
Ritchie, Ian 325
Ritgen, Hugo von 95
Rizzo, Antonio 113
Roche, Martin 225
Rogers, Richard 281, 297, 303, 321
Roland Holst, Richard Nicolaus 227
Root, John Wellborn 225
Rossi, Aldo 295, 315
Roth, Johann Georg 181
Rottmayr, Johann Michael 177
Rubens, Peter Paul 155, 161
Rubini, Lorenzo 145
Rubini, Vigilio 145
Rucellai, Giovanni 127

Rucha 51
Rude, François 197
Rüeger, Werner 311
Ruiz, Hernán II. 121
Ruiz, Hernán [I.] 57
Ruskin, John 125
Rüth, Georg 181

Saarinen, Eero 281, 319
Safdie, Moshe 291
Saint-Phalle, Niki de 297
Salk, Jonas 285
Salvisberg, Otto Rudolf 255
Salzmann, Franz Joseph 193
Sanders, Theodore 227
Sangallo d. J., Antonio 133, 135, 143
Sangallo, Giuliano da 47
Sarti, Antonio 147
Sattler, Christoph 321
Saulnier, Jules 217
Sauvestre, Stephen 217, 223
Sawade, Jürgen 321
Scamozzi, Vincenzo 145, 155, 157, 161
Scarpa, Carlo 125, 293, 315
Schäfer, Karl 141
Schallenberger, Jacob 237
Schaper, Friedrich 221
Scharoun, Hans 253, 287
Schaupp, Gottlob 257
Schilling, Johannes 215
Schimkowitz, Othmar 235
Schinkel, Karl Friedrich 107, 109, 189, 199, 203, 269, 301
Schleich, Erwin 205
Schmalscheidt, H. 289
Schmidt, Johann Georg 181
Schneck, Adolf Gustav 253
Schoch, Johann George 191

Schoch, Johann Leopold 191
Schoch, Johannes 141
Schönborn, Friedrich Carl von 179
Schönborn, Johann Philipp Franz von 179
Schraudolph, Johann von 73
Schröder-Schräder, Truus 251
Schütte, Wilhelm 261
Schütte-Lihotzky, Margarete 13, 261
Schulz, Arthur 151
Schwarz, Rudolf 257
Schweger, Peter 321
Schwind, Moritz von 95
Schwippert, Hans 257
Scott, Giles Gilbert 209
Seidl, Gabriel von 123
Semper, Gottfried 175, 215, 221, 329
Semper, Manfred 215
Seregni, Vincenzo 119
Serlio, Sebastiano 131
Servandoni, Giovanni Niccolò 193, 197
Servatius (hl.) 81
Severence, H. Craig 259
Sforza, Ludovico 131
Shreve, Richmond Harold 259
Shuttleworth, Ken 331
Siegel, Gwathmey 277
Silbermann, Gottfried 181, 193
Simeon (Asket) 43
Simone, Giovanni di 79
Sindok (König) 63
Sixtus III. 47
Siza Vieira, Alvaro 307, 327
Skidmore, Louis 225, 303

Slevogt, Max 123
Sloman, Henry 249
Snofru 17
Snozzi, Luigi 315
Soane, John 155, 201
Soave, Felice 119
Sobek, Werner 333
Solari, Cristoforo 119
Sommier, Alfred 165
Songtsengampo (König) 163
Sourdeau, Denis 137
Sourdeau, Jacques 137
Souto de Moura, Edouardo 265
Speckle, Daniel 141
Speer, Albert 327
Spieß, Hans 115
Spiker, Paul 245
Spreckelsen, Johan Otto van 197
Square, Ralph 259
Stam, Mart 253
Steen, Jan 161
Stefan von Ungarn (hl.) 99
Stepper, Franz 309
Stirling, James Frazer 281, 301
Stollinck von der Stolzenau, Johann 123
Stoß, Veit 99
Strauß, Joseph 207
Strnad, Oskar 261
Strozzi, Filippo 127
Stüler, Friedrich August 203
Sturm, Anton 187
Suger (Abt) 65, 89
Sulla 33
Sullivan, Louis Henry 231, 263
Suryavarman II. 87
Syrlin, Jörg d. Ä. 117

Taglioni, Maria 125
Talenti, Francesco 111
Taut, Bruno 37, 253, 255, 287
Taut, Max 253
Taylor, J. E. 19
Telford, Thomas 207
Tesar, Heinz 329
Tessenow, Heinrich 255, 261
Themistokles 25
Theoderich d. Gr. 49
Theodosius I. 25, 41
Theodosius II. 31
Thiersch, Friedrich 221
Thornhill, James 169
Thorvaldsen, Bertel 199
Tibaldi, Pellegrino 119
Tiberius 45
Tieck, Christian Friedrich 203
Tiede, August 203
Tiepolo, Giovanni Battista 179
Tinguely, Jean 297
Tintoretto 77
Titus 39
Tizian 77
Todd, Lionel 281
Tönnis, Cord 149
Toledo, Juan Bautista de 143
Toorop, Jan 227
Torchinsky, Bernard 299
Torricella, Agata 203
Torriti, Jacopo 47
Trauer, Gunther 239
Trdat (Tiridates) 51
Tribolo, Niccolò 129
Tsong-khapa 163

Uccello, Paolo 77
Ulrich (Herzog) 91
Ungers, Oswald Mathias 73, 285
Urban II. 65
Urban VIII. Barberini 41
Urnammu (König) 19
Utzon, Jørn 281

Vacchini, Livio 329
Valerian 33
Van Alen, William 259
Vanvitelli, Luigi 41
Vasari, Giorgio 127
Veit, Philipp 69
Verlaine, Paul 223
Vermeer, Jan 161
Verwey, Albert 227
Vespasian 39
Victoria (Königin) 201
Vignola, Giacomo Barozzi da 135, 147
Viktor Emanuel II. 41, 129
Vinci, John 231
Vinci, Leonardo da 127, 137
Viollet-le-Duc, Eugène-Emmanuel 89, 217, 219
Viscardi, Giovanni Antonio 181
Visconti, Louis 171
Vitellozzi, Annibale 283
Vitruv 145
Vogeler, Heinrich 123
Vogt, Christoph 183
Voigtel, Richard 107
Voysey, Charles Francis Annesley 229
Vries, Adriaen de 151

Wagner, Gerhard 289
Wagner, Martin 255
Wagner, Otto 177, 235

Wagner, Richard 95, 215
Wallisser, Tobias 333
Wallot, Paul 221
Walpole, Horace 201
Wandel, Andrea 329
Wassink, Harm 333
Weber, Fritz 261
Weinbrenner, Friedrich 193
Wellington, Arthur Wellesley Herzog von 169
Welsch, Johann Maximilian von 179
Wenzinger, Christian 193
Werner, Edward 241
Wichmann, Ludwig 203
Wiedemann, Josef 199
Wilford, Michael 301
Wilhelm der Eroberer 83
Wilhelm I. 107, 167
Wilhelm II. 239
Willem V. 161
Wilkening, Eberhard 149
Wilson, G. L. 303
Winckelmann, Johann Joachim 25, 191
Winkelmann, Wilhelm 71
Wisniewski, Edgar 287
Wohlert, Vilhelm 301
Wolff d. J., Jacob 141

Wolff, Albert 203
Wolff, Hans 151
Wolff, Jonas 151
Wolmut, Bonifatius 115
Woolley, Charles Leonard 19
Wren, Christopher 169
Wright, Frank Lloyd 263, 271, 277, 281, 293
Wyatt, James 83

Yevele, Henry 83
Ysambert 121

Zevi, Bruno 299
Ziebland, Georg Friedrich 199
Zijl, Lambertus 227
Zimbler, Liane 261
Zimmermann, Dominikus 183, 187
Zimmermann, Johann Baptist 187
Zinner, Anton 173
Zocher d. J., Jan David 227
Zola, Emile 223
Zuccalli, Enrico 205
Zumthor, Peter 327
Zwirner, Ernst Friedrich 107

Zum Autor

GÜNTER BAUMANN, Jahrgang 1962. Studium der Germanistik, Kunstgeschichte und Philosophie in Stuttgart, München und Leiden. Promotion mit einer Arbeit zum George-Kreis. Tätig als Verlagsredakteur und Herausgeber (Stefan George, *Gedichte*, 2004; *Schnitzler zum Vergnügen*, 2002; *Ringelnatz zum Vergnügen*, 2005; *Karl Kraus zum Vergnügen*, 2007). Außerdem erschien im Reclam Verlag *Weltkulturerbe. 150 Orte und Denkmale* (2010). Zahlreiche Beiträge zur Gegenwartskunst.